인간의 위대한 질문

인간의 위대한 질문

우리는 무엇을 믿어야 하는가

배철현 지음

for my beloved wife

차례

너희는 나를 누구라 하느냐?

τίνα λέγουσιν οἱ ἄνθρωποι
εἶναι τὸν υἱὸν τοῦ ἀνθρώπου;

"너희는 나를 누구라고 하느냐?"
〈마태복음〉 16:15

예수는
누구인가?

과연 그리스도교가 21세기에 살아남을 수 있을까? 기원전 4년경 팔레스타인의 나사렛이라는 시골 마을에서 태어난 것으로 추정되는 예수는 일생을 떠돌이 목수로 살았다. 그러다가 30세가 되어 세례 요한의 회개 운동에 참여해 세례를 받은 후, 40일간 사막에서의 신과 인류 그리고 자신에 대한 깊은 묵상을 통해 자신만의 유일무이한 천명(天命)을 받았다.

로마제국의 압제 아래 당시 많은 유대인 지도자들이 로마에 협력할 수밖에 없는 분위기 속에서 예수는 사회 통념을 전복시키는 카리스마 넘치는 수사와 설교로 많은 제자들을 거느리게 됐다. 당시 유대인들은 곧 자신들을 구원할 메시아가 올 것이라 믿었고, 제자들은 예수 안에서 바로 그 메시아를 발견했다.

예수는 자신이 생각하는 인류 최고의 가치인 자기희생적인 사랑을 위해 자신의 목숨을 바치기로 결심한다. 이후 그는 빌립보의 가이사랴(Caesarea) 지방에 도착해 제자들에게 "사람들이 인자(人子)를 누구라고 하느냐?"[1]라고 물었다. '인자'는 예수의 자기명칭이다. 이 명칭은 메시아사상이 등장하기 시작한 기원전 2~3세기에 메시아를 지칭하던 용어지만 그 근본적인 의미는 '보통사람'이다.

예수의 질문에 제자들은 "세례자 요한이라고 하는 사람들도 있고, 엘리야라고 하는 사람들도 있고, 예레미야나 예언자들 가운데 한 분이라고 하는 사람들도 있습니다"[2]라고 대답한다. 그러자 예수는 3년 동안 자신을 따라다니며 수학한 제자들에게 "그러면 너희는 나를 누구라고 하느냐?"라고 묻는다.

예수는 제자들에게 '담화의 대상'으로서의 예수가 아닌 자신들이 3년 동안 동고동락하며 몸으로 경험한 인간으로서의 예수가 누구인지 묻는 것이다. 프랑스 사회철학자 미셸 푸코는 『지식의 고고학』에서 지식과 권력의 관계를 '담화(discourse)'라는 개념을 통해 설명한다.[3] 담화란 권력자들이 자신들만의 이익을 위해 조작한 지식이나 진리를 정당화하고자 만든 상식이다.

지난 2,000년 동안 수많은 사람들의 삶에 지대한 영향을 끼쳤던 예수는 과연 어떤 인간인가? 또 21세기 한국 사회에서의 예수는 어떤 의미인가? 푸코가 우려한 것처럼 우리는 서양 사람들이 그들만의 실존적인 경험을 바탕으로 만들어놓은 교리와 도그마를 통해 예수를 보고 있지는 않은가? 이 책에서는 그 교리와 도그마를 과감히 버리고, 21세기 현대인에게 예수란 어떤 존재인지에 대해 살펴보고자 한다. 이는 곧 "너희는 나를 누구라 하느냐?"라는 예수의 질문에 대한 답을 구하는 일이기도 하다.

종교의
현재와 미래

하버드 대학교의 종교학자 하비 콕스 (Harvey Cox)는 2010년에 쓴 『신앙의 미래(The Future of Faith)』에서 21세기 현대인들에게 '종교인'과 '비종교인' 그리고 '무신론자'가 된다는 것이 무엇인지에 대해 묻는다.[4] 그는 오늘날의 종교인들은 점점 각 종교나 종파의 교리보다는 윤리적인 지침이나 영적인 훈련에 더 관심이 있다고 진단한다. 이러한 경향은 돌이킬 수 없는 추세여서 현대인들은 종교가 오랫동안 소중하게 생각해온 조직이나 교리보다, 삶을 근본적으로 성찰하고 그것을 위해 최선을 다할 때 행복을 느낀다.

20세기 초에 등장한 종교 근본주의 운동은 현대인들이 추구하는 새로운 형태의 종교에 대한 불안감의 표시였다. 산업혁명을 경험함으로써 잉여 자본을 가진 서양인들은 식민지 개발과 동시에 자신들이 정복한 그 식민지를 효과적으로 치리하고 자원을 개발하기 위해 고고학과 지질학을 태동시켰다. 고고학자들과 지질학자들은 발굴을 통해 이스라엘 역사보다 훨씬 오래된 메소포타미아와 이집트 그리고 히타이트 문명을 발견했다. 이로써 그들은 성서가 가장 오래된 책이 아니라는 사실을 알게 됐다. 더욱이 성서는 고대 오리엔트 세계의 맥락 안에서 해석되어야 한다는 엄연한 현실을 수용해야만 했다. 특히 찰스 다윈의 『종의 기원』의 출간과 더불어 그 책이 가져다준 인간과 우주의 이해에 대한 혁명적인 시도는 성서를 신봉하던 그리스도인들에게 충격이었다.

당시 종교인들은 수천 년 동안 획득한 인류의 지혜나 과학적인 지식을 수용해 교리라는 구속복을 입은 종교, 특히 그리스도교에 대한 자유를 선사하기보다는 스스로 근본주의로 무장한 채 그 구속복을 더욱 단단히 조였다. 근본주의로 무장한 신앙은 점점 세력을 잃어갔다. 뿐만 아니라 정치적·경제적 이윤을 기초로 한 각자의 시대착오적인 교리의 주장으로 심지어는 그리스도교 안에서도 교파 간의 충돌과 분열로 좌초하고 있었다.

콕스는 21세기 현대인들은 더 이상 숨 막히는 교리나 종교 조직 그리고 4세기 로마에서 일어났던 종교와 정치의 결합 등에 관심이 없다고 말한다. 현대인들은 '무엇을 믿느냐'가 아니라 '어떻게 살 것인가'를 더 중요하게 생각하기 때문이다.

콕스는 지난 2,000년 동안의 그리스도교의 역사를 3단계로 설명한다. 그는 그리스도교가 처음 등장한 1~3세기를 '신앙(faith)의 시대'라 부른다. 초기 그리스도인들은 예수를 믿느냐가 중요한 것이 아니라 예수의 가르침을 행하느냐가 중요했다.

4세기에 들어서면서 제국을 형성한 로마가 통치 수단으로 선택한 그리스도교는 선과 악, 나와 너, 정통과 이단의 구별 수단이 됐다. 콕스는 이 두 번째 시대를 '믿음(belief)의 시대'라 명명한다. 그는 지난 4세기부터 20세기까지 이 믿음의 시대가 진행되었다고 분석한다. 이 기간 동안 그리스도교는 '정통'과 '올바른 가르침'에 매몰되어 주도권을 유지하기에 급급했다.

15~16세기 르네상스와 종교 개혁 그리고 그 여파인 과학 혁명으로 유럽은 새로운 그리스도교를 요구했다. 그러나 30년 전쟁

(1618~1648)에서 드러났듯이 긍정적인 형태가 아닌 자신의 이데올로기에 매몰된 근본주의가 세를 부리기 시작했다. 하지만 21세기에 들어서면서 이러한 근본주의적 그리스도교는 점점 세력을 잃고 있다. 이러한 현상은 세계적으로는 물론 한국 내에서도 쉽게 찾아볼 수 있다. 콕스는 오늘날의 그리스도교는 '영성의 시대'로 진입했다고 주장한다. 점점 많은 그리스도인들이 도그마와 교리를 무시하고 종교 간의 울타리를 걷어치우고 있다. 콕스는 영성이 조직화된 종교를 대체할 것이라고 선언한다.

사실 초대 그리스도교는 기도와 예배 그리고 자비의 행위를 강조한 영적으로 유기적이며 생동감 있는 조직이었다. 그리스도교가 유대교의 한 분파로 시작해 그 안에서 교파가 형성되어 교리 문제로 싸웠을 리 만무하지만, 이들이 가진 신앙은 로마의 그리스도교 학살에도 자신들의 목숨을 내놓을 정도로 강력한 삶의 원동력이었다. 순교는 자신의 삶의 원칙을 위해 모든 것을 기꺼이 포기하는 행위다. 로마 황제 콘스탄티누스가 그리스도교를 자신의 종교로 채택한 이유도 다른 종교에서는 거의 찾아볼 수 없는 이 순교 문화 때문이다. 약동하던 그리스도교는 4세기에 들어 정통 교리 논쟁에 휘말리면서 그 역동성을 잃고 교리라고 알려진 일련의 고백에 동의해야 그리스도인이 되는 재미없는 사상으로 굳어졌다.

오랜 세월 동안 그리스도교는 생활 윤리나 자비 행위보다는 교리를 숭배하는 정책을 강조했고 슬프게도 그러한 경향은 오늘날에도 만연해 있다. 초기 그리스도교와 같은 자생적이고 감동적인 모델이 만들어지지 않는다면 그리스도교는 사라질 것이다. 망망대해에서 침몰하는 그리스도교라는 배에 남은 몇 명의 그리스도인들은 스스로를 한 종교나 종파에 속한 종교적 인간이 아닌 인류보편적인 영적인 인간이라고 정의한다.

이것은 단지 그리스도교에만 국한된 주장이 아니다. 지난 10여 년 동안 대학에서 그리스도교 과목들을 가르치면서 느낀 점은 학생들이 종교의 교리나 개별 종교에서 말하는 '올바른 가르침'에는 관심이 없다는 사실이다. 이들은 과학이 도달할 수 없는 종교만이 가져다주는 경외심이나 신비에 대한 매력에 더 관심이 있다.

오늘날의 그리스도교는 소속감을 강조하지만 현대인들은 종교를 통해 자신의 삶의 새로운 면모를 발견하고 싶어 한다. 그들은 또한 복잡한 삼위일체나 종말론과 같은 교리를 먼 과거의 이야기일 뿐 자신의 삶과 유리된 이상한 소문으로 여긴다. 뿐만 아니라 다른 민족이나 문화에서 발생한 종교에도 관심이 많으며 그들의 삶을 진정으로 이해하고자 한다.

그들은 교회에서 강조하는 '사도권의 연속성', 즉 예수와 베드로 그리고 사도로 이어지는 종교적 권위를 시대에 뒤떨어진 이야기로 여긴다. 초기 그리스도교에 전문적인 직업을 가진 사제가 존재했을 리 없다. 심지어 그리스도교의 기초를 놓았다는 바울은 천막을 만들어 파는 상인이었다. 초기 공동체에는 여성들도 중요한 역할을 담당했는데, 특히 막달라 마리아는 초기 그리스도교 문헌의 발견을 통해 그 역할이 재조명되고 있다.

그렇다면 하비 콕스가 말한 '영성의 시대'의 핵심은 무엇인가? 오늘날의 종교는 어디로 가야 하는가? 그 길을 모색하는 데 혜안을

준 두 명의 선각자가 있다. 과학자 아인슈타인과 종교학자 루돌프 오토다.

"나는 스피노자의 신을 믿습니다"

랍비 헐버트 골드스타인(Herbert S. Goldstein)은 유명한 랍비이자 유대인들의 지도자였다. 그는 특히 반유대주의를 피해 미국으로 들어오는 유대인들을 돕는 데 공헌했다. 그는 1929년 4월, 베를린에 거주하던 위대한 물리학자 알버트 아인슈타인에게 급히 전보를 보낸다. 아인슈타인이 발표한 '상대성이론'이 유대인들에게 우호적인 미국에 나쁜 영향을 끼칠까 봐 전전긍긍했던 것이다. 다음은 전보의 내용이다.

당신은 신을 믿습니까? 답신에 필요한 값은 지불했습니다.
50단어 이내로 설명해주세요.

당시 미국에서는 아인슈타인의 '상대성이론' 발표를 놓고 왈가왈부하고 있었다. 과학계뿐만 아니라 종교학계 인사들은 이 발견이 미칠 파장에 미리부터 떨고 있었다. 이전까지 그리스도인들은 우주가 신의 말로써 한순간에 창조되었다고 믿었다. 특히 보스턴 지역 가톨릭 주교였던 윌리엄 헨리 오코넬(William Henry O'Connell)은 아인슈타인의 상대성이론을 혐오했다. 물론 이 혐오는 상대성이론을 이해하지 못한 데서 기인했지만, 그보다도 자신이 소중하게 쌓아올린 우주 창조에 대한 편견이 무식으로 드러나지 않게 하기 위해서였다. 오코넬은 상대성이론을 "모호한 궤변"이며 "무신론의 흉악한 망령"이라고 조롱했다.

골드스타인은 보스턴뿐만 아니라 전 미국의 정치적 영향력이 있는 가톨릭교회 주교의 화를 달래기 위해 특단의 조치를 취했다. 그는 아인슈타인에게 전보를 보냈다. 유대인들은 유럽의 박해에서 벗어나 대거 뉴욕으로 이민해 자리를 잡으려는 참이었다. 그는 유대인 공동체의 생존을 위해 미국 사회 내에서 모든 사람들이 존경하는 아인슈타인이 무신론자가 아니라는 사실을 그의 입을 통해 확인하고 싶었던 것이다.

아인슈타인은 신을 믿느냐는 질문에 다음과 같은 답장을 보냈다. "나는 스피노자의 신을 믿습니다. 그 신은 이 세상의 규칙적인 조화 안에서 자신을 드러냅니다. 그는 인간의 운명과 행동에 관심 있는 신이 아닙니다." 그의 답은 간결하지만 함축적이었다. 그는 17세기 네덜란드의 철학자였으며 과학자였던 스피노자를 언급했다. 아인슈타인은 신을 믿는 것이 아니라 스피노자가 믿었던 신을 믿는다는 애매모호한 답장을 보냈다. 그는 골드스타인이 믿는 신과 스피노자의 신은 다르며, 골드스타인의 신은 '인간의 운명과 행동에 관심 있는 신'이라고 정의했다. 다시 말해 인간이 도덕적으로 혹은 종교적으로 교리에 맞게 잘 행동하면 상을 주고, 그렇지 않으면 벌을 주는 그러한 신이라는 것이다.

그러나 스피노자의 신은 다르다. 그 신은 '우주의 규칙적인 조화 안에서 서서히 자신의 모습을 드러내는 존재'다.

스피노자는 반유대주의를 피해 이민한 유대인이다. 그의 가족은 스페인과 포르투갈에서 시작된 박해를 피해 상대적으로 안전한 네덜란드 암스테르담으로 이주했다. 그는 신에 대한 자신만의 특별한 개념을 발전시키게 되는데, 그것에서 비롯된 독특한 신앙관 때문에 암스테르담의 세파르디(Sephardi) 유대인 공동체에서 추방당한다. 스피노자는 전통적인 유대교와 당시 암스테르담의 지배 종교였던 개신교 칼뱅 교리를 무시하고, 신은 우주 만물을 창조하고 조절하는 초월적인 신이 아니라 그 만물을 있는 그대로 자연스럽게 만들고 유지하는 '내재적 신비'라고 주장했다. 인간은 이것을 인식하기 위해 자신의 상식에서 벗어나 자연 안에 숨겨진 신비를 경험해야 한다.

스피노자를 비롯해 암스테르담에 거주하던 유대인들은 복잡한 과거를 가지고 있었다. 스페인과 포르투갈을 휩쓸던 종교 재판에서 살아남기 위해 그리스도교로 개종한 마라노스(marranos, '돼지들'이라는 의미)들은 암스테르담으로 이주하면서 다시 유대교를 재건했다. 자유로운 신관으로 인해 유대 공동체로부터 추방당한 스피노자는 다시 그리스도교로 개종하느니 무신론자로 살기로 마음먹는다. 그는 평생을 독신으로 살았고, 당시 기술 산업의 최고 인기 분야였던 '렌즈 깎기'로 돈을 벌며 과학과 철학을 공부했다.

스피노자는 동시대 철학자 라이프니츠와 데카르트와 비교했을 때 극단적인 이성주의자였다. 그는 자신의 모든 주장을 이성을 통해서만 개진했다. 이성주의자들은 인간의 이성적인 사고만이 새로운 지식을 창출한다고 믿었다. 반면에 경험주의자들은 세상에 대한 관찰과 실험이 새로운 지식으로 이어진다고 믿었다.

아인슈타인의 과학적 시각에서 보면 스피노자의 과학적 방법론은 초보적인 수준일 수밖에 없다. 아직 뉴턴의 만유인력이나 원자에 대한 과학적 발견이 이루어지기 전 상태였기 때문이다. 그럼에도 불구하고 왜 아인슈타인은 그를 흠모했는가? 아인슈타인은 대학에서 친구들과 스피노자의 사상에 심취했으며, 심지어는 네덜란드의 구두 수선 거리에 있는 스피노자의 집을 방문하거나 스피노자를 위해 시를 쓰기도 했다.

내가 이 고귀한 사람을 얼마나 사랑하는지,
내가 말로 표현할 수 있는 것 이상이지.
나는 그가 홀로 자신의 거룩한 후광(後光)으로
외롭게 지낼 것이라고 생각해.
그가 자신의 삶을 통해 우리에게 보여주었지.
이 가르침이 인류에게 선사한 것은
위로하는 겉모습을 신뢰하지 말라는 거야.
그는 숭고하게 태어난 것이 분명해.

아인슈타인이 스피노자를 사랑한 이유는 그의 사상이 자신이 추구하는 세계관과 같았기 때문이다. 아인슈타인은 스피노자가 주장하는 높은 차원의 지성에 매료됐다. 이 지성은 자연, 본질 그리고 신이 합쳐진 삼라만상의 원칙이다. 그는 이 지성에 다가가는 행위가 신에게 접근하는 것이며, 이것을 "지적인 신에 대한 사랑(amor dei intellectualis)"이라고 정의한다. 스피노자의 신은 유대교, 그리스도교, 이슬람교의 신과는 다르며, 그가 동료 유대인들로부터 무신론자와 이단자로 낙인찍힌 이유도 그 때문이다.

아인슈타인은 스피노자처럼 전통적인 신으로부터 위안을 얻거나 그 종교로부터 도덕적인 가르침을 받을 필요가 없다고 생각했다. 자연의 법칙은 헤아릴 수 없을 만큼 정교할 뿐 아니라 수학적으로도 정확하고 심오해서 우주와 자연 그리고 인간에 대해 탐구할수록 우리는 경외심으로 가득 차게 되어 자연스레 우리 자신을 미약한 존재로 생각하게 된다는 것이다. 그는 과학적 지식이 발전하면 할수록 우주에 있어서 신의 섭리를 조금씩 알아갈 수 있다고 주장한다.

스피노자가 당대 유대인들에게 버림받은 것과 달리 아인슈타인은 운이 좋은 시대에 살았다. 아인슈타인은 20세기에 가장 존경받는 과학자였다. 사람들이 점점 그의 종교관에 관심을 갖자 그는 용감하게 자신이 생각하는 종교와 그 핵심을 고백했다. 그는 인간이 맹목적으로 동의함으로써 자신의 신념을 알지 못하게 하는 권위에 도전했다. 어쩌면 도전했다기보다 스스로 그 진리를 찾아 나섰다. 그는 과학에서처럼 종교에서도 맹목적으로 수용된 아이디어, 이론, 모델 그리고 교리에 신경 쓰지 않고 자신의 종교를 찾아 나섰다.

아인슈타인이 말한
종교의 3단계

아인슈타인은 1930년에 미국의《뉴욕 타임스 매거진》에 '종교와 과학'이라는 에세이를 발표했다.[5] 그는 영적인 우주에 대한 설명을 시도하며 "우주적인 종교 감정"이라는 독특한 표현을 사용했다. '우주적인 종교 감정'이란 자연과 사상의 세계 안에서 스스로 자신을 드러내는 숭고함과 놀라운 질서를 인식하는 감정 상태다.

아인슈타인은 인간 심리의 세 단계를 종교의 진화를 통해 추적했다.

첫 단계는 '공포의 종교'다. 이것은 원시인들이 기아, 야생 동물, 병, 죽음에 대해 갖게 되는 공포에 의존하는 사회의 종교 유형이다. 자연에 대한 무지에서 오는 두려움을 달래기 위해, 또 신의 노여움을 풀기 위해 희생 제사와 간절한 기도와 같은 의례에 의존하는 종교다.

두 번째 단계는 구약성서와 신약성서에서 발견되는 '도덕적이며 윤리적인 신에 대한 관념의 종교'다. 인간들은 신을 인간과 유사한 형태로 만들어 숭배한다. 인간처럼 감정을 지닌 신은 사제들을 통해 소통하고, 도덕적이며 윤리적인 기준으로 인간들에게 상을 주기도 하고 벌을 주기도 한다. 무엇보다 고통에 처한 인간을 위로하고 죽은 자들의 영혼을 심판하며, 생전에 신을 믿고 따른 자들에게는 영생을 허락한다. 아인슈타인은 이 두 번째 단계의 종교를 아직 성숙의 단계에 들어서지 못한 '사춘기 종교'라 불렀다. 관념의 종교에서 신은 사실 인간이 만들어낸 존재다. 인간들은 신을 절대신이라 착각하지만, 자신의 욕망과 고상한 신의 모습을 투영한 신을 신봉하는 형태다.

그가 원하는 세 번째, 그리고 궁극적인 종교 경험의 단계는 인간이 자신이 처한 역사적인 순간 속에서 스스로 발견한 종교다. 자기 나름대로 이해해 만든 이 종교는 전통적인 교리를 넘어선다. 아인슈타인은 인간의 생존을 가능하게 하는 우주와 자연을 통해 신을 탐구한다. 이 신은 '인간의 형상으로 만든 신'에 대한 도그마나 교리를 통해 다가갈 수 없는 존재다. 아인슈타인은 이것을 '우주적인 종교 감정'이라 명했고, 성서의 예언자들과 다른 종교, 특히 불교의 가르침에서 그 예를 찾았다. 아인슈타인이 이상적으로 생각한 종교는 사제나 종교 단체에 의존하기보다는 스스로 도덕적 책임이 있는 존재가 되고 삼라만상에 숨겨진 신비를 찾는 탐구를 멈추지 않을 때 비로소 발견되는 것이다.

이 세 번째 단계에서는 종교 집단의 권위가 필요하지 않다. 종교의 기원을 추적해보면 초기 종교 지도자들은 기존 종교의 틀에서 벗어나 자신이 발견한 참신한 영적인 세계를 행동으로 보여준 자들이며, 당시 종교인들에게 '이단'이나 무신론자로 낙인찍힌 자들이다. 혹은 당시 동료들로부터 메시아나 성인으로 추대받기도 했다.

가톨릭 신부이며 교수였던 풀턴 쉰(Fulton Sheen) 박사는 아인슈타인의 주장을 "가장 멍청한 난센스"라고 조롱했다. "이 세상에 은하계를 위해 자신의 목숨을 내놓을 사람이 있는가? 그는 자신의 우주적 종교(cosmic religion)에 한 가지 실수를 했다. 그는 단어에 's'

를 더했다." 그는 아인슈타인의 종교를 우주적 종교(cosmic religion)가 아니라 우스운 종교(comical religion)라고 혹평했다.

당시 《뉴욕 타임스 매거진》은 아인슈타인에 반대하는 종교인들의 반박문을 실었다. 그러나 유대인들의 긍정적인 반응의 글들도 있었다. 그들은 아인슈타인이 종교의 핵심이라고 표현한 '경외와 존경심'이 본질적으로 종교적이라고 주장했다. 당시 뉴욕에 있는 유대 랍비들을 대표하는 나단 크라스(Nathan Krass)는 "아인슈타인의 종교를 교파 안에서는 받아들일 수 없지만 모든 유대인들은 인정해야만 한다"는 다소 혼돈스럽지만 새로운 종교 이해의 가능성을 열었다. 대부분 보수적인 유대인들은 그의 견해를 부정했지만 신실한 유대인이라면 아인슈타인을 무시할 수 없었다. 이 '심오하게 종교적인 비신앙인(deeply religious non-believer)'의 고백은 스피노자의 전통을 이어받아 현대인이 이해할 수 있는 신앙으로 한 발짝 더 나아갔다.

1936년 1월, 뉴욕의 리버사이드 교회 주일학교 6학년인 필리스 라이트(Phyllis Wright)라는 소녀가 자신이 다니는 교회의 주일학교 학생들을 대표해 아인슈타인에게 다음과 같은 내용의 편지를 보냈다.

1936년 1월 19일
존경하는 아인슈타인 박사님께

우리 주일학교 수업에서 질문이 나왔어요. "과학자도 기도하나요?" 우리는 과학과 종교를 둘 다 믿을 수 있는지 묻기 시작했어요. 우리는 과학자들과 다른 중요한 분들에게 편지를 쓰는 중이에요. 우리의 질문에 대한 해답을 바라고 있어요. 만일 박사님이 우리의 질문에 대답해준다면 우리는 영광스럽게 생각할 거예요. "과학자도 기도하나요? 그리고 한다면 뭘 위해 기도하죠?" 저는 엘리스 선생님 반 6학년입니다. 답장 바랍니다.

리버사이드 교회, 필리스

이 편지를 받고 아인슈타인은 다음과 같은 답장을 보냈다.

1936년 1월 24일
필리스에게

네 질문에 되도록 간단하게 대답할 수 있도록 해볼게. 이게 내 답변이야.

과학자들은 인간에게 일어나는 사건들을 포함한 모든 일들이 자연의 법칙 때문이라고 믿어. 그러므로 과학자는 사건들이 기도, 다시 말하자면 초자연적인 존재에 의존하는 기도에 영향을 받는다고 믿지는 않아. 그러나 자연의 힘에 대한 우리의 실제적인 지식이 완전하지 않아서 결국 궁극적인 영의 존재에 대한 믿음은 일종의 신앙이지. 이러한 믿음은 현재 일어나고 있는 과학의 성과에 널리 퍼져 있어.

그러나 과학을 진지하게 탐구하는 사람은 어떤 영이 우주의 법칙에 드러나 있다는 사실을 확신하게 되지. 그것은 그 사람의 영보다 훨씬 우월한 것이야. 이러한 방식의 과학적인 추구는 특별한 형태의 종교적인 감정인데, 이것은 좀 순진한 사람들의 종교와는 완전히 다르지. 대답이 되었는지 모르겠네. 안녕.

아인슈타인

아인슈타인은 필리스와 그녀의 반 친구들이 알고 싶어 하는 질문에 직접적으로 대답하지 않았다. 그러나 아인슈타인은 이 조심스러운 대답에서 이성의 한계를 인정하고 무한한 세계에 대한 과학적인 경외심이 정당하게 '종교적'이라 불릴 수 있는 숭고한 감정으로 도달하게 된다고 말한다. 아인슈타인의 답장은 필리스의 신앙에 대한 무시가 아니라 인간의 이성을 훨씬 뛰어넘는 자연의 신비에 대한 신앙 혹은 우주의 법칙에 대한 경외를 표현한 사려 깊은 반응이다.

그는 여기에 대해 다음과 같이 설명한다. 만일 많은 언어로 기록된 책들이 도서관에 들어 차 있다면 어린아이가 이해할 수 있는 것은 누군가가 그 책들을 저술했다는 사실뿐이다. 어린아이는 그 책들이 어떻게 기록되었는지 알 길이 없다. 그 책에 기록된 언어를 이해할 수 없기 때문이다.

신비와 전율
그리고 매혹

아인슈타인과 유사한 정의를 내린 종교학자는 독일의 루돌프 오토(Rudolf Otto)다. 그의 책 『성스러움의 의미』의 부제는 '신에 대한 개념의 비합리성과 그것이 갖는 합리성과의 관계에 관하여'다.[6] 오토는 이 책에서 성스러움, 즉 '거룩'이라는 개념을 '누미노제(numinose)'로 정의한다. 누미노제는 비이성적이며 인간의 오감과 자아를 뛰어넘는 신성에 대한 경험이나 실현이다.

오토의 누미노제는 라틴어의 '신적인 힘'을 의미하는 '누멘(numen)'에서 고안해냈다. 이는 인간의 경험으로는 도저히 도달할 수 없는 단계여서 인간은 자신에게 익숙한 경험을 통해 표현하는 은유나 직유로만 접근이 가능하다. 우리가 신에 대해 표현하는 것들, 즉 경전이나 교리는 기껏해야 은유다. 오토는 누미노제를 '신비(神秘)'라고 정의한다. 라틴어로 '미스테리움(mysterium)'인 신비는 '절대타자(絶對他者, das ganz Andere)'에 대한 경험이다. 인간이 경험할 수 있는 경지를 넘어 말로는 형언할 수 없는 강력하고도 압도적인 경험이다. 인간은 미스테리움의 경험을 통해 스스로에게 전혀 생소한 전적인 타자가 될 수 있다.

오토는 이 신비감이 인간에게 다음 두 가지 반응을 일으킨다고 보았다. 바로 '전율(戰慄, tremendum)'과 '매혹(魅惑, fascinosum)'이다. 1969년 7월 20일, 달에 첫발을 디딘 닐 암스트롱은 지구를 향해 다음과 같은 말을 보냈다. "이것은 인간에게 작은 발걸음이지만 인류에게 위대한 도약입니다." 전율은 아마도 암스트롱이 이 첫발을 디딜 때 느낀 감정과 같은 것이리라. 암스트롱은 달에서 "신비는 경외심을 낳고 경외심은 인간이 알고자 하는 욕망의 기초다"라고 외쳤다. 그 순간에는 세상의 모든 근심이 사라지고 자기 자신이 간직했던 세계가 저절로 떨어져 나간다. 오감으로 느끼는 모든 것들이 심오하고도 기쁨으로 충만한 경외심으로 가득 차 세상을 향해 닫아놓았던 몸의 출구가 열리면서 하염없이 눈물을 흘린다.

신비와 전율을 통해 체득하는 힘을 카리스마라 한다. '카리스마(charisma)'의 원래 뜻은 경외와 겸손을 경험한 자에게 내려오는 '(신의) 선물'이다. 그리스도교 역사의 시작을 순교로 본다면, 초기 그리스도인들은 절대타자에 대한 숭고한 경험을 통해 자신의 목숨까지 버리는 순교자가 되기도 했다.

우리와 똑같은 인간이지만 절대타자의 경지를 경험하고 그것을 추구하는 사람들을 '성인(聖人)'이라 한다. 모세, 예수 그리고 무함마드는 어떻게 평범한 인간에서 출발해 그의 추종자들이 종교를 만들만큼 위대한 인물이 되었을까?

예수는 30세부터 팔레스타인에서 3년 동안 자신이 깨달은 우주의 신비와 경외심의 '위대한 삶'에 대해 동료 유대인들에게 설교했다. 그는 깊은 묵상을 통해 자신이 반드시 이루어야 할 의무와 꿈을 확신하고, 1세기 팔레스타인에서뿐만 아니라 지난 2,000년 동안 수많은 사람들에게 삶의 등불이 됐다.

예수가 제자들에게 물은 "너희는 나를 누구라 하느냐?"라는 질문은 예수에 관한 역사적이며 과학적인 평가를 요구하는 것이 아니다. 예수는 3년 동안 자신을 따라다닌 제자들에게, 스스로에게 맡겨진 미션을 찾도록 촉구하고 그것을 위해 헌신하는 삶을 통해 무엇을 배웠는지 묻는 것이다. 우리는 예수의 위대한 질문과 삶을 통해 각자의 내면에 감춰진 위대함을 찾아야 한다. 예수는 묻는다. "너는 나를 누구라 하느냐?"

1장

목숨이 음식보다 소중하지 않으냐?

οὐχὶ ἡ ψυχὴ πλεῖόν ἐστιν
τῆς τροφῆς

"목숨을 부지하려고 무엇을 먹을까 또는 무엇을 마실까 걱정하지 말고,
몸을 보호하려고 무엇을 입을까 걱정하지 말아라.
목숨이 음식보다 소중하지 않으냐? 몸이 옷보다 소중하지 않으냐?"
〈마태복음〉 6:25

예수의
첫 번째 질문

질문의 종류에는 여러 가지가 있다. 답을 기대하는 질문과 질문을 받는 사람의 실력을 측정하기 위한 질문, 또는 상대방의 무식을 꾸짖는 질문도 있다. 그리고 이러한 질문들과는 또 다른 목적의 질문이 있다. 바로 수사학(修辭學)적 질문이다. 수사학적 질문은 즉답이나 정답을 요구하지 않는다. 이 질문은 오히려 질문을 받은 사람을 고민에 빠뜨려 자신만의 답을 찾도록 유도한다. 그 답은 질문에 대한 의도를 깊이 묵상해 자신만의 유일한 답을 찾으려 노력할 때 서서히 그 모습을 드러낸다.

1세기 팔레스타인에서 태어난 예수도 이 질문을 통해 자신을 따라다니던 유대인들에게 삶에 대한 성찰과 근본적인 변화를 요구했다. 신앙은 분명한 해답이 아니라 스스로 당연하게 여기던 세계관과 신앙관의 끊임없는 파괴이며, 새로운 세계로의 과감한 여행이고 동시에 그 과정에 대한 한없는 의심이다.

예수도 이러한 수사학적 질문을 통해 우리의 몸에 밴 이기적인 세계관을 서서히 무너뜨렸다. 사실 예수의 첫 질문이 무엇이었는지 아는 사람은 아무도 없을 것이다. 다만 우리에게 전해내려 오는 신약성서를 통해 추측하고 찾을 뿐이다. 예수의 말과 행적에 관해서는 그리스도교가 전통적으로 사용해온 경전인 신약성서와 기원후 2~4세기 초대 그리스도교 교부들에 의해 이단으로 낙인찍힌 문서들, 특히 '영지주의' 문서들이 최근 고고학자들에 의해 발견되면서 새롭게 조명되기 시작했다.

그리스도교의 경전인 신약성서에는 예수의 일생에 관해 서로 다른 시각에서 기술한 네 개의 복음서가 있다. 네 개의 복음서 저자들은 각자 혹은 자신이 속한 공동체가 이해한 예수를 자신만의 독특한 시각으로 기술했다. 신약성서를 공부하다 보면 이 다양한 서술 형태가 예수를 이해하는 데 혼란을 가져다주기도 한다. 그러나 시간이 지나면서 이 네 개의 복음서들 사이에 존재하는 유사점이나 그들 각자만의 독특한 서술을 발견할 수 있다.

전통적으로 〈마태복음〉과 〈마가복음〉 그리고 〈누가복음〉은 '공관복음(共觀福音)'이라 한다. 예수라는 인물을 자신과 자신이 속한 신앙 공동체의 각기 다른 시선으로 해석했기 때문이다. 이 세 개의 복음서에는 동일한 내용도 발견된다. 학자들은 〈마가복음〉의 내용이 〈마태복음〉과 〈누가복음〉에도 다소 변형된 형태로 등장하기 때문에 〈마가복음〉이 가장 먼저 기록된 복음서일 것으로 추정한다. 그리고 학자들은 〈마태복음〉과 〈누가복음〉에서는 공통적으로 발견되지만 〈마가복음〉에서는 발견되지 않는 내용이 존재하는 것으로 미루어 〈마태복음〉과 〈누가복음〉을 기록한 저자(들)는 〈마가복음〉과 다른 별도의 자료를 참고했을 것으로 추정한다.

이 내용을 처음 연구하기 시작한 독일 학자들은 이 별도의 자료를 독일어로 '원자료'라는 의미의 '크벨레(Quelle)'의 첫 글자를 따서 'Q'라 명했다. 공관복음(〈마태복음〉, 〈마가복음〉, 〈누가복음〉)에 동시에 기록된 예수 일생의 최초 사건은 예수가 요단 강에서 요한이라는 인물로부터 세례를 받는 일이다. 예수에 관한 족보는 〈마태복음〉과 〈누가복음〉에 각기 다른 방식으로 기술되어 있고, 페르시아의 조로아스터교 사제인 동방박사가 예수를 찾아온 사건은 〈마태복음〉에만 수록되어 있다.

신약성서에 등장한 예수의 첫 질문은 〈마태복음〉 6장 25절에 등장한다. 그 질문은 너무도 평범한 내용이다.

"목숨을 부지하려고 무엇을 먹을까, 또는 무엇을 마실까 걱정하지 말고, 몸을 보호하려고 무엇을 입을까 걱정하지 말아라. 목숨이 음식보다 소중하지 않으냐? 몸이 옷보다 소중하지 않으냐?"

먹고 마시는 문제가 얼마나 중요한데, 그 문제에 신경을 쓰지 말라는 이 질문의 의도는 과연 무엇인가? 예나 지금이나 먹고 마시고 입는 것은 인간 삶의 가장 중요한 문제다. 만일 1세기 팔레스타인에서 주택 문제가 오늘날과 같이 중요했다면, 예수는 음식과 옷뿐만 아니라 주택에 대해서도 "어디에서 살지 걱정하지 말라"고 충고했을지 모른다. 예수는 왜 이러한 질문을 했을까? 예수의 질문을 이해하기 위해 먼저 예수가 어떤 인물인지 간단히 살펴볼 필요가 있다.

목수에서
신의 아들이 된 예수

예수의 어린 시절에 관한 기록은 거의 없다. 다만 〈마태복음〉은 예수가 태어나자마자 쫓기는 신세였다고 전한다. 헤롯(Herod)은 로마제국이 유대를 간접 지배하기 위해 유대의 왕으로 임명한 자다.

헤롯은 오늘날 요르단의 산악 지방인 에돔(Edom)에서 태어났다. 외국인으로서 유대를 치리해야 했던 헤롯은 유대인들의 마음을 얻기 위해 예루살렘 성전을 다시 세우고 대규모 수로 시설을 건설했다. 그는 또한 유대의 왕가였던 하스모니아 왕조의 공주 미리암과 결혼해 유대교 제사장 가문의 전적인 후원을 받았으며, 로마와의 긴밀한 관계를 통해 '유대의 왕'이라는 칭호를 유지했다.

그는 〈마태복음〉 2장에 등장하는 동방박사와 예수의 탄생에 관한 부분에서 어린아이들을 죽이라고 명령한 왕으로도 알려져 있다. 이러한 학살은 〈마태복음〉 이외에는 등장하지 않을뿐더러 당시의 어떤 역사적인 기록에도 발견되지 않는다. 분봉왕인 헤롯은 유아 학살에 대한 권한이 없었기에 이는 〈마태복음〉 저자의 특별한 의도가 담긴 글로 해석하기도 한다. 그는 예수를 구약성서의 모세처럼 묘사하고자 한 것 같다. 예수 시대의 유아 학살은 구약성서 〈출애굽기〉의 모세 시대의 유아 학살과 유사하다.

또 예수의 가족이 이집트로 도망쳤다가 헤롯이 죽은 후 갈릴리로 돌아왔다는 이야기는, 모세가 파라오로부터 도망쳐 시내 반도 미디안으로 갔다가 파라오가 죽자 이집트로 돌아온 이야기와 일치한다. 〈마태복음〉 저자는 예수를 히브리인들을 구원한 모세처럼 1세기 이스라엘 사람들을 구원할 메시아라고 믿었다.

어린 시절 예수는 나사렛에서 30년간 살았다. 나사렛은 예루살렘에서 북쪽으로 134킬로미터 떨어진 곳에 있는 산골 마을이다. 오래전부터 유대인 공동체가 형성되어 당시 이곳에는 유대인들의 경전인 『토라(Torah)』를 배우는 학교가 있었다. 시몬 벤 쉐타흐(Simeon ben Shetach)는 유대 전역에 아이들을 위한 학교를 만들었다. 당시 유대 아이들은 『토라』와 『토라』를 유대인의 실제 삶에 적용해 다시 해석한 『미쉬나(Mishnah)』를 배웠다.

『토라』의 언어인 히브리어는 기원전 6세기경 이스라엘이 바빌로니아에 의해 멸망할 때 소멸했다. 히브리어는 경전을 기록한 고전어로만 존재했고 일상에서는 아람어를 사용했다. 당시 유대인 회당에서 『토라』를 읽을 때는 같은 구절을 세 번 반복했다고 한다. 랍비는 이미 사어가 된 히브리어로 『토라』를 한 번 낭송하고, 그 후에 유대인들의 구어인 아람어로 번역해서 두 번 낭송했다.

예수의 언어는 아람어이며 자신의 생각을 아람어로 표현했음이 분명하다. 우리에게 전해내려 온 신약성서에 담긴 예수의 어록들은 아람어를 당시 학자들의 언어인 그리스어로 번역한 것이다. 이 과정에서 예수가 원래 했던 말들이 잘못 번역된 경우도 많다.

자연인 예수와 메시아 예수 사이에는 결정적인 두 가지 사건이 존재한다. 바로 세례와 40일간의 금식이다. 이 두 사건은 앞으로 있을 3년간의 공생애를 위한 영적 무장의 기간이자 인생에 대한 새로운 확신을 갖게 되는 인생의 변곡점이다.

건물에 들어가기 위해서는 반드시 통과해야 하는 장소가 있다. 내부와 외부를 구별하는 특별한 공간인 이곳에서 사람들은 건물 내부로 들어가기 위해 준비를 한다. 이곳은 내부도 아니고 외부도 아닌 바로 '현관(玄關)'이다. 현관은 안과 밖의 경계에 있는 '가물가물한' 장소라는 뜻을 내포한다.

건축에서 현관은 주택의 정면에 낸 출입구를 이른다. 지금은 일반 집의 단순한 출입구나 신발을 벗어놓는 장소로 그 뜻이 축소되었지만 원래는 불교 사찰의 첫 번째 문을 가리킨다. 불교에서 현관은 현묘(玄妙)한 도(道)로 들어가는 문으로서 속세를 떠나 영원한 극락세계로 들어가기 위한 출발점이다.

한자 '현(玄)'은 원래 누에가 고치를 치기 위해 자신의 입에서 실을 뽑는 행위와, 누에가 고치 안에서 변신해 나비가 되는 신비한 변화를 형상화한 단어다. 누에는 몸을 '8'자로 움직여 눈에 보이지 않을 정도로 가느다란 실을 뽑아낸다. 그 행위를 '작고 여리다'는 뜻의 '요(幺)'라 부르며, 이 지속적인 행위로 고치를 짓는 것을 '현(玄)'이라 한다. 이때 밖에서는 볼 수 없지만 고치 안에서는 천지가 개벽하는 변신이 일어나며, 일정한 시간이 지나면 그 안에서 전혀 예상하지도 못한 나비가 모습을 드러낸다. 누에가 나비가 되기까지의 그 '가물가물'한 과정을 현(玄)이라 한다.

라틴어로 문지방이나 현관을 의미하는 단어는 '리멘(limen)'이다. 리멘은 미래를 예측할 수 없는 불안하고 힘든 기다림의 시간이며 장소다. 그러나 이곳을 통과하지 않고는 다음 단계로 진입할 수 없다. 이곳은 떠나고 난 뒤 후세에게 그 진가를 인정받는 장소이며 다른 어떤 것으로도 대치할 수 없다.

프랑스 인류학자 반 즈네프(Arnold Van Gennep)는 '리멘'이라는 개념을 발전시켜 『통과의례』라는 책을 저술했다. 새로운 단계로 진입하려는 입문자는 다음 세 단계를 성공적으로 완수해야 한다. 첫 번째는 '분리'의 단계다. 이 단계는 과거로 상징되는 모든 것들, 자신에게 익숙하고 편한 세계와의 의도적인 단절이다. 이 단절을 '혁신(革新)'이라 한다.

'혁(革)'자는 갑골문에서 소의 가죽을 정교하게 벗겨낸 뒤 뿔, 몸통 그리고 꼬리 부분이 남은 모양이다. 자신이 안주하던 소의 몸체에서 정교한 칼로 가죽을 베껴내야 한다. 특히 소가죽에 남아 있는 기름이나 털을 완전히 제거해야만 그 가죽이 경직되지 않고 유연해질 수 있다. 이 과정을 무두질이라 한다. 자신이 가장 소중하게 여기는 가치를 가차 없이 버리는 행위가 종교에서는 성기에 상처를 내는 할례와 혼돈을 상징하는 물에 자신의 몸을 담그는 세례 등의 행위로 나타난다.

두 번째는 '전이(轉移)'의 단계다. 첫 번째 단계가 단시간에 일어난 사건이라면 이 두 번째 단계인 전이는 리멘의 단계다. 낡은 자아를 소멸시키는 오랜 기간의 투쟁의 시간이다.

세 번째 단계는 충분히 전이 단계에 거한 자가 자신도 모르게 들어서는 단계다. 이것을 '통합'의 단계라 한다. 이때 입문자는 자신이 새로운 존재가 되었는지조차 몰라야 한다. 자신이 세 번째인 통합의 단계에 들어섰다고 확신하는 순간 그는 타락하고 만다. 자만심이 그를 처음 단계로 보내버리는 것이다.

이는 자신의 몸에 밴 습관이나 행동을 제거하고 새로운 자아를 만드는 창조의 시간이자 문지방 위에 서 있는 불안한 시간이기도 하다. 이 단계의 스승은 외부에 있지 않다. 이 단계는 자기 자신을 위해 스스로 만든 '시간'과 '공간'이다. 이 구별된 시간과 공간을 '고독'이라 한다. 이때의 고독은 다른 사람들과 어울리지 못해 불안해지는 외로움의 시간이 아니라 자신을 위한 최고의 시간이다. 고독은 보통사람을 위대한 성인이나 위인으로 탈바꿈시킨다. 일개 상인이었던 무함마드는 메카 외각에 있는 히라 동굴에서 "자신에게 온전히 헌신하고 묵상을 훈련하는" 고독을 통해 이슬람 종교를 창시하고 16억 인구의 정신적인 지도자가 됐다.

예수는 세례 요한을 통해 이 리멘의 단계로 들어선다. 신약성서의 네 개의 복음서 모두 세례 요한의 활동을 자세히 기록할 뿐만 아니라 〈누가복음〉에서는 예수와 친척관계로 묘사한다. 세례 요한은 그의 이름에서도 드러나듯이 그리스도교의 세례 의식을 처음으로 만들어 실행한 인물로 알려져 있다. '세례'는 말 그대로 물속에 자신의 몸을 담그는 상징적인 행위로, 유대교에서도 오래전부터 정화와 통과의례를 위한 중요한 의식이었다.

물은 혼돈을 질서로, 어둠을 빛으로, 오래된 자아를 새로운 자아로 인도하는 안내자다. 〈창세기〉에 등장하는 물은 혼돈의 상징이지만, 물을 갈라 마른 땅이 드러나게 하는 사건은 창조 행위다. 〈출애굽기〉에서도 오합지졸의 히브리인들이 '갈대 바다(홍해)'를 건너게된 사건을 통해 이스라엘 민족이 탄생한다.

세례 요한은 요단 강가에서 세례를 베풀며 회개를 촉구하고 있었다. 그는 낙타 털로 된 옷을 입고 가죽 띠를 찼으며 들에서 메뚜기와 야생 꿀로 연명하며 살았다. 그의 주식은 당시 가난한 떠돌이들이 주로 먹는 음식이었다. 그는 고대 이스라엘의 전형적인 예언자였다. 그의 모습은 당시 부자나 거만한 유대인들과는 정반대였다. 누구나 그의 모습을 보면 신의 분노가 이 땅에 도래했음을 간접적으로 느낄 수 있었다.

예수는 이전에 세례 요한을 한 번 본 적이 있었다. 그는 거의 먹거나 마시지 않아 몸이 지나치게 말라서 사람들은 그가 귀신처럼 유대 광야를 끊임없이 배회한다고 전했다. 당시 예루살렘 주민들과 유대인들은 이 괴상한 사막의 지도자에게 끌렸다. 사람들은 줄지어 이 괴팍한 예언자의 말을 경청하기 위해 요르단 계곡으로 모였다.

세례 요한은 카리스마가 넘쳤으며, 수백 명의 유대인들이 그의 설교를 듣고 자신의 과거를 부정하고 새롭게 출발하는 상징으로 물세례를 받았다. 그가 당시 여느 예언자나 설교자 혹은 예수나 예수의 제자들처럼 기적을 행하지 않은 점은 매우 흥미롭다. 세례 요한은 금욕적이며 신에 헌신하는 삶의 모습과 그에 부합하는 설교로 많은 사람들을 움직였다.

회개란
무엇인가?

예수는 사막에서 낮에는 살인적인 더
위를 참고 밤에는 추위와 들짐승들의 위협에 시달리며 자신과 유대
인들을 영적으로 치료하기 위한 처방을 고민했다. 당시 예루살렘의
유대인들도 나름대로 영적인 혁신을 감행하고 있었다. 그들의 마음
을 사로잡은 랍비는 당연히 힐렐(Hillel)이었다. 바빌론에서 디아스
포라 유대인으로 태어난 그는 예루살렘으로 돌아와 이전 유대 랍비
들의 가르침을 배우는 '힐렐 학교(베이트 힐렐)'를 만들어 가르쳤다.
그는 "당신이 하기 싫은 일을 동료에게 시키지 마시오. 이것이 『토
라』의 전부이고 나머지는 각주일 뿐입니다. 가서 실천하십시오!"라
고 말하며 황금률의 중요성을 강조했다.

반면 세례 요한의 선포는 힐렐과는 달랐다. 그는 계속해서 요단
강 계곡으로 밀려드는 유대인들을 향해 외쳤다. "회개하라. 천국이
가까이 왔다." 이 외침으로 그는 수많은 사람들을 움직였고 예수
역시 그중 한 명이었다. 이 외침이 무엇이기에 그토록 많은 사람들,
특히 예수의 마음을 움직여 세례 요한으로부터 세례를 받게 했을
까? 예수가 자신의 임무를 깨닫고 이른바 공생애를 시작하면서 선
포한 첫 구절도 바로 "회개하라. 천국이 가까이 왔다"이다.

그렇다면 "회개하라"라는 말의 의미는 무엇인가? 회개에 대한 잘
못된 인식은 이 단어에 대한 라틴어 번역에서 시작됐다. 라틴어 성
서는 이 단어를 '파이니텐티아(paenitentia)'로 번역했다. 이 말의 의
미는 '신의 은총을 얻기 위해 행하는 고해성사'다. 초대 교회 교부

들은 인간의 죄를 용서받기 위해서는 신의 은총에 의지할 수밖에 없다고 생각해서 이 단어를 사용한 것 같다.

이 단어는 원래 신약성서 그리스어 원문에서는 '메타노이아(metanoia)'로 사용되었으며, 종교적인 권위가 있는 신부나 목사에게 죄를 고백하고 '신의 은총'으로 자신의 죄를 용서받는 파이니텐티아와는 전혀 다른 의미를 가지고 있다. 메타노이아는 '자신의 삶에 대한 깊은 성찰을 통해 자신의 생각과 말 그리고 행동을 바꾸다'라는 의미다. 이는 단순히 말의 고백을 넘어 자신의 삶에 대한 정교하고도 자비로운 묵상을 전제로 한다. 그 묵상을 통해 자신의 타성적인 세계를 떠나 새로운 단계로 도입하는 결단을 의미한다.

그리스어 메타노이아를 예수가 사용하던 아람어로 번역하면 히브리어로는 '슈브(shub)'이고 아람어로는 '타브(tab)'다. 이 단어는 구약 시대에도 예언자들이 회개를 촉구할 때 사용했다. '회개하다'를 의미하는 타브는 '돌아오다' 혹은 '회복하다'라는 뜻이다. 아람어 타브는 그리스어 메타노이아에서는 발견할 수 없는 또 다른 차원의 의미가 있다. 회개는 '신이 모든 인간에게 각각 맡긴 그 미션을 깨닫고, 인간의 마음속 깊이 숨겨져 있는 신의 DNA를 회복하라'는 명령이다.

예수는 자신의 고향 갈릴리를 떠나 요단 강의 세례 요한을 찾아와 세례를 받는다. 요한은 예수를 보고 "내가 선생님께 세례를 받아야 할 터인데, 선생님께서 내게 오셨습니까?"[1]라고 말한다. 예수는 요단 강에 몸을 담근 뒤 뭍으로 올라오자 하나님의 영이 자신 위에 내려오는 것을 보게 된다. 그는 이제 그 누구도 할 수 없었던, 자신의 삶을 통해 꼭 이루어야 할 미션을 찾는 여행을 시작한 것이다. 그 순간 하늘로부터 "이는 내 사랑하는 아들이다. 내가 그를 좋아한다"[2]라는 소리가 들렸다. 그 자리에 있던 다른 유대인들, 심지어는 세례 요한도 들을 수 없던 신비한 소리를 들을 수 있는 '영의 귀'가 열린 것이다.

이 소리는 이전에 아브라함과 이삭이 신의 명령을 받고 이삭이 스스로 희생 제사의 제물이 되고자 했을 때, 갑자기 신이 등장해 아브라함과 이삭에게 들려준 것과 같은 소리다. 예수는 분명 요셉과 마리아의 육신의 아들이었지만 이 순간부터는 신의 아들로 다시 태어난 것이다. 그는 모든 인간은 부모를 통해 이 세상에 오지만 동시에 그 안에는 신적인 속성이 내재해 있다는 사실을 깨달았다.

구약성서에서 이삭에게 말했던 이 구절이 예수가 세례를 받으면서 다시 한 번 반복되는 이유는 이삭의 삶과 예수의 삶이 깊이 연관되어 있음에 대한 암시다. 예수는 세례 사건을 통해 영적으로 그 어느 때보다 최고의 경지에 도달했다. 그 순간, 신은 여지없이 자신이 사용할 인물이 정말 위대한지 시험한다.

40일간의 금식과 기도

모세는 40일 동안 두 번의 금식기도를 했다. 한 번은 신으로부터 십계명을 받기 위해 산에 머물 때고, 다른 한 번은 산에서 내려와 이스라엘 사람들이 금송아지를 만들어

우상을 숭배하는 모습을 보고 화가 나 십계명이 새겨진 돌판을 부순 뒤 다시 십계명을 받았을 때다. 또한 예언자 엘리야도 북이스라엘 아합 왕의 부인 이세벨로부터 도망친 후 시내 산에서 40일 동안 금식기도를 했다. 엘리야는 이 경험을 통해 신은 모든 사람들이 볼 수 있고 들을 수 있는 천둥, 번개, 지진과 같은 커다란 천체의 변화에 있는 것이 아니라 부드럽게 들려오는 '섬세한 침묵의 소리'에 숨어 있다는 사실을 깨닫는다.

예수가 세례를 받는 순간 하늘에서 영적인 기운이 내려와 그를 알 수 없는 곳으로 인도한다. 그곳은 식물 한 포기 없는 사막이다. 영적인 기운이 예수를 그 어느 것도 살아남지 못하는 사막으로 데려간 이유는 그를 시험하기 위해서다.

성서의 위대한 인물들은 반드시 시험을 받았다. 믿음의 조상인 아브라함은 75세에 자신이 가진 모든 것을 버리고 미지의 세계로 가라는 명령을 받았고, 100세에 기적적으로 얻은 아들을 신에게 번제로 바쳐 죽이라는 시험을 받았다. 신이 '의롭고 정직하다'고 인정한 욥은 동방의 의인이자 최고 부자였다. 신은 사탄에게 욥의 신앙을 시험하도록 허락했다. 하루아침에 열 명의 자녀와 모든 재산을 잃고 거지 신세가 되었지만 욥은 신을 저주하지 않았다. 그러자 신은 사탄에게 두 번째 시험을 허락한다. 사탄은 욥의 온몸에 악성 종기가 나게 했다. 욥은 이러한 끔찍한 시험에도 불구하고 삼라만상에 숨어 있는 신의 신비를 발견하게 된다.

영적인 기운이 예수를 데리고 간 사막을 그리스어로 '에레모스(eremos)'라 한다. 이 단어에는 '사막'이라는 의미도 있지만 본래 의미는 '사람이 거주하지 않는/버려진/비어 있는 공간'이라는 의미다. 말하자면 세상과 떨어져 자신에게 집중할 수 있는 공간이다. 이 단어는 고대 히브리어로는 '미드바르(midbar)'이며 예수의 언어인 아람어로는 '미드바라(midbara)'다. 성서에서 40일이라는 표현은 상징적인 의미로, 과거의 자아가 소멸되는 기간을 의미한다. 이 경계는 죽음을 경험하는 순간으로, 인간이 측정할 수 있는 시간과 공간을 뛰어넘는 신비한 순간이다.

예수는 일찍이 엘리야가 들었던 '섬세한 침묵의 소리'에 귀를 기울였을 것이다. 자신이 간절히 원하는 일을 묵상하는 시간은 위대한 사람들의 필수 과정이다. 예수는 세례를 통해 과거와 단절하고 40일간의 묵상을 통해 자신의 미션을 받는다.

묵상(黙想)은 기도와 다르다. '기도(祈禱)'라는 한자를 보면 모두 왼편에 뜻을 나타내는 '보일 시(示)'가 들어 있다. 중국 후한 시대에 부수의 기원을 설명한 『설문해자(說文解字)』에 보면 원래 '기(祈)'자에는 '시(示)'와 '근(斤)' 사이에 '양(羊)'자가 있었다고 한다. '示'자는 본디 신에게 제물을 바치기 위한 제사상을 형상화한 모양이다. 그러므로 '祈'는 '제사상 위에 양을 도끼로 찍어 바칠 만큼 간절한 바람'을 의미한다. '도(禱)'자도 역시 '示'와 '목숨 수(壽)'자가 합쳐져 '목숨을 내놓을 정도로 원함'이라는 의미로 해석할 수 있다. 이 한자는 '간절히 바라면 이루어진다'라는 생각을 함축적으로 표현한 단어다.

터키를 중심으로 기원후 4세기 이후에 등장한 동방 그리스도교 전통에서 묵상은 그리스어로 '테오리아(theoria)'라 한다. 동방 그리스도교는 '신과 합일되는 깨달음을 위한 단계'인 테오리아를 그리스도인의 최우선으로 삼았다. 테오리아는 '자아 발견을 위한 고독'이라는 의미로도 이해할 수 있다. 동방 그리스도교 전통에서 말하는 수행의 3단계는 더러운 생각, 말, 행동을 정화하는 '카타르시스(catharsis)'를 경험한 뒤 명상과 깨달음을 통한 테오리아를 거쳐 신과 합일하는 '테오시스(theosis)'로 이어진다. 다시 말해 테오리아는 정결한 삶, 절제와 경전의 명령 준수 그리고 신과 이웃 사랑 실천을 통해 얻을 수 있다. '이론'이라는 의미의 영어 '씨어리(theory)'는 이 단어에서 유래했다. 테오리아의 원래 뜻은 '자신의 마음을 깊이 보는 것'이다. 중세 교회에서 테오리아는 라틴어로 콘템플라티오(contemplatio)[3]로 번역됐다.

이 단어에서 기도의 본질을 찾아볼 수 있다. 이 단어는 영어 '콘템플레이션(contemplation)'으로 차용되며 보통 '묵상'으로 번역된다. 콘템플라티오는 '하늘 높이 날고 있는 독수리의 눈으로 자신의 모습을 찍어보는 연습'이다. 그러므로 묵상이란 '내가 가고 있는 길이 올바른 길인지 스스로 관찰자가 되는 연습'이라고 할 수 있다.

나 스스로 그렇게도 집착했던 '에고'라는 자아에서 벗어나 '무아'의 상태로 진입하는 수련이 바로 기도다. 이 수련을 통해 내가 네가 되고, 내가 그것이 되기도 한다. 예수는 40일간의 묵상을 통해 자신의 삶에서 완수해야 할 미션을 깨닫는다. 그는 과거 욥의 고백처럼 신이 어떤 분이라는 것을 눈으로 확인하고, 세상을 자신의 시각이 아니라 삼라만상의 시각으로 볼 수 있는 능력을 획득한다. 그는 신비라는 '절대타자'를 읽을 수 있는 능력을 소유하게 된 것이다.

들에 핀
백합화를 보라

복음서에 등장하는 예수의 첫 질문은 우리의 의식주에 관한 내용이다. 사실 평범한 우리는 의식주를 확보하기 위해 하루하루를 맹목적으로 살아간다. 누군가 '당신은 왜 사십니까?'라고 묻는다면 대부분의 사람들은 이 질문에 대한 답을 피할 것이다. 십중팔구는 생각해본 적이 없기 때문이다. 그러나 예수는 우리에게 어떻게 먹고살 것인지 걱정하지 말라며 너무도 당연한 질문을 하고 있다. 당연히 목숨이 음식보다 중요하고 몸이 옷보다 소중한데, 그는 왜 이러한 질문을 던진 것일까? 예수는 이 질문에 대한 대답을 자세히 풀지 않고 오히려 전혀 다른 예를 들어 설명을 시도한다. 그는 들판에 핀 백합화로 삶에 대한 깊은 통찰을 나누고자 한다.

"들의 백합꽃이 어떻게 자라는가를 살펴보아라. 수고도 하지 않고, 길쌈도 하지 않는다. 그러나 내가 너희에게 말한다. 온갖 영화를 누린 솔로몬도 이 꽃 하나만큼 차려 입지 못하였다."[4]

예수는 "들에 핀 백합화를 보라"고 말한다. 백합화의 씨앗은 겉보기에는 아무것도 아니지만 적당한 온도, 수분, 공기, 산소들이 합쳐져 싹을 틔우고 흙을 헤집고 나와 고개를 내민다. 그 싹은 줄기를 내고 봉우리가 되고 3년 정도 지나면 꽃을 피운다. 예수는 수많은 꽃들이 씨에서부터 나와 봉우리가 되고 꽃을 피우는 그 신비한 과정과 자연의 경이로움을 말한다.

　예수는 이스라엘의 모든 부와 권력을 소유했던 솔로몬의 영광도 이 무명의 백합꽃보다 못하다고 말한다. 내일이면 아궁이에 들어갈 들풀도 신이 이렇게 화려하게 입히시는데, 만물의 영장인 인간이 왜 무엇을 먹을까, 무엇을 마실까, 무엇을 입을까를 걱정하느냐고 말한다.

　이 말은 어떻게 보면 하루하루 힘들게 살아가는 우리에게 현실을 외면하는 무책임한 충고처럼 들릴 수도 있다. 그러나 예수는 인간이 신의 형상으로 창조되었으므로 삶에 있어서 의식주의 해결보다 근본적인 임무인 "신의 나라"를 이루려고 노력하고 "신이 요구하는 의"를 행하라고 주문한다.

　'신의 나라'는 신의 뜻이 널리 그득 찬 상태를 의미한다. 여기서 '나라'는 장소가 아니라 어떤 원칙이 지켜지는 경지를 의미한다. 신의 원칙은 바로 그 뒤에 등장하는 "신이 요구하는 의"와 밀접하게 연관되어 있다. '의'란 옳고 그름의 기준에서 옳은 것이 아니라 자기중심적 삶에서 벗어나 이웃과 자연에 대한 자비의 마음을 갖는 것이다.

　우리는 신이 우리 각자에게 맡긴 의를 찾기 위해 이 세상에 오지 않았는가? 조그만 알에서 매년 8만 킬로미터 이상 이주하는 북극제비갈매기처럼, 조그만 씨앗에서 아름다운 백합화를 만드는 자연의 법칙처럼 신이 인간의 DNA 속에 숨겨놓은 우리가 꼭 이루어야 할 의가 무엇인지 묵상해볼 일이다.

2장

깊은 곳으로 들어가본 적이 있는가?

ἐπανάγαγε εἰς τὸ βάθος καὶ
χαλάσατε τὰ δίκτυα ὑμῶν εἰς ἄγραν.

"너는 깊은 데로 나가거라. 너희는 그물을 내려, 고기를 잡아라."
〈누가복음〉5:4

권태는
정신적인 병이다

권태는 우리 모두가 지닌 영적이며 정신적인 병이다. 권태나 지겨움은 무의식적으로 자신에게 익숙한 환경에 동화되어 좀처럼 새로운 것을 시도하지 못하게 한다. 우리는 우리 스스로 선택한 사회적 회로나 자신의 편견과 습관이 만들어놓은 골방에 갇혀 쳇바퀴 돌 듯 제자리걸음을 하고 있다.

우리가 가장 무서워하는 것은 '미지(未知)'의 세계다. 경험해보지도 않았고 예측할 수도 없어서 좀처럼 그 세계에 발을 디디려 하지 않는다. 이 두려움이 또 하나의 장벽이 되어 권태라는 애벌레로 안주하게 한다. 고치의 과정을 거쳐 나비가 되지 못한 애벌레는 영원히 애벌레로 남아 죽고 만다. 역설적이게도 이 애벌레의 특징은 '관심'과 '무관심'으로 무장하고 있다는 점이다.

자신도 모르게 몸과 마음에 체득된 편견과 습관에 안주하다 보면 자신에게 익숙한 종교, 이데올로기, 이념, 물질적인 욕망에 맹목적으로 매달리며 매일 매일을 연명하게 된다.

　우리의 또 다른 특징은 무관심이다. 자신이 경험한 세계는 우주 창조 때부터 나 자신을 위해 정교하게 기획된 것이라 믿으며, 자신이 경험하지 못한 세계를 '다른 것'이 아닌 '틀린 것'으로 상정해 적대적인 무관심으로 폄하한다. 사실 보통사람이 '다른 세계'로 진입하기란 참으로 어려운 일이다. 우리는 자신의 세계를 객관적으로 볼 수 있고 다른 사람들의 세계를 무심한 눈으로 보기 위해 치열하게 공부한다. 하이데거는 이 권태를 일상적인 무의미한 권태와 실존적이며 창조적인 권태로 구분한다. 우리는 실존적인 권태를 극복하기 위해 탐닉할 수 있는 대상을 찾아 헤맨다.

　자신이 경험한 익숙한 세계를 넘어설 때 권태를 극복할 수 있다. 우리는 이 행위를 용기라 한다. 용기가 넘치는 말이나 행동은 외적인 충격이나 오랫동안의 경험을 통해 몸에 배어 있는 행동이다. 우리는 권태로부터 안전하게 벗어나기 위해 직접적인 충격이 아닌 간접적이며 내적인 충격을 시도한다. 이 내적인 충격이 바로 배움이다. 동서고금의 위대한 작품들을 공부함으로써 자기중심적인 삶에서 벗어나고자 하는 것이다.

　그러나 우리의 공부 목적은 다른 데에 있는 듯하다. 우리는 공부의 숭고한 의미를 잃은 채 자신이 경험한 세계만이 옳다고 주장하기 위해 무서운 무기로 무장하고자 공부한다. 학생들에게 공부를 열심히 해야 하는 이유를 물어보면 십중팔구는 좋은 직장을 갖고 자신과 어울리는 배우자를 만나 경제적으로 여유로운 삶을 살기 위해서라고 대답한다. 물론 이러한 조건이 인간 삶의 중요한 요소이기는 하나, 이는 자신들만의 고치를 떠나지 못하는 애벌레의 삶과 다르지 않다.

애벌레가 나비가 되기 위해서는 자신이 만들어놓은 고치를 깨고 나와야 한다. 또한 나비가 자신이 빠져나온 그 고치를 깨끗이 먹어치우고 훨훨 날아가듯이, 우리도 우리가 안주했던 고치를 흔적도 없이 먹어치우고 하늘로 올라가야 한다. 자연의 모든 동식물의 탄생 과정에는 반드시 위대한 변신이 존재한다. 애벌레는 나비가 되기 위한 준비 단계인 셈이다.

애벌레가 나비로 변신하지 않고 애벌레로 살기로 작정하는 순간, 그것은 자연의 이치를 역행하는 일이며 그 자체로 죽음에 이르는 길이다. 모든 생물들은 우주의 질서에 따른 이 순환의 이치에 순응한다. 인간이 고치 상태에서 벗어나기 위해서는 각고의 노력이 필요하다.

운명을 바꾼
산티아고의 모험

헤밍웨이의 소설 『노인과 바다』는 애벌레 상태의 인간이 변신을 거쳐 아름다운 나비가 되듯이 자신만의 정체성을 지닌 자유로운 인간이 되는 과정을 적나라하게 보여준다. 이 소설은 어부 산티아고와 그가 잡아야만 하는 청새치와의 흥미진진한 대결 이야기다.

산티아고는 쿠바의 유능한 어부다. 가난하고 늙었지만 경험이 많은 그는 인생의 우여곡절을 모두 겪은 우리의 초상이다. 사랑하는 아내는 오래전에 죽고 두 딸마저 도시로 시집을 간 뒤 그는 홀로 생활한다. 인생의 황혼을 맞아 딱히 할 일도 없는 이 노인에게 죽기 전에 하고 싶은 일이 하나 있다. 그것은 어부들 사이에 전설처럼 내려오는 청새치를 잡는 일이다. 산티아고는 평소 동료 어부들에게 겸손한 사람이었지만 자신의 직업에 대한 자부심과 그에 정당한 실력을 갖춘 어부였다. 그러나 그가 지난 84일 동안 한 마리의 고기도 잡지 못하자 동료 어부들은 그를 비웃는다.

산티아고는 지난 수십 년 동안 바다의 광활함과 자연의 위대함을 몸으로 익혔다. 그는 바다와 그 안에서 살아 숨 쉬는 수많은 물고기들을 자신의 생계를 위해 잡아야 하는 먹이사슬 관계로 생각하지 않았다. 바다와 물고기 그리고 날씨는 산티아고 자신이며, 그의 삶의 모든 것이었다. 그는 나와 너, 나와 자연이 하나가 되는 경지에 오른 사람이었다. 비록 오랫동안 물고기를 잡지 못해 자신의 명성에 먹칠을 했지만 그는 이 기간을 오히려 위대한 일을 위한 준비 단계라고 생각했다. 산티아고만큼 바다와 그 안의 생물들에 대해 잘 아는 어부는 없었다.

이 절망과 위기의 순간에 산티아고는 동료 어부들과 달리 상상할 수 없는 놀라운 선택을 한다. 그는 누구도 가보지 않은 망망대해의 끝으로 배를 몰고 간다. 그곳에 사람들이 상상하지 못한 커다란 물고기가 존재할 것이라고 생각했기 때문이다.

산티아고의 지혜와 용기 그리고 그의 자존심의 깊이는 그의 다소 '무모한 감행'에서 드러난다. 이 결정은 산티아고의 운명을 바꾼다.

산티아고는 남들이 생각하는 자신이 아니라 오랜 경험을 통해 체득한 진정한 자신을 찾기 위해 일생일대의 모험을 시작한다. 산티아고에게 삶이란 죽음과 파괴가 시퍼렇게 도사리고 있는 회로다. 이것을 견디는 힘은 인내다. 이 세상에는 이것을 해결하는 두 가지 길이 있다. 하나는 패배를 인정하는 삶이고, 다른 하나는 삶의 이유를 느낄 때까지 견디는 인내의 삶이다.

제2의 자아라는 괴물

산티아고는 자신의 삶을 되돌아보았다. 지난 84일 동안 바다 한복판에서 동물처럼 하루하루를 연명한 자신에 대해 생각해보았다. 그는 단순히 생존을 위해서가 아니라 아름답고 의미 있는 인생을 살고 싶었다. 특히 그는 어부가 되려는 자신의 어린 제자 '마놀린'에게 인생의 멘토가 되어주고 싶었다.

마놀린은 산티아고를 사랑하고 존경한다. 헤밍웨이는 마놀린이라는 이름을 통해 이 소설의 메시지를 전달하고자 한다. '마놀린(Manolin)'은 '구원자'의 의미를 지닌 '에마뉴엘(Emmanuel)'에 해당하는 스페인어 '마누엘(Manuel)'의 축소형 명사다. 이 소설에서 마놀린은 절대적 사랑과 신뢰의 상징이다.

산티아고는 조그만 돛단배에 몸을 싣고 깊은 바다로 향한다. 그는 플로리다와 쿠바 사이를 흐르는 파도가 높고 물살이 빠른 걸프 스트림(Gulf Stream) 해협까지 나아간다. 이곳은 너비 100킬로미터에 깊이가 1킬로미터나 되는 매우 깊은 곳으로, 계절에 따라 커다란 포식성 물고기들이 이동하는 경로이기도 하다. 그는 커다란 바늘에 미끼를 매달아 180미터 수면 아래로 깊이 드리운다.

태양이 내리쬐는 정오가 되자 드디어 청새치가 미끼를 덥석 물었다. 산티아고는 솜씨 있게 청새치를 낚아채지만 끌어당기지 못한다. 힘이 좋은 청새치에게 배가 끌려가기 시작하고, 청새치가 뛰어오르거나 달아나려고 몸부림을 칠 때마다 낚시 줄을 감고 있는 산티아고의 손에 깊은 상처가 생겨났다.

이틀 동안 밤낮으로 배를 끌고 다닌 청새치는 3일째가 되자 힘이 빠져 물살에 몸을 싣고 천천히 움직였다. 산티아고는 청새치를 힘겹게 수면 위로 끌어올려 사력을 다해 작살을 내리 꽂았다. 배 옆으로 죽어 떠오른 청새치는 산티아고가 본 물고기 중 가장 큰 놈이었다. 이 청새치의 무게는 무려 860킬로그램, 길이는 5.5미터였다. 이 괴물은 인내를 통해 자신의 모습을 밝혀줄 '제2의 자아'이며, 자신을 초월해 새로운 땅으로 들어가기 위해 반드시 거쳐야 하는 통과의례다.

청새치를 관통한 작살에 매달린 동아줄은 산티아고와 청새치의 연결고리, 즉 이 둘을 하나로 만드는 끈이다. 산티아고는 청새치를 당겨 배에 묶고 조그만 돛대를 올려 집으로 향한다. 3일 동안 청새치를 끌고 육지로 가는 동안 산티아고는 인간의 한계를 넘어서는 영웅적인 의지와 인내를 보여준다.[1] 청새치와 연결된 줄을 잡은 산티아고의 손바닥은 깊이 파여 뼈가 보일 정도며, 그의 왼쪽 손과 허리는 거의 마비되어 아무것도 느끼지 못했다. 이 육체적 고통은 그의 인내를 시험하는 최고의 적이며, 청새치를 통해 그는 자신이 괜찮은 어부임을 스스로에게 증명해 보인다.

청새치에서 흘러나온 피 냄새를 맡은 상어 떼들이 몰려오기 시작한다. 가장 먼저 청상아리가 공격해왔다. 산티아고는 작살로 청상아리를 죽이지만, 점점 더 많은 상어 떼가 몰려오고, 그것들을 물리치기에 산티아고의 힘으로는 역부족이었다. 결국 상어 떼가 청새치를 거의 발라먹게 되고 산티아고가 육지에 도착했을 때 남은 것은 청새치의 앙상한 뼈뿐이었다. 산티아고는 청새치에게 한없는 연민을 느껴 마치 자신의 살점이 모두 떨어져나간 것처럼 슬퍼한다. 산티아고는 자신이 너무 먼 바다까지 나간 것을 후회하고 자신의 가장 위대한 적인 청새치를 죽인 것을 안타깝게 생각한다. 새벽이 되어서야 육지에 도착한 산티아고는 자신의 집으로 돌아가 깊은 잠에 빠진다.

다음 날 아침, 동네 어부들은 아직도 배에 묶여 있는 청새치의 뼈대를 보고 감탄한다. 이들은 산티아고의 생사를 넘나든 투쟁에는 관심도 없다. 심지어 근처 카페에 있는 관광객들은 이 뼈대가 걸프 스트림에서나 잡을 수 있는 청새치의 것이라는 사실을 전혀 모른 채 그것을 상어의 뼈대라고 생각한다.

3일 동안 돌아오지 않았던 산티아고를 마주한 마놀린은 울음을 터뜨리고는 그에게 커피와 뉴욕양키즈 선수의 득점 기록이 실린 신문을 가져다준다. 이 둘은 동업하기로 동의하고 마놀린은 산티아고로부터 청새치를 찌른 창을 물려받아 그의 삶을 계속해서 이어나갈 것을 약속한다.

이 산티아고와 같은 인물이 바로 예수의 첫 제자인 시몬이다. 시몬은 예수를 만난 후 '반석'이라는 의미를 지닌 '베드로'가 됐다.

시몬의 배에 올라탄 예수

40일 동안의 금식과 명상을 통해 새로운 세계에 대한 영적인 지혜로 가득 찬 예수는 바로 고향 나사렛으로 내려가 자신이 어릴 때부터 다니던 유대교 회당으로 향한다. 그러고는 그곳에서 예언자 이사야의 글이 적힌 두루마리를 건네받는다.

주의 영이 내게 내리셨다. 주께서 내게 기름을 부으셔서, 가난한 사람들에게 기쁜 소식을 전하게 하셨다. 주께서 나를 보내셔서, 포로 된 사람들에게 자유를, 눈먼 사람들에게 다시 보게 함을 선포하고, 억눌린 사람들을 풀어주고, 주의 은혜의 해를 선포하게 하셨다.[2]

이 구절은 메시아의 등장을 언급하는 내용이다. 예수는 이 두루마리를 다시 말아 시중드는 사람에게 돌려주고는 "이 성경 말씀은 너희가 듣는 가운데서 오늘 이루어졌다"[3]라고 말한다. 예수가 다른 예언자들이나 학자 혹은 혁명가들과 다른 점은 바로 '자기확신'에 있다. 예수는 자신이 메시아라고 확신했다.

예수가 깨달은 우주의 비밀은, 인간 안에는 '신의 형상'이라는 위대한 유전자가 숨어 있으며, 신의 형상을 회복하는 자는 모두가 신의 자녀이며 심지어는 신과 같은 존재가 될 수 있다는 것이었다. 예수는 바로 산티아고와 같은 제자를 찾고 있었다. 그는 자신의 한계를 넘어 깊은 바다로 나가 커다란 청새치를 마주할 수 있는 인간이며, 그 과정을 통해 영적이며 위대한 존재로 다시 태어날 수 있는 인간이다.

예수가 제자들을 찾으러 간 곳은 게네사렛 호숫가다. 게네사렛은 갈릴리 바다 북서쪽에 있는 평야다. 예수는 소크라테스와는 달리 제자들을 당시 종교 정치의 중심지인 예루살렘이 아닌 후미진 시골에서 찾으려 했다. 예수의 말을 듣고자 수많은 사람들이 이곳까지 찾아왔다. 예수는 자신이 전하는 말이 종교인이나 정치가들의 귀에 거슬리는 이야기여서 소크라테스처럼 죽음을 당할지도 모른다고 생각했다. 예수는 기존의 철학과 종교가 아닌 인간 안에 내재한 신의 형상을 발견하고 예수와 함께 새로운 영성 운동을 시작할 수 있는 인물들을 찾았다.

예수가 하늘나라에 대해 말을 마친 후 고개를 돌리니 호숫가에 배 두 척이 대어져 있고 어부들이 배에서 내려 그물을 씻고 있었다. 예수는 그물을 씻고 있는 어부의 배에 올랐다. 그 배는 시몬이라는 사람의 것이었다. 시몬은 밤새도록 고기를 잡으러 나갔으나 한 마리도 잡지 못해 허탈한 상태였다. 예수는 무리들과 함께 시몬의 배 앞으로 다가가 "내가 당신 배 위에 올라가 무리에게 말을 전해도 됩니까?"라고 말했다. 시몬은 이전 같으면 생전 처음 보는 사람의 무례한 부탁을 단번에 거절했을 것이다. 그러나 시몬은 무리를 몰고 온 이 신비한 청년에 대한 소문을 들은 적이 있었다. 시몬은 남의 말을 듣기 좋아하고 어른들 말에 잘 순종하는 착한 사람이었다.[4] 예수는 시몬의 배에 앉아 무리를 가르쳤다.

익숙한 자신으로부터 탈출하라

예수는 자신의 무리에게 말한 내용을 실제로 보여주기 위해 밑에서 유심히 듣고 있던 시몬에게 이렇게 말한다. "당신은 매일 바다로 가서 그물을 내려 물고기를 잡습니다. 당신은 내가 원하는 곳으로 가서 그물을 내려 보시겠습니까?" 예수의 말을 들은 시몬은 처음으로 지금까지 살아온 과거를 되돌아보았다. 이곳에서 어부 생활을 한 것이 엊그제 같은데, 어느새 수십 년을 똑같은 생활을 반복하고 있었다.

시몬은 이 카리스마 넘치는 청년에게 "제가 어디로 가면 좋겠습니까?"라고 되묻는다. 시몬은 '내가 이 갈릴리 바다 구석구석을 다 아는데, 이 랍비와 같은 젊은이가 물고기가 많은 곳을 알려준다고?'라고 생각하며 예수를 비웃는다. 예수는 시몬에게 "해변으로부터 되도록 멀리 떨어져 깊은 곳으로 들어가십시오! 그리고 고기를 잡기 위해 네 그물을 내리십시오!"라고 말한다.

이 구절에 대한 한글 성서 번역은 보통 "너는 깊은 데로 나가거라. 너희는 그물을 내려, 고기를 잡아라"[5]이다. 이는 성서 원문의 뜻을 전혀 살리지 못한 번역이다. 이 구절에 대한 영어 번역본만 보아도 한글 번역과는 사뭇 다르다. 영역본은 "깊은 곳으로 가기 위해서는 해변으로부터 멀리 떨어져라"[6]이고 라틴어 번역본은 "네 자신을 인도해 깊은 곳으로 진입해라!"[7]이지만, 그리스어 원문은 "깊은 곳으로 다시 돌아오라"[8]이다. '돌아오라'로 번역된 그리스어 동사 '에파나고(epanago)'는 원래 '(해변으로부터 떨어져) 먼 곳으로 진출하다'라는 뜻도 함께 지닌다. 그러므로 그리스 원문은 "(해변으로부터 떨어져) 애써 나와 깊은 곳으로 진입해라!"라고 번역할 수도 있다.

예수는 이 명령을 분명 자신이 사용하던 아람어로 말했기 때문에, 에파나고를 원래 예수의 구어인 아람어로 재구성하면 '어바르(ebar)'가 될 것이다. '어바르'는 히브리어에서도 발견되는 단어다. 히브리어로는 '아바르(abar)'다. 이 단어의 의미는 '제한 구역을 넘어서다/(법, 관습을) 어기다'라는 심층적 의미를 내포한다. 예수는 시몬에게, 그리고 우리에게 따분한 일상에서 애써 탈출하라고 명령하는 것이다.

'에파나고'에 숨겨진 핵심 의미는 익숙한 환경으로부터 과감히 떠나는 일, 단절하는 행위다. 산티아고가 84일 동안 한 마리의 물고기도 잡지 못했지만 다른 어부들과 달리 익숙한 세계에서 벗어나 걸프 스트림으로 과감히 탈출했듯이, 예수는 시몬에게 다른 동료들처럼 해변에서 물고기를 잡는 일에서 탈출하라고 명령한다. 인간은 누구나 자신에게 익숙한 환경, 그리고 습관처럼 하는 일상생활이 행복하다고 착각한다. 그 생활이 자신에게 편하기 때문이다. 그러나 혁신이나 창조적인 일을 위한 첫걸음은 익숙하고 편한 과거의 모든 것을 과감히 유기하는 용기에서 시작된다.

그러면 해변에 있는 익숙한 어장에서 벗어나 어디로 가라는 말인가? 예수는 "깊은 곳"으로 가라고 명령한다. 이 명령에 해당하는 그리스어는 '바쏘스(bathos)'다. 이 단어는 보통 '깊은 곳/바닥이 없는 심연'으로 번역된다.' 고대 근동 신화에서 '심연'은 무시무시한 바다의 여신으로 등장한다. 이 무질서한 바다는 어떤 생물도 다 삼켜버리는 괴물이다. 이 심연은 산티아고가 갔던 걸프 스트림과 같은 장소다.

시몬은 예수에게 "우리가 밤새도록 애를 썼으나, 아무것도 잡지 못했습니다. 그러나 선생님의 말씀에 따라 그물을 내리겠습니다."[10]라고 말한다. 성서에서는 이 광경을 다음과 같이 전한다.

그대로 하니, 많은 고기 떼가 걸려들어서, 그물이 찢어질 지경이었다. 그래서 그들은 다른 배에 있는 동료들에게 손짓하여, 와서 자기들을 도와달라고 하였다. 그들이 와서, 고기를 두 배에 가득히 채우니, 배가 가라앉을 지경이 되었다.[11]

삶의 회한이 담긴 베드로의 고백

이 일화의 숨은 의미는 시몬의 반응에서 찾을 수 있다. 〈누가복음〉 저자는 시몬을 더 이상 자연인이 아닌 심연을 경험한 새로운 인간으로 표현하기 위해 5장 8절에서 그의 이름을 '시몬 베드로'로 고친다. 베드로라는 이름의 의미는 새로운 것을 시작할 수 있는 단단한 '반석'이라는 뜻이다. 새 이름을 얻게 된 시몬은 배 안에 서 있는 예수의 무릎 앞에 엎드린다. 이는 과거의 시몬을 버리는 행위다. 그리고 그는 이렇게 말한다.

"주님, 나에게서 떠나주십시오. 나는 죄인입니다."[12]

왜 시몬은 자신을 죄인이라고 말했을까? 그리스어 성서 원문에서 '죄인'은 '하마르톨로스'로 표현된다. '죄'의 개념은 고대 그리스 비극에 종종 등장한다. 그리스 비극의 영웅들은 의도하지 않은 판단으로 실수를 하게 된다. 이 실수를 '하마르티아(hamartia)'라 한다. 그러나 하마르티아의 기본적인 의미는 궁수가 과녁을 겨냥해 활을 쏘았으나 화살이 과녁을 빗나가는 것을 지칭하는 말이다.

다시 말해 화살이 날아가는 정확한 궤적이 있다. 화살이 그 궤적으로 날아가야 과녁에 명중할 수 있다. 궁수는 화살을 명중시키기 위해 평상시 몸을 단련하고 오랫동안 연습해야 한다. 또한 활을 쏘는 순간에도 숨을 멈추고 정신을 집중해 무아 상태로 진입해야 한다. 이 준비 단계 중 하나라도 소홀히 하면 궁수는 화살을 과녁에 명중시킬 수 없다. 이 비켜나감을 그리스어로 '하마르티아'라 한다.

예수가 사용하던 히브리어와 아람어에서 '죄를 짓다'라는 동사는 '하타(hata)'인데, 이 동사의 숨은 의미는 '(활이) 과녁을 빗나가다'이다. 신은 우리에게 각자 묵묵히 걸어가야 할 길을 주었다. 그 길은 심연을 찾아 떠나는 여행에서 시작한다. 베드로가 자신을 죄인으로 지칭한 이유는 자신이 살아온 인생에 대한 회한에서 비롯된 고백이다. 시몬은 이제 예수의 수제자가 되어 그리스도교의 복음을 전 세계에 전달할 반석(베드로)이 됐다.

시몬과 그와 함께 있던 사람들은 그들이 잡은 엄청난 양의 물고기에 놀란다. 자신이 할 수 있는 최선을 발견한 것이다. 이는 알게 모르게 자신이 만들어놓은 경계를 넘어야만 일어날 수 있는 기적이다. 그 옆에 있던 시몬의 동료 야고보와 요한도 이 광경을 보고 깊이 깨닫는다. 예수가 시몬에게 말한다.

"두려워하지 말아라. 이제부터 너는 사람을 낚을 것이다."[13]

이들은 모두 배를 뭍에 댄 뒤 모든 것을 버려두고 예수를 따라갔다. 시몬에게 예수는 『노인과 바다』의 청새치와 같다. 걸프 스트림에만 존재하는 청새치는 산티아고가 자신의 경계를 허물고 과감하게 여행을 감행함으로써, 또한 3일간의 사투를 통해 자신을 완전히 살해함으로써 얻을 수 있는 상이다. 다시 일상으로 돌아오는 3일 동안 청새치가 자신의 살을 모두 상어들에게 뜯긴 것처럼, 앞으로 펼쳐질 예수의 삶도 그러하다. 매일 반복되는 일상에서 삶의 의미를 잃은 산티아고가 '깊은 곳'으로의 여행을 통해 자신 안에 숨겨진 위대함이라는 보물을 확인한 것처럼, 시몬도 예수가 전한 인생의 소중한 조언을 소홀히 여기지 않고 그곳으로 여행을 시도해 많은 물고기를 잡을 수 있었다.

예수가 2,000년 전 어부 시몬에게 질문했던 것처럼 우리에게도 묻는다. "당신은 깊은 곳에 가보았습니까?"

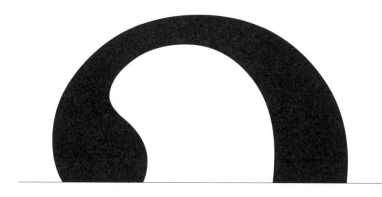

3장

너희를 사랑하는 사람만
사랑하는 것이 장한 일이냐?

καὶ εἰ ἀγαπᾶτε τοὺς ἀγαπῶντας
ὑμᾶς, ποία ὑμῖν χάρις ἐστίν;

"너희가 너희를 사랑하는 사람들만 사랑하면,
그것이 너희에게 무슨 장한 일이 되겠느냐?"
〈누가복음〉 6:32

종교의 진수

     "당신은 종교의 진수를 무엇이라고 생각하십니까?"라는 질문에 간디는 다음과 같이 대답했다.

친구하고 친하게 지내는 것은 쉽습니다. 그러나 당신의 원수라고 여겨지는 사람과 친구가 되는 것은 진정한 종교의 진수입니다. 종교에서 다른 것들은 장사에 불과합니다.

간디는 우리가 생각하는 종교의 정의를 파괴한다. '종교'라는 단어는 큰 건물, 교리, 성직자 등을 연상시키지만, 간디는 종교의 핵심이 원수와 '친구 되기'라고 말한다. 사실 원수와 친구가 되라는 명령은 간디뿐만 아니라 공자, 붓다, 힐렐과 같은 위대한 사상가와 성인들이 이구동성으로 하는 말이다. 동서고금의 위대한 성인들은 우리가 반드시 지켜야 할 '황금률'이라는 최고의 가치를 가르쳐왔다.

중국의 철학자 공자는 최초로 황금률을 고안해낸 인물이다. 공자의 제자인 중궁이 공자에게 중국 철학의 기틀인 '인(仁)'에 대해 묻자, 공자는 그 누구도 예상하지 못한 대답을 한다.

인은 문을 나서면 그 누구라도 지위고하를 막론하고 큰 손님을 대하듯 모시는 것이며(出門如見大賓), 사람을 대할 때 신에게 큰 제사를 드리듯이 정성스럽게 대하는 것(使民如承大祭)이다.[1]

이어서 "인은 내가 하고 싶지 않은 일을 남에게 시키지 않는 것이다"라고 말한다. 그러면 나라에서도 집안에서도 원망이 없을 것이라고 기록한다.

붓다는 인간 마음의 가장 숭고한 상태를 산스크리트어로 '브라흐마비하라(Brahmavihara)'라 했다. 숭고함이란 해탈의 경지에 도달해 인간의 선과 악을 넘어 자기 자신이 소멸되고 한없는 경외심이 넘치는 단계다. 이 단어는 산스크리트어로 '아프라마나(apramana)'라고도 하는데, '셀 수 없는/가름할 수 없는/경계가 없는'이라는 뜻을 지닌다.

이 용어는 중국으로 넘어오면서 '사무량심(四無量心)', 즉 '네 가지 셀 수 없는 마음'이 됐다. 붓다는 명상을 통해 이 네 가지를 습득한다. 이것들은 내재적인 감정이나 그 감정으로부터 나오는 자연스런 행동이다.

첫 번째 마음은 '마이트리(maitri)'다. 중국 불교에서는 '마이트리'를 한자 '자(慈)'로 번역한다. '마이트리'는 참된 사랑이라는 뜻으로,

히브리어의 '헤세드(hesed)'나 그리스어 '아가페(agape)'에 해당한다. 참된 사랑은 초점이 상대방에게 있다. 만일 그 초점이 자신에게 있고 상대방을 무시한다면, 그것은 사랑이 아니라 폭력이다. 마이트리를 증진시키기 위해서는 자기중심에서 벗어나 상대방의 입장에서 깊이 생각해야 한다. 자신이 아무리 최선의 선의를 보인다 할지라도 상대방이 원하지 않는다면 그것은 마이트리가 아니다. 그러므로 상대방이 진정으로 무엇을 바라는지, 무엇을 싫어하는지, 무엇을 필요로 하는지를 깊이 살펴야 상대방에게 행복을 줄 수 있다.

한자 '慈'를 분석하면 위에 '가물 현(玄)'이 두 개 겹쳐 있고, 아래에 '마음 심(心)'이 있다. 나와 상대방의 마음이 가물가물해 하나가 된 '신비한 합일(unio mystica)'의 상태를 의미한다. 마이트리는 상대방이 행복할 수 있도록 적극적으로 그 환경을 조성하는 작업까지 포함하는 큰마음이다.

두 번째 마음은 '카룬나(karuna)'다. 중국 불교에서는 '카룬나'를 한자 '비(悲)'로 번역한다. '카룬나'는 상대방의 슬픔과 고통을 덜어주는 마음과 능력으로 영어로는 '컴패션(compassion)'이라 한다. 컴패션은 상대방의 고통(passion)을 기꺼이 함께(com) 나누려는 마음이다. 우리가 카룬나를 실천하기 위해서는 마이트리처럼 상대방의 입장에서 세상을 볼 수 있어야 한다. 카룬나를 방해하는 가장 큰 적은 무관심이다. 따라서 상대방의 걱정, 근심, 슬픔, 불행을 자신의 일처럼 느낄 수 있도록 상상하는 연습이 필요하다. 이 마음을 가진 사람은 상대방의 슬픔에 동참할 뿐만 아니라 상대방에게 불행한 일이 일어나지 않도록 배려하고 조치를 취한다. 만일 당신이 사랑하는 사람이 슬픔에 빠져 있다면 당신은 카룬나를 보여주어야 한다. 그 사람 옆에 앉아 말없이 그의 슬픈 감정을 공유할 수 있어야 한다.

세 번째 마음은 '무디타(mudita)'다. 중국 불교에서는 '무디타'를 한자 '희(喜)'로 번역한다. '무디타'는 또한 상대방이 행복할 때, 진심으로 함께 기뻐해줄 수 있는 능력이다. 상대방이 행복하고 기뻐할 수 있는 환경을 만들어주는 노력이다. 이러한 점에서 무디타는 카룬나보다 힘들 수 있다. 상대방이 불행을 당했을 때 함께 그 불행을 슬퍼하기는 쉬워도, 상대방에게 좋은 일이 생겼을 때 함께 기뻐하기란 쉽지 않다.

네 번째 마음은 '우펙샤(upeksha)'다. 중국 불교에서는 '우펙샤'를 한자 '사(捨)'로 번역한다. '사'는 마음에 집착이 없고 평온한 상태를 의미한다. 고생 끝에 산 정상에 올라 산 아래를 굽어볼 때 느끼는 바로 그 감정이다. 눈 앞에 탁 트인 광경이 펼쳐지는 이유는 정상에 올라온 사람의 시선은 다른 사람의 시선과는 다르기 때문이다. 그렇다고 해서 우펙샤가 다른 사람에 대한 무관심이나 무시를 뜻하는 것은 아니다. 사랑하는 사람이 바로 설 수 있도록 인내를 가지고 지켜보는 마음이다. 그래서 상대방에게 완전한 자유를 주는 마음이다. 그리고 사람의 배경이나 지위고하를 막론하고 모든 사람을 그 자체로 귀하게 여기는 마음이다.

상대방에게 연민을 느낀
아킬레우스

고대 그리스의 최초 서사시인『일리
아스』와『오디세이아』의 주제는 황금률이다. 이 책의 저자 호메로
스²는 기원전 12세기부터 회자되던 그리스와 트로이의 전쟁에 관
한 노래를 즐겨 부르던 시인이다. 그는 아테네 시장이나 포럼에 모
인 사람들 앞에서 트로이 전쟁의 영웅들을 노래했다. 아마도 그는
당시 최고의 가수이자 작곡가였을 것이다.

『일리아스』와『오디세이아』는 모든 행이 여섯 음절로 이루어진
총 24권의 웅장한 서사시로 기원전 750년경 완성됐다.『일리아스』
는 그리스인과 트로이인의 10년 전쟁 이야기를 다루고 있다. 트로
이의 왕자 파리스는 스파르타의 왕 메넬라오스의 아름다운 부인인
헬렌과 눈이 맞았다. 헬렌이 파리스와 함께 트로이로 도피하자, 메
넬라오스의 형이자 미케네의 왕인 아가멤논은 그리스 연합군을 소
집해 트로이 원정에 나선다.

그리스 최고의 영웅 아킬레우스는 사실 전쟁에 나갈 생각이 없었
다. 바다의 여신 테티스와 인간 펠레우스 사이에 태어난 아킬레우
스는 반신반인(半神半人)이다. 그는 평범한 인간으로서의 삶을 산다
면 인간이 누리는 행복을 만끽하겠지만, 만일 영웅으로 산다면 불
행해질 것이라는 신탁을 받는다. 하지만 그는 자신의 이름을 후대
에 남기기 위해 전쟁에 참가한다. 그리고 그의 사랑하는 친구 파트
로클로스도 이 전쟁에 참여한다.

그리스 연합군이 트로이 해변에 도착했지만 아가멤논 왕과 논쟁

을 한 아킬레우스는 전쟁에 참가하지 않겠다며 자신의 최정예부대를 퇴각시키고 막사에 머문다.

그리스 연합군은 9년이나 트로이 해변에서 허송세월을 보내야 했다. 아킬레우스가 나서지 않는다면 그리스인들의 사기가 떨어져 트로이 군사들, 특히 트로이의 왕자이자 전쟁 영웅인 헥토르를 물리칠 수 없다는 것을 잘 알고 있었다. 파트로클로스는 아킬레우스에게 갑옷을 빌려달라고 부탁한다. 그러고는 그리스인들의 사기 진작을 위해 자신이 아킬레우스의 갑옷을 입고 출정하겠다며 그를 설득한다. 그러나 트로이 왕자 헥토르는 아킬레우스의 갑옷을 입은 파트로클로스를 아킬레우스로 착각하고 살해한다.

『일리아스』 대서사시의 마지막인 24권은 바로 이 시점에서 시작한다. 아킬레우스는 자신이 갑옷을 빌려주지 않았다면 사랑하는 친구 파트로클로스가 살해당하지 않았을 것이라는 죄의식과 하나밖에 없는 친구의 죽음에 한없는 슬픔을 느끼며 분노에 휩싸인다. 그는 갑옷을 입은 뒤 홀로 전차를 타고 트로이 성벽 앞으로 가 헥토르에게 소리치며 결투를 제안한다. 성벽 위에서는 트로이의 왕이자 헥토르의 아버지인 프리아모스가 이를 지켜보고 있었다.

아킬레우스는 프리아모스가 지켜보는 가운데 헥토르를 살해한 뒤 그의 시신을 파트로클로스의 무덤 주위로 질질 끌고 다닌다. 그리스인들에게 정당한 장례 의식은 죽은 자의 영혼을 다른 세계로 인도하는 절차였다. 그러나 아킬레우스는 헥토르의 시신을 돌려주기를 거부하고 자신이 머무는 막사로 끌고 간다.

그날 밤, 자신의 아들이 죽는 모습을 목격한 헥토르의 아버지 프리아모스의 꿈에 헤르메스 신이 나타나 그에게 위로의 말을 전한다. 제우스의 아들 헤르메스는 프리아모스에게 다음과 같이 충고한다.

"오, 다르다누스의 아들이여! 조심하라.
이 시점에 당신은 지혜롭게 생각해야만 한다.
내가 한 남자(헥토르)를 본다. 그는 곧 몸이 찢겨질 것이다.
자, 당신의 전차를 타고 가라. 혹은 적어도
그의 무릎을 잡고 (아들 시신을 돌려달라고) 애원해라.
그가 우리를 위해 연민을 느낄지도 모른다."[3]

프리아모스는 헤르메스의 말대로 아킬레우스 호위병의 눈을 피해 그의 천막으로 들어간다.

프리아모스는 아킬레우스에게 다가가 두 손으로 아킬레우스의 무릎을 잡고 자기 아들을 수없이 죽인, 남자를 죽이는 그 무시무시한 두 손에 입 맞추었다. 마치 어떤 사람이 무서운 미망에 사로잡혀 고향에서 사람을 죽이고 이방의 어떤 부잣집으로 피신하게 되면 그를 본 사람은 누구나 깜짝 놀라듯이, 꼭 그처럼 아킬레우스는 신과 같은 프리아모스를 보고 깜짝 놀랐다.[4]

아킬레우스는 아들의 시신을 돌려받기 위해 목숨을 담보로 자신을 찾아온 프리아모스의 부정에 감탄한다. 프리아모스는 아킬레우스에게 다음과 같이 애원한다.

"신과 같은 아킬레우스여, 그대의 아버지를 생각하시오! 나와 동년배이며 슬픈 노령의 문턱에 서 있는 그대의 아버지를. 혹시 인근에 사는 주민들이 그분을 괴롭히더라도 그분을 파멸과 재앙에서 구해줄 사람은 아무도 없을 것이오. 그래도 그분은 그대가 살아 있다는 소식을 들으면 마음속으로 기뻐하며 날이면 날마다 사랑하는 아들이 트로이에서 돌아오는 것을 보게 되기를 고대하고 있을 것이오.

허나 나는 참으로 불행한 사람이오. 드넓은 트로이에서 나는 가장 훌륭한 아들을 낳았건만 그중 한 명도 안 남았으니 말이오. 그리고 혼자 남아서 도성과 백성을 지키던 헥토르도 조국을 위해 싸우다가 얼마 전에 그대의 손에 죽었소. 그래서 나는 그 애 때문에, 그대에게서 그 애를 돌려받고자 헤아릴 수 없는 몸값을 가지고 지금 아카이오이족(그리스) 함성들을 찾아온 것이오.

아킬레우스여! 신을 두려워하고 그대의 아버지를 생각하여 나를 동정하시오. 나는 그분보다 더 동정받아 마땅하오. 나는 세상의 어떤 사람도 차마 못한 짓을 하고 있지 않소! 내 자식들을 죽인 사람의 얼굴에 손을 내밀고 있으니 말이오."[5]

프리아모스는 자신의 아들을 죽인 원수 앞에서 이와 같은 감동적인 말을 함으로써 아킬레우스로 하여금 자신의 아버지를 위해 통곡하고 싶은 감정을 갖게 했다. 두 사람은 깊은 묵상에 잠긴다. 프리아모스는 자신의 사랑하는 아들 헥토르를 위해 울고, 아킬레우스는 자신의 아버지와 파트로클로스를 위해 엉엉 울었다. 이들의 울음소리가 얼마나 컸는지 온 집 안에 가득 찼다.

『일리아스』는 아킬레우스의 분노가 사라지고 상대방에 대한 한없는 공감과 연민이 가득 차게 되면서 끝이 난다. 아킬레우스는 프리아모스의 고통을 공감하고 원수와도 같았던 그를 자신의 아버지처럼 생각하게 된다. 진정한 영웅은 원수 안에서 미움을 발견하는 것이 아니라 서로 공유하고 있는 고통과 연민을 발견한다.

『일리아스』는 이렇게 원수까지도 용서하고 공감하고 심지어는 사랑할 수 있는 자만이 영웅이 될 수 있다고 이야기한다. 호메로스는 『일리아스』의 마지막 장인 24권에 이 감동적인 이야기를 실었다. 『일리아스』는 전쟁 이야기가 아니라 상대방의 입장에서 인생을 바라보는 연민에 관한 이야기다.

율법교사의 허를 찌른 예수의 질문

원수까지 사랑한다는 말은 무슨 의미이며 원수는 과연 누구인가? 예수가 활동한 1세기에 한 유명한 율법교사가 있었다. 그는 바리새인으로 유대 경전을 새롭게 해석한 『미쉬나(Mishnah)』의 모든 규율을 정확히 이해하고 그 율법에 따라 행동하는 완벽주의자였다.

그는 유대 랍비들과 달리 경전을 새롭게 해석하고 많은 제자를 거느리며 기상천외한 말을 하는 예수를 만나보고 싶었다. 그는 한밤중에 몰래 예수를 찾아간다. 한 수 배우기 위해서가 아니라 그의 실력을 측정하기 위해서다. 그가 예수에게 묻는다.

"당신은 나와 같은 율법교사 랍비가 아닙니까? 사람은 무엇을 해야 영생을 얻을 수 있다고 생각하십니까?"[6]

1세기 유대인들이 사용하던 아람어 '랍비(rabbi)'에는 크게 두 가지 의미가 있다. 첫 번째는 '유대 학자/유대 선생'이라는 의미고, 두 번째는 '큰 사람/큰 인물'이라는 의미다. '라브(rab)'라는 히브리어는 원래 '많다'라는 의미였으나 기원전 4세기경부터 그 의미가 '크다'가 됐다. '랍비'를 번역하면 '나의 선생님'이나 '나의 위인' 정도가 된다. '랍비'는 이 축자적인 의미를 버리고 1세기에는 '선생'이나 '위인'이라는 의미로 사용됐다.

이 율법학자가 예수에게 영생에 대해 질문한 것은, 당시 바리새인들이 유대교 헤게모니 쟁탈을 위해 경쟁하던 사제계급인 사두개인들과 달리 사후 부활을 믿었기 때문이다. 예수는 이 자신만만하고 똑똑한 교사가 하는 질문의 의도를 처음부터 파악하고 있었다. 그는 이 질문에 질문으로 답한다.

"당신도 랍비 아닙니까? 모세 율법에 뭐라고 기록되어 있습니까? 그리고 그것을 당신은 어떻게 이해하고 있습니까?"[7]

예수의 질문은 율법교사의 허를 찔렀다. 예수가 한 질문의 방점은 모세 율법에 기록된 내용이 아니라 그것에 대한 그의 해석을 듣고자 하는 것이었다. 율법교사는 이러한 질문을 수없이 받아왔기 때문에 구약성서 〈신명기〉 6장 5절과 〈레위기〉 19장 18절의 내용을 엮어 거침없이 대답한다.

> "'네 마음을 다하고 네 목숨을 다하고 네 힘을 다하고 네 뜻을 다하여,
> 주 너의 하나님을 사랑하여라' 하였고, 또 '네 이웃을 네 몸같이 사랑
> 하여라' 하였습니다."[8]

이 율법교사는 『미쉬나』 경전 해석의 원칙인 '호로즈(Horoz)'를
적용해 백점짜리 대답을 내놓았다. '호로즈'란 유대인들의 현재의
삶의 정황에서 오래된 경전이 무슨 의미가 있는가를 추적하는 경전
해석의 원칙이다. 이는 경전 안의 통일성과 신성함을 강조하기 위
해 구약성서의 구절들을 그 역사적인 배경과 상관없이 저자들이 처
한 역사·신앙 안에서 해석하는 관주 방식이다.

그는 〈신명기〉 6장 5절에 등장하는 "네 마음을 다하고 네 목숨을
다하고 네 힘을 다하고 네 뜻을 다하여, 주 너의 하나님을 사랑하여
라"와 〈레위기〉 19장 18절에 나오는 "네 이웃을 네 몸같이 사랑하
여라"를 하나로 묶어 설명했다. '하나님을 사랑하는 것'은 '이웃을
내 몸처럼 사랑하는 것'과 같다는 새로운 해석을 시도한 것이다.

율법교사의 말을 들은 예수는 "당신의 대답이 옳습니다. 가서 그
렇게 행하면 살 것입니다"라고 말한다. 아마 예수는 율법교사의 해
석이 성에 차지는 않았을 것이다. 율법교사는 아직 '이웃'과 '사랑'
의 진정한 개념을 깨닫지 못했기 때문이다.

당신의 이웃은
누구입니까?

율법교사는 자신이 얼마나 똑똑한지 예수에게 알리고 싶어서 "그러면, 내 이웃이 누구입니까?"라고 묻는다. 우리는 '이웃'이라 하면 흔히 옆집에 사는 사람을 떠올리지만, 원래 의미는 좀 다르다. 히브리어와 아람어에서 '레아(rea)'라는 단어는 '친구/동반자' 또는 몸종이라는 의미다. 그러므로 레아는 옆집 사람이 아니라 내 옆에 있는 사람이나 동물, 민족과 종교, 심지어는 원수까지도 포함한다.

그런데 당시 율법교사가 생각하는 '이웃'이란 자신과 같은 종교, 이데올로기, 취미 등을 공유하는 사람이었다. 예수는 율법교사에게 '사마리아인' 이야기를 전함으로써 율법교사가 간과한 '레아'의 정의를 새롭게 시도한다.

"어떤 사람이 예루살렘에서 여리고로 내려가다가 강도들을 만났다. 강도들이 그 옷을 벗기고 때려서, 거의 죽게 된 채로 내버려두고 갔다. 이와 같이, 레위 사람도 그곳에 이르러서, 그 사람을 보고 피하여 지나갔다. 그러나 어떤 사마리아 사람은 길을 가다가, 그 사람이 있는 곳에 이르러, 그를 보고 측은한 마음이 들어서, 가까이 가서, 그 상처에 올리브기름과 포도주를 붓고 싸맨 다음에, 자기 짐승에 태워서, 여관으로 데리고 가서 돌보아주었다. 다음 날 그는 두 데나리온을 꺼내어서, 여관 주인에게 주고, 말하기를 '이 사람을 돌보아주십시오. 비용이 더 들면, 내가 돌아오는 길에 갚겠습니다' 하였다."[9]

이야기를 마친 예수가 율법교사에게 질문한다.

"당신은 이 세 사람 가운데서 누가 강도 만난 사람에게 이웃이라고 생각합니까?" 율법교사는 눈물지으면서 말한다. "자비를 베푼 사람입니다." 예수께서 율법교사에게 말한다. "선생님! 말만 하지 말고 가서, 사마리아인처럼 행동하십시오."[10]

사마리아인은 북쪽 사마리아 지역에 사는 유대인이다. 기원전 8세기 앗시리아제국의 산헤립(Sennacherib)이 사마리아 지역을 점령하면서 왕족과 귀족, 기술자들을 앗시리아로 끌고 간 뒤 그곳에는 천민과 이주민들이 거주하도록 했다. 사마리아인은 앗시리아인에게 점령당한 후 이들과 결혼하기도 했는데, 이 때문에 유대인의 정체성을 버린 사람들이라고 여겨져 왔다.

그 후 기원전 596년, 바빌로니아는 예루살렘을 함락시킨 뒤 유대의 왕족과 귀족 그리고 지식인들을 포로로 잡아 바빌론으로 이주시켰다. 이때 사마리아인들이 유대의 땅인 예루살렘에 거주하게 되면서 자신들의 전통 종교인 사마리아교를 신봉했다. 그러나 얼마 가지 않아 이란에 등장한 페르시아제국이 바빌로니아를 함락시키고 잡혀왔던 유대인들을 다시 예루살렘으로 돌려보낸다.

기원후 1세기 독립에 대한 열망이 높아진 유대인들에게 사마리아인은 눈엣가시나 다름없었다. 사마리아인은 유대인의 정체성을 위협하는 원수 같은 존재였다. 그런데 예수는 그러한 사마리아인의 비유를 들어 황금률을 설명한 것이다.

선한 사마리아인과
황금률

영어에 '옥시모론(oxymoron)'이라는 단어가 있다. 형용모순(形容矛盾)이라는 뜻의 수학적인 용어다. '옥시모론'은 고대 그리스어의 '날카로운'이라는 의미를 지닌 'oxy'와 '무딘/멍청한'이라는 의미를 지닌 'moron'의 합성어다. 이를 축자적으로 번역하면 '날카로운 무딤' 혹은 '똑똑한 멍청함'이라는 뜻이다. 서로 상반되는 의미의 두 단어가 합쳐져 논리적이지 않은 뜻을 가질 때 '옥시모론'이라 하고, 단어를 넘어 문장 자체로는 모순이지만 진실일 수 있을 때는 '패러독스(paradox)'라 한다.

패러독스는 '~에 반해'라는 그리스 전치사 'para'와 풍문이나 소문에 기초한 의견이라는 의미의 'doxa'의 합성어로 '겉보기에는 상호 모순이지만 그렇다고 비논리적이거나 완전히 허구인 것은 아닌 문장'을 뜻한다.

'선한 사마리아인'은 옥시모론이며 '선한 사마리아인의 비유'는 패러독스가 담긴 이야기다. 이 비유는 복음서 중 〈누가복음〉 10장 25~37절에만 등장한다. 다른 복음서에는 등장하지 않는 것으로 보아 저자 누가가 속한 초기 예수 공동체 안에서만 회자되던 이야기인 듯하다. '선한 사마리아인'은 예수가 말한 비유 중 가장 유명하고 영향력 있는 이야기로, 오늘날 사람들은 궁핍한 자에게 도움을 주는 사람을 '선한 사마리아인'이라 한다.

무명의 사마리아인은 길을 가다 피투성이가 된 이방인을 보고 측은한 마음이 들어 그를 도왔다. '측은한 마음이 들었다'의 그리스어

'스플랑크니조마이(splanchnizomai)'의 의미는 '내장을 쥐어짜는 아픔을 느끼다'이다. 이 단어는 예수가 유대인들을 보고 느낀 감정을 표시하는 단어로 〈마태복음〉 14장 14절에서도 같은 동사가 사용됐다.

예수께서 배에서 내려서, 큰 무리를 보시고, 그들을 불쌍히 여기시고, 그들 가운데서 앓는 사람들을 고쳐주셨다.

불구자의 절뚝거리는 걸음을 느꼈고, 병든 자의 아픔을 느꼈고, 문둥병자의 외로움을 느낀 예수는 그들을 돕지 않고는 자신을 용납할 수 없었을 것이다. 예수는 우리에게 이렇게 요구한다.

"너희는 남에게 대접을 받고자 하는 대로 남을 대접하여라. 너희가 너희를 사랑하는 사람들만 사랑하면, 그것이 너희에게 무슨 장한 일이 되겠느냐? 죄인들도 자기네를 사랑하는 사람들을 사랑한다. 너희는 너희 원수를 사랑하라."[11]

4장

잃었다가 되찾았으니
기쁘지 아니한가?

εὐφρανθῆναι δὲ καὶ χαρῆναι ἔδει,
ὅτι ὁ ἀδελφός σου
οὗτος νεκρὸς ἦν καὶ ἔζησεν,
καὶ ἀπολωλὼς καὶ εὑρέθη.

"너의 이 아우는 죽었다가 살아났고, 내가 잃었다가 되찾았으니,
즐거워하고 기뻐하는 것이 마땅하지 않겠느냐?"
〈누가복음〉 15:32

용서란
무엇인가?

'용서(容恕)'라는 한자에는 그 본래 의미를 추적할 만한 중요한 단서가 있다. 먼저 '얼굴/모습/몸가짐/그릇에 담다'라는 다양한 뜻을 가진 '용(容)'자의 모양은 '집'을 뜻하는 '갓머리(宀)'와 '계곡'을 뜻하는 '곡(谷)'으로 이루어져 있다. 어떤 대상을 보고 그 대상을 조목조목 분석하는 것이 아니라, 커다란 산과 계곡을 더 커다란 덮개로 씌우듯 그 모두를 품어내는 것이다.

'용서하다/헤아려 동정하다/깨닫다/밝게 알다'의 의미를 담고 있는 한자 '서(恕)'는 '동일한 것'을 의미하는 '여(如)'와 '마음'을 나타내는 '심(心)'의 합성어로 다른 사람의 마음과 내 마음을 일치시킬 때 마음속에서 우러나오는 용기 같은 것이다. '서'는 공자가 뽑은 인생의 최고 덕목이기도 하다. 『논어』「위령공(衛靈公)」 15편에서 공자의 수제자인 자공이 공자를 찾아와 인생의 화두에 대해 질문한다. "선생님, 제가 평생 동안 실천해야 할 것을 한마디로 말하신다면 그것은 무엇입니까(有一言而可以終身行之者乎)?" 공자는 지체 없이 "그것은 바로 '서(恕)'이다"라고 말한다. 공자는 인간 수양의 최고 단계를 바로 '용서'라고 말한다.

'서'는 다른 사람의 잘못을 그저 덮어주는 행위가 아니라 다른 사람의 입장에서 생각하는 지혜다. 내 입장이 아니라 상대방의 입장, 즉 역지사지(易地思之)하면 내 마음과 상대방의 마음이 하나가 된다. 공자는 인간이 일생 동안 반드시 행해야 할 원칙을 용서라고 말한다. 그러고는 '서'를 다음과 같이 쉽게 풀어 설명한다. "'서'는 내가 하고 싶지 않은 일을 남에게 시키지 않는 것이다(己所不欲 勿施於人)." 용서는 상대방의 마음을 깊이 묵상하고 상상함으로써 상대방과 내가 하나 되는 순간에 일어나는 신비다. 자신이 경험한 세계가 유일한 세계가 아니라는 깨달음에서 용서의 긴 여정이 시작된다.

가톨릭 사제이며 심리학자였던 헨리 나우웬(Henri Nouwen)은 희생적인 사랑을 실천하지 못하는 현대인들에게 '용서'를 실천하라고 말한다. "용서는 사랑을 잘할 줄 모르는 사람들이 할 수 있는 사랑의 또 다른 이름입니다. 우리는 매순간 용서하고 용서받아야 합니다. 용서는 '인간 가족'이라는 연약한 공동체에서 행할 수 있는 위대한 사랑의 증표입니다." 나우웬이 지적한 것처럼 자기희생적이며 이타적인 삶을 살지는 못하더라도, 용기를 내어 일상생활에서 실천해야 하는 가장 큰 덕목이 '용서'가 아닐까 한다. 용서는 상대방이 용서받을 만해서 하는 것이 아니라 그와 상관없이 인간이 할 수 있는 최선의 행위다.

렘브란트의
유작

         17세기를 대표하는 위대한 화가 렘브
란트는 자신의 삶을 돌아보며 용서에 관한 그림을 남겼다. 네덜란
드 출신의 렘브란트는 젊은 시절부터 초상화 화가로 이름을 날려
부와 명예를 거머쥐었지만 말년에 이르러 점점 깊은 수렁으로 빠져
들었다.

  그는 인생을 정리하면서 두 개의 그림을 그렸다. 하나는 미완성
작으로 알려진 〈시몬과 아기 예수〉이고, 다른 하나는 그의 유작이
된 〈탕자의 귀향〉이다. 렘브란트는 이 그림들에서 자신을 노환으로
인해 거의 장님이 된 시몬과 아버지로 각각 묘사하는 동시에 영적
으로 새로운 세계를 발견하는 인물로 표현했다.

  젊은 시절 렘브란트는 성공의 화신이었다. 그는 화가로서 자신의
천재성을 누구보다도 확신했고, 그 천재성에 환호하는 대중들로 인
해 이 세상이 부여한 성공의 화려함을 만끽했다. 렘브란트와 그의
첫 아내 사스키아는 승승장구했음에도 네 명의 자녀 중 세 명의 아
이를 잇달아 잃는 불행을 겪는다.

  이때 렘브란트의 두 번째 여인 헤르트헤가 등장하는데, 그녀는
사스키아의 보석을 훔쳐 판 것이 발각되어 12년 동안 고다라는 도
시에 있는 정신병원에 감금된다. 1640년대 후반에 들어서는 집안
일을 도와주던 하녀 헨드리키에가 렘브란트의 정부가 된다. 그녀
는 죽은 사스키아를 대신해 렘브란트의 아들 티투스를 키웠으며,
1654년에는 렘브란트와의 사이에 코르넬리아라는 딸을 낳는다. 그

러나 네덜란드 개혁 교회 신자였던 헨드리키에는 렘브란트와 간음해 자식을 낳았다는 이유로 교회의 성만찬에 참여하지 못하게 된다. 렘브란트가 헨드리키에와 재혼하지 못한 이유는 사스키아의 유언 때문이다. 사스키아는 자신의 아들 타투스를 지켜내기 위해 남편의 재혼을 막는 유언장을 작성했고, 렘브란트는 거액의 유산을 상속받기 위해 재혼을 성사시키지 못한 것이다.

방탕한 생활과 가족의 불행으로 예술에 전념하지 못한 렘브란트의 인기는 급격하게 추락한다. 경제적인 상황이 악화되어 그는 1656년에 개인파산을 신청한다. 자신이 가진 진귀한 예술품과 보석들은 그 후 세 차례에 걸쳐 진행된 경매에서 모두 처분했으나 채무가 남아 있어 자신의 집과 작업 도구까지 압류 당한다. 1660년, 그는 암스테르담의 볼품없는 집으로 이사한다. 채권자들이 그림을 팔고 사는 것을 금지시키자 렘브란트는 헨드리키에와 아들 티투스에게 그림을 판매하는 조그만 회사를 설립하게 한다. 그런 뒤 자신은 종업원 행세를 하며 여러 초상화를 그렸으나 그는 더 이상 희망 없는 예술가로 전락하고 만다.

그의 삶을 완전히 붕괴시킨 사건은 자신을 헌신적으로 돌보던 헨드리키에의 죽음(1663년)과 몇 년 뒤 이어진 그의 아들 티투스의 죽음(1668년)이다. 가족의 죽음을 연이어 목격한 렘브란트는 충격으로 바로 그 다음해인 1669년에 죽는다. 그의 혈육은 딸 코르넬리아, 며느리 막달라 반 루 그리고 손녀 티티아뿐이었다. 그는 유럽의 가장 위대한 화가에서 보잘것없는 가난한 노인이 되어 알려지지 않은 무덤에 매장됐다.

렘브란트는 이렇게 모든 것을 잃은 인생의 마지막 길에서 자신의 삶을 반추하는 그림을 그렸다. 자신의 부질없는 삶을 돌아보며 신약성서 〈누가복음〉에 등장하는 '탕자의 비유'를 화폭에 담기로 결심한다. 렘브란트는 이 그림에서 그리려는 대상의 외적인 화려함보다는 그 대상의 정신적이며 영적인 심리 상태를 포착했다. 〈누가복음〉에 등장하는 탕자와 자신의 삶이 너무도 닮았다고 생각한 것이다. 그는 자신에게 임박한 죽음을 인식하면서 〈탕자의 귀향〉에 자신의 삶에 대한 회한과 희망을 담았다. 그가 집중한 부분은 작은아들이 재산을 탕진하고 돌아와 아버지를 만나는 장면이다.

이 그림을 가장 감동적으로 설명한 학자는 미술사학자도 아니고 르네상스 학자도 아닌 앞에서 언급했던 '20세기의 마지막 영성가' 헨리 나우웬이다. 하버드 대학교의 유명한 교수였던 그는 영혼의 안식을 찾지 못하고 방황하다 1983년에 우연히 렘브란트의 〈탕자의 귀향〉 포스터를 접하게 된다. 그는 3년 후 직접 상트페테르부르크에 있는 에르미타주 미술관을 찾아가 이 그림 앞에 의자를 놓고 앉아 묵상한다. 그리고 그는 자신의 삶에 중대한 결정을 내린다.

그는 1986년 하버드 교수직을 사임하고 정신지체장애인 공동체인 라르쉬 데이브레이크(L'Arche Daybreak)에서 새로운 삶을 시작해, 1996년에 심장마비로 세상을 떠날 때까지 장애인들과 함께 살았다. 그는 렘브란트의 그림을 보고 이 그림과 같은 제목의 『탕자의 귀향』이라는 책을 출판하기도 했다.

나우웬은 이 그림을 세 가지로 이야기한다. 첫째는 렘브란트 자신의 이야기, 둘째는 인류의 이야기, 셋째는 신의 이야기다. 이 세

가지 이야기는 하늘나라에 도달하기 위해 거쳐야 하는 세 가지 영적 단계이기도 하다. 인간이 추구해야 할 최선의 영적 단계는 '자비로운 아버지'가 되는 것이며, 그 단계에 도달하기 위해 우리는 작은아들과 큰아들의 고민과 역경을 이해하고 극복해야 한다.

"아버지! 내 몫을 주십시오"

예수가 전한 '탕자의 비유'는 작은아들이 갑자기 아버지의 집으로 상징되는 고향을 떠나는 장면으로 시작한다.

> "작은아들이 아버지에게 말하기를 '아버지, 재산 가운데서 내게 돌아올 몫을 내게 주십시오'하였다. 그래서 아버지는 살림을 두 아들에게 나누어 주었다. 며칠 뒤에 작은아들은 제 것을 다 챙겨서 먼 지방으로 가서, 거기에서 방탕하게 살면서, 그 재산을 낭비하였다."[1]

작은아들은 느닷없이 아버지의 재산 가운데 자신의 몫을 달라고 요구한다. 이 요구가 얼마나 충격적인가를 알기 위해서는 '몫'이라는 단어의 의미를 먼저 밝혀야 한다.

몫은 그리스어로 '메로스(meros)'이며 '할당/운명/전체 중 한 부분' 등 여러 가지 의미를 담고 있다. 예수가 사용하던 아람어로 메로스를 역추적하면 '나흘라(nahlah)'(히브리어 '나할라'와 같은 의미)다.

나흘라는 '유산(遺産)'이라는 뜻으로 신이 인간에게 가족 단위로 할당한 재산을 의미한다. 이 재산은 동산과 부동산 모두를 포함하며 다른 사람에게는 양도할 수 없다.

작은아들의 이 행위는 고대 이스라엘 사회의 근간인 나흘라를 파괴한다. 특히 부모가 살아 있는 동안에 이러한 요구를 한다는 것은 사회의 관습을 무시하는 행위를 넘어 신성모독이며 아버지와의 인연을 끊겠다는 협박이다. 나흘라는 아버지가 죽으면 아들에게 넘어가도록 되어 있는 수천 년간 이어진 전통이다.

"아버지, 재산 가운데서 내게 돌아올 몫을 내게 주십시오"라는 주장은 "아버지! 저는 당신이 죽을 때까지 못 기다리겠습니다. 나흘라를 내주십시오. 저는 당신과 인연을 끊겠습니다"라는 말과 다르지 않다. 그가 아버지의 집을 떠나는 행위는 자신이 태어나고 자란 가장 중요하고 가치 있는 전통과의 충격적인 단절을 의미한다. 유목 사회에서 자신이 속한 공동체를 버리는 행위는 반역이며 범죄다.

작은아들이 고향을 떠나 향한 곳은 '먼 지방'이다. 먼 지방은 아버지 집과는 달리 무한경쟁과 적자생존의 장소다. 이곳은 또한 모든 사람이 권력과 돈 그리고 명예를 위해 목숨을 바치는 약육강식의 치열한 싸움이 일어나는 현장이다. 심리적으로나 영적으로 고갈되어 있는 이곳에서는 그 불안감을 해소하기 위해 순간의 쾌락을 위한 유혹이 난무한다. 쾌락은 이곳에 존재하는 무시무시한 경쟁을 잠시나마 잊게 해주는 마약이다. 작은아들은 "거기에서 방탕하게 살면서, 그 재산을 낭비하였다"고 성서는 전한다.

그가 그것을 다 탕진했을 때에, 그 지방에 크게 흉년이 들어서, 그는 아주 궁핍하게 되었다. 그래서 그는 그 지방에 사는 어떤 사람을 찾아가서, 몸을 의탁하였다. 그 사람은 그를 들로 보내서 돼지를 치게 하였다. 그는 돼지가 먹는 쥐엄 열매로라도 배를 채우고 싶은 마음이 간절했으나, 주는 사람이 없었다.[2]

작은아들은 자신을 사랑해주는 공동체가 더 이상 존재하지 않는다는 엄연한 현실을 직시하기 시작했다. 작은아들은 이제야 "제정신"이 들었다고 〈누가복음〉은 기록한다. '제정신'이란 자신이 사랑받은 자식이라는 자아의 인식이다. 그는 자신이 아직 아버지의 아들임을 떠올린다. 그리고 아버지 앞에서 할 변명을 외우며 집으로 돌아갈 것을 결심한다.

"내 아버지의 그 많은 품꾼들에게는 먹을 것이 남아도는데, 나는 여기에서 굶어죽는구나. 내가 일어나, 아버지에게 돌아가서, 이렇게 말씀드려야 하겠다. '아버지, 내가 하늘과 아버지 앞에 죄를 지었습니다. 나는 더 이상 아버지의 아들이라고 불릴 자격이 없으니, 나를 품꾼으로 삼아주십시오."[3]

1667년, 렘브란트는 이 작은아들처럼 경제적으로 파산하고 정신적으로도 피폐해져 나락으로 떨어지고 있었다. 재산, 명예, 권력을 잃고 그리고 가족마저 모두 사망한 후 렘브란트는 살아갈 희망을 잃었다. 그는 이러한 비참한 상태를 〈탕자의 귀향〉으로 표현한다.

우선 아버지의 품에 무릎을 꿇고 안겨 있는 작은아들의 모습을 보라. 그는 집을 떠날 당시 간직하고 있던 빛나던 긴 머리는 사라지고 거의 삭발의 모습으로 아버지의 품에 안겨 있다. 우리는 수용소나 군대처럼 자신의 정체성이 사라질 때 삭발을 통해 그 공동체로 들어간다. 그리고 그곳에서 우리는 이름으로 불리지 않고 하나의 숫자가 된다. 거대한 집단의 이익을 위한 대치 가능한 하나의 도구가 되는 것이다.

작은아들은 몇 년 전 집을 떠날 때 입었던 화려한 겉옷도 사라지고 속옷만 입은 채다. 이 속옷은 다 떨어져 누더기가 되었지만, 그 테두리에는 아버지의 것과 유사한 소매 장식이 남아 있다. 아버지에게로 돌아오기 위해, 그가 아직 아버지의 아들임을 증명하기 위해 아버지가 자신에게 선물했던 속옷을 입고 온 것이다. 그 옷은 작은아들의 비쩍 마른 몸을 겨우 가리고 있다.

작은아들의 발을 보면 그가 살아온 날들을 짐작할 수 있다. 오른쪽 신발의 밑창은 다 닳고 갑피 부분도 사라졌다. 이는 사랑받고 용서받던 가정을 떠나 먼 곳에서 겪은 그의 수모와 고통을 증언한다. 그의 왼쪽 신발은 아예 벗겨져 있다. 자신에게 어울리지 않는 신발을 신고 일생을 살다 집으로 돌아온 그의 발바닥은 상처와 굳은살로 뒤덮여 있다.

왼쪽 신발이 벗겨진 것의 의미는 아버지에게 급히 달려오느라 벗겨진 것이 아니라 아버지의 품에서 새로운 세계로 진입하고 있다는 상징이다. 〈출애굽기〉 3장에 모세가 시내 산에서 신을 만났을 때 신이 요구한 행동 또한 신발을 벗으라는 명령이었다.

렘브란트, 〈탕자의 귀향〉, 1668~1669

이 명령에는 두 가지 의미가 숨어 있다. 첫째, 신발은 자신이 소중하게 매달리던 가치나 이데올로기를 상징한다. 과거의 관습을 폐기하라는 의미다. 둘째, 우리가 신전에 들어갈 때 신발을 벗듯, 아버지의 품은 안전하고 사랑이 넘치는 거룩한 장소이므로 신발을 벗어야 한다.

작은아들의 모습에서 가장 이해하기 힘든 부분은 바로 그가 차고 있는 단검이다. 당시 평민들이 가지고 다닐 수 있는 유일한 무기가 단검이기는 했으나, 아버지를 찾아와 용서를 비는 장면에 등장한 이 단검은 이해하기 힘들다. 헨리 나우웬은 작은아들의 단검을 '아들의 상징'으로 해석한다. 작은아들은 단검을 팔아버릴 수도 있었으나 이 단검을 소중하게 간직함으로써 귀향할 수 있었다는 것이다.

그러나 이 단검은 다른 의미일 수도 있다. 그림의 오른쪽에 붉은 겉옷을 입고 서 있는 사람은 큰아들이다. 그는 긴 칼을 땅바닥에 대고 움켜쥔 채 아버지와 동생을 관조하고 있다. 그 옆에 검은 모자를 쓰고 다리를 꼬고 앉아 있는 사람은 왼손으로는 오른쪽 다리를 쥐고, 오른손으로는 확실하게 보이지는 않지만 품에서 단검을 꺼내려 하고 있다. 이 장면은 일촉즉발의 위급한 상황이다.

작은아들에게 이 단검은 아직도 집안의 다른 사람들과 풀어야 할 여러 가지 문제들이 있음을 의미한다. 그의 형이나 종들은 그가 집으로 돌아옴으로 인해 이해관계가 복잡해졌다.

돌아온
탕자

아버지는 매일 작은아들이 돌아오기를 기다렸다. 아버지는 멀리서 오는 작은 아들의 움직임을 감지하고 측은히 여겨 그에게 달려간다. 나이가 들어 앞이 잘 보이지도 않는 그는 그렇게도 보고 싶었던 작은아들의 목을 껴안고 입을 맞춘다.

"그는 일어나서, 아버지에게로 갔다. 그가 아직도 먼 거리에 있는데, 그의 아버지가 그를 보고 측은히 여겨서, 달려가 그의 목을 껴안고, 입을 맞추었다. 아들이 아버지에게 말하였다. '아버지, 내가 하늘과 아버지 앞에 죄를 지었습니다. 이제부터 나는 아버지의 아들이라고 불릴 자격이 없습니다.'"[4]

렘브란트는 이 감동적인 순간의 아버지의 얼굴을 포착한다. 그는 아마도 이 아버지를 통해 신을 사실적이고도 감동적으로 표현하고자 했을 것이다. 그림 전체에서 가장 빛나는 부분은 바로 아버지의 얼굴이다. 밝은 색으로 처리한 오른쪽 눈은 거의 감겨 있고, 눈동자는 오른쪽으로 완전히 돌아가 초점이 없다. 아버지의 사랑은 상대방의 자격과 상관없다. 그 사랑은 내면에서 뿜어져 나오는 자연스러운 용기다.

렘브란트는 아버지의 얼굴뿐만 아니라 양손을 통해서도 신을 표현한다. 그는 양손을 다르게 묘사하고 있다. 작은아들의 오른쪽 어깨를 어루만지고 있는 아버지의 왼손은 강인하며 남성적이다. 특히 엄지손가락은 다른 손가락과 달리 어깨와 등을 강하게 누르고 있다. 돌아온 작은아들을 다시는 놓치지 않겠다는 아버지의 내면을 드러낸다.

아버지의 오른손은 왼손과는 정반대로 작은아들 등을 살포시 어루만지고 있다. 이 손은 아버지의 손이 아니라 어머니의 손과 유사하다. 손가락들은 가지런히 정렬되어 있고 등을 누르거나 잡지 않는다. 오른손은 작은아들을 있는 그대로 수용하고 위로한다.

아버지는 돌아온 작은아들을 위해 잔치를 벌인다. 작은아들은 아버지에게 아들이 아닌 종으로 일하겠다고 간청한다. 그런데 오히려 아버지의 반응은 단호하다. 아들의 요구에 아랑곳하지 않고 종들에게 명령한다.

"'어서 좋은 옷을 꺼내서 그에게 입히고, 손에 반지를 끼우고, 발에 신을 신겨라. 그리고 살진 송아지를 끌어내다가 잡아라. 우리가 먹고 즐기자. 나의 이 아들은 죽었다가 살아났고, 내가 잃었다가 되찾았다.'"[5]

아버지는 세 가지의 상징적인 행위를 통해 작은아들에게 새로운 정체성을 부여한다. 먼저 새 옷을 입힌다. 우리가 졸업식이나 입학식 때 가운을 입거나 새 옷을 입는 것처럼, 과거와 다른 정체성을 부여하기 위해 새 옷을 입는 것이다. 두 번째는 손에 반지를 끼운다. 반지를 착용한다는 의미는 결혼반지의 의미처럼 아버지와 다시 하나가 될 것이라는 약속이자 결심이다. 아버지와 작은아들은 이제한 몸이 됐다. 세 번째는 새 신을 신긴다. 이는 아버지와 계약을 체결하는 의미로, 과거의 습관이 고스란히 배어 있는 헌 신발을 버리고 아버지가 주는 새 신을 신어 새로운 사람으로 완성되는 것이다.

아버지는 이뿐만 아니라 살진 송아지를 잡아 잔치를 벌인다. 송아지는 사람들이 먹기 위해서라기보다 작은아들의 죄를 대신 지고 죽어야 하는 '희생물'의 의미다. 작은아들의 죄가 송아지에게 전가되어 살해되면 그의 죄는 사라지게 된다. 이렇게 살해된 송아지를 사람들이 함께 나누어먹음으로써 하나의 공동체가 형성된다. 그리고 이 공동체는 작은아들이 아버지의 아들로서 최선을 다하는지를 지켜본다.

타인의 기쁨을 같이 기뻐할 수 있는가?

이 그림의 오른편에는 아버지와 작은아들의 감동적인 만남을 지켜보는 세 사람이 있다. 아버지의 왼쪽 뒤로 이들을 바라보고 있는 젊은 여인이 서 있다. 렘브란트의 삶과 연결시켜 해석하면 이 여인은 1640년대부터 가정부로 일하다가 렘브란트의 정부가 된 헨드리키에다. 그녀는 유령처럼 희미하게 묘사되어 있다.

렘브란트 시절의 성서 주석서들과 그림들을 살펴보면 '탕자의 비유'는 〈누가복음〉 18장에 등장하는 '바리새인과 세리(세금을 징수하던 관리)의 비유'와 깊이 연결되어 있다. 렘브란트의 〈탕자의 귀향〉

에서도 이 전통에 따라 그림의 오른편에 두 명을 그려 넣었는데, 성서의 내용을 축자적으로 해석해 묘사하지 않고 자기 나름의 창조적인 해석을 예술로 표현했다. 이들은 모두 자신이 의롭다고 확신해 남을 멸시하는 대표적인 인간들이다. 〈누가복음〉 18장은 다음과 같이 묘사한다.

"두 사람이 기도하러 성전에 올라갔다. 하나는 바리새파 사람이고, 다른 하나는 세리다. 바리새파 사람은 서서, 혼잣말로 이렇게 기도하였다. '하나님, 감사합니다. 나는, 토색하는 자나 불의한 자나 간음하는 자 같은 다른 사람들과 같지 않으며, 또는, 이 세리와도 같지 않습니다. 나는 이레에 두 번씩 금식하고, 내 모든 소득의 십일조를 바칩니다.' 그런데 세리는 멀찍이 서서, 하늘을 우러러볼 엄두도 못 내고, 가슴을 치며 '아, 하나님, 이 죄인에게 자비를 베풀어주십시오' 하고 말하였다. 내가 너희에게 말한다. 의롭다는 인정을 받고서, 자기 집으로 내려간 사람은 저 바리새파 사람이 아니라, 이 세리다. 누구든지 자기를 높이는 사람은 낮아지고, 자기를 낮추는 사람은 높아질 것이다."[6]

검은 모자를 쓰고 나름대로 화려하게 차려입고 앉아 있는 사람은 바로 세리와 죄인을 상징하는 인물이다. 그는 왼쪽 다리 위에 오른쪽 다리를 걸치고 왼손으로 그 다리를 잡고 있다. 문제는 오른손이 하는 일이다. 〈누가복음〉 18장의 내용을 따르면 세리가 가슴을 치며 회개하는 모습으로 해석할 수 있지만, 그보다는 자신의 정체성을 나타내는 돈 주머니를 쥐고 있는 듯하다. 혹은 쥐고 있는 것이 단검일 수도 있다. 세리가 하는 일은 로마제국을 위해 유대인들로 부터 무자비하게 세금을 수금하는 것으로, 그들은 유대인들의 경멸의 대상이었다. 그에게는 자신이 가지고 있는 돈이 유대 사회에서 로마 앞잡이로 불리는 수모를 견디게 하며 자신을 지켜주는 단검과도 같은 역할을 했는지도 모른다.

세리 옆에 서 있는 자는 바리새인이다. 렘브란트는 이 집안의 큰형을 바리새인으로 묘사한다. 〈탕자의 귀향〉 전체에서 빛을 받아 부각된 인물은 바로 아버지와 큰아들이다. 렘브란트는 아버지와 작은아들의 만남을 목격하는 인물로 큰아들을 그렸다. 정작 〈누가복음〉 '탕자의 비유'에서의 큰아들은 들에서 일을 하다 돌아와 잔치하는 소리에 집 안에서 일어난 사건을 알게 된다. 잔치가 벌어지고 있는 집 가까이에 도착한 그는 너무 화가 나 집 안으로 들어가지 않는다. 아버지는 밖으로 나와 큰아들과 마주한다. 큰아들이 아버지에게 말한다.

"'나는 이렇게 여러 해를 두고 아버지를 섬기고 있고 아버지의 명령을 한 번도 어긴 일이 없는데, 내게는 친구들과 함께 즐기라고, 염소 새끼 한 마리도 주신 일이 없습니다.'"[7]

렘브란트는 이러한 큰아들을 바리새인으로 묘사했다. 아버지의 나흘라가 머지않아 자신의 몫이 될 것이라고 믿고 있었는데, 작은아들이 등장하자 그의 계획은 무산된다. 그는 아버지와 같은 붉은 겉옷을 입음으로써 이 집안의 유산자가 바로 자신임을 확인시킨다.

그는 동생이 돌아온 사실에 아버지처럼 기쁨의 눈물을 흘리는 것이 아니라 제단 위에 서서 화난 얼굴로 아버지와 동생의 만남을 관조한다. 렘브란트는 이러한 큰아들의 감정을 아버지와 마찬가지로 손을 통해 표현한다. 그의 손은 단검이 아닌 장검을 단전에 밀착시키고 있다. 그의 왼손은 아버지의 왼손처럼 강인하고 남성적이며, 당장이라도 칼을 빼서 동생을 찌를 준비가 되어 있다. 그리고 분노가 끓어오르는 그 왼손을 오른손이 누르고 있다.

사랑의 또 다른 이름, 용서

큰아들은 동생이 건강을 회복하고 돈이 생기면 다시 먼 곳으로 도망칠 것이라고 생각한다. 그는 아버지에게 창녀들과 어울려 노느라 아버지의 재산을 다 삼켜버린 아들을 위해 뭐하러 살진 송아지를 잡아주느냐며 항의한다.

큰아들은 원래 모든 사람들이 존경할 뿐 아니라 따르고 싶어 하는 인물이었다. 그러나 돌아온 작은아들을 보고 기뻐하는 아버지의 모습을 보자 정반대의 인간이 된다. 마음속에 숨겨져 있던 경쟁심이 분출되어 이기적인 인간이 된 것이다. 큰아들은 아버지의 기쁨에 동참하지 못한다.

렘브란트는 아버지가 돌아온 작은아들을 위해 잔치를 벌인 흔적을 그의 뒤쪽에 서 있는 여인의 머리 옆에 그려진 피리 부는 사람의 벽화를 통해 희미하게 표현하고 있다. 그리고 작은아들의 귀향에 잔치까지 벌인 아버지의 기쁨의 자리에 들어오지 못하는 큰아들의 심리를 묘사한다. 그는 스스로 남들보다 도덕적으로나 영적으로 우월하다고 생각하는 큰아들을 제단 위에 서 있는 사람으로 묘사했다. 아버지가 큰아들에게 질문한다.

"'얘야, 너는 늘 나와 함께 있지 않느냐? 또 내가 가진 모든 것은 다 네 것이 아니냐? 너의 이 아우는 죽었다가 살아났고, 내가 잃었다가 되찾았으니, 즐거워하고 기뻐하는 것이 마땅하지 않겠느냐?'"[8]

예수가 말한 '탕자의 비유'는 이 질문으로 끝이 난다. 렘브란트의 〈탕자의 귀향〉은 아버지, 작은아들 그리고 큰아들의 심리 묘사를 통해 자신의 파란만장했던 삶을 뒤로한 채 회한과 희망을 그린 작품이다. 인간은 자신이 누리고 있는 행복에 감사하지 못한다. 오히려 불만족하며 늘 먼 곳으로 떠나려 한다. 작은아들처럼 권력과 명예 그리고 돈이 삶의 우선이 될 때 거기에는 경쟁과 질시 그리고 그것을 풀기 위한 극단적 쾌락이 따르게 된다. 그리고 소수만이 다시 '아버지의 품'으로 돌아온다. 아버지의 품이란 대상의 자격과는 상관없이 그 사람을 용서하는 마음이다.

우리는 아버지와 작은아들이 용서로 하나 된 기적을 의심의 눈초리로 본다. 마치 큰아들처럼 자신의 마음에 들지 않으면 언제든지 긴 칼로 모두를 죽일 준비가 되어 있다. 이 그림에서 그는 당당한 체격과 무기를 지녔고 무한경쟁에서 살아남은 가장 성공한 인물 같지만, 그의 치명적인 결점은 자신이 스스로 만들어놓은 제단에서 내려오지 못한다는 것이다. 그의 모습은 오늘날의 우리와 매우 닮아 있다.

〈누가복음〉의 '탕자의 비유'는 사실 큰아들에 대한 경고다. 그는 다른 사람들의 기쁨에 동참하지 못하는 인간, 자신이 쌓아놓은 이기심이라는 제단에서 희생된 인간이다. 우리가 할 수 있는 일은 우리 스스로 가장 거룩하고 가치 있다고 여기는 그 이데올로기, 그 신념, 그 원칙이라는 제단을 부수고 우리의 가까운 가족, 친족, 심지어는 원수까지도 용서하는 마음이다.

5장

믿음이 적은 사람아,
왜 의심하였느냐?

ὀλιγόπιστε, εἰς τί ἐδίστασας;

베드로는 거센 바람이 불어오는 것을 보자,
무서움에 사로잡혀서, 물에 빠져 들어가게 되었다.
그때에 그는 "주님, 살려주십시오" 하고 외쳤다.
예수께서 곧 손을 내밀어서, 그를 붙잡고
"믿음이 적은 사람아, 왜 의심하였느냐?" 하셨다.
〈마태복음〉 14:30~31

신앙과 믿음의 차이

종교를 구성하는 중요한 요소로 신앙과 믿음을 들 수 있다. 신앙은 믿음과 유사해보이지만 사실 그 의미가 전혀 다르다. 그렇다면 신앙과 믿음에는 어떤 차이가 있을까?

신앙과 믿음을 동일하게 여기기 시작한 것은 최근의 일이다. 신앙이란 의미의 영어 '페이스(faith)'는 원래 '신뢰'라는 뜻이다. 신앙이란 어떤 사람이나 이상적인 삶에 대한 신뢰이자 충성이다. 또한 지적이며 정신적인 활동이나 고백이 아니라 어떤 사람에게 내재된 일종의 덕이다. 말하자면 자신이 약속한 말과 행동이 일치하고 그것을 지조 있게 지키는 행위가 바로 신앙이다.

신앙은 노력과 시간이 필요한 자기성찰과 수양의 과정으로 종교에서는 종종 의례와 이야기를 통해 배양된다. 객관적인 증명이 진리라고 착각하는 현대인들에게 신앙은 일종의 도전인 셈이다. 인간의 삶에 궁극적인 의미와 가치가 있다면, 그것들을 추구하는 삶이 바로 신앙이다.

신약성서의 언어인 고대 그리스어로 신앙을 '피스티스(pistis)'라 한다. 고대 그리스 철학에서 피스티스는 수사학적 용어로 그 원래 의미는 '설득하기 위한 수단'이었다. 아리스토텔레스는 수사학을 "어떤 주어진 상황에서 상대방을 설득할 수 있는 적당한 수단을 찾는 과정"이라고 정의한다. 서구 수사학 전통에서 연설의 목적은 피스티스를 통해 동의를 얻고자 하는 것이다.

그러므로 피스티스란 연설을 통해 자신의 생각을 확신하게 되는 마음의 상태를 의미한다. 연설을 듣는 자는 피스티스를 통해 자신의 생각을 이성적인 분석 대상으로 삼으며, 이로써 어떤 사안에 대한 일정한 생각을 갖게 된다. 이러한 이성적인 설득(피스티스)을 거쳐 도달하는 상태 또한 피스티스라 한다. 그러므로 피스티스는 설득이자 설득의 결과인 대상에 대한 믿음이기도 하다. 이 단어는 이후에 다양하게 변화한다.

기원후 405년경, 그리스어 성서를 라틴어로 번역한 히에로니무스(Hieronymus)는 '믿음'에 해당하는 그리스어 명사 '피스티스'와 동사 '피스튜오(pisteuo)'를 라틴어 명사 '피데스(fides)'와 동사 '크레도(credo)'로 번역했다. '크레도'는 '심장'을 의미하는 '코르(cor)'와 '우주의 질서에 맞게 배치하다'라는 의미를 가진 '다레(dare)'의 합성어다. '크레도'는 흔히 '나는 믿는다'로 번역되는데, 그 의미를 직역하면 '우주의 질서에 맞게 자신의 심장(생각과 정성)을 배치하다'라는 뜻이다.

1611년, 라틴어 성서를 영어로 번역한 흠정역(The King James

Version)에서 '피데스'와 '크레도'는 각각 '빌리프(belief)'와 '빌리브(believe)'로 번역됐다. 당시 이 번역을 주도한 옥스퍼드 학자들은 라틴어 '리비도(libido)'와 독일어 '리베(Liebe)'에서 그 의미를 추출해 이 단어들을 조성했다.

'사랑'이라고 흔히 번역되는 독일어 '리베'는 '약속이나 의무로 엮인 다른 사람에 대한 충성'이라는 뜻이었다. 그러다 17세기 후반 계몽주의 시대로 진입하면서 '가정 혹은 미심쩍은 주장에 대한 지적인 동의'로 그 의미가 변질됐다. 그리고 서구 그리스도교 용어를 무비판적으로 수용한 동아시아는 이 단어를 '신앙' 혹은 '믿음'이라는 단어로 번역했다.

그리스도인들이 말하는 "나는 한 분의 신을 믿습니다(Credo in unum Deum)"라는 문장은 초월적인 신을 맹목적으로 신봉한다는 의미가 아니다. 인간이 신을 믿는다는 문장은 사실 '우주의 질서를 만든 절대자를 찾기 위해 자신의 삶을 배치하는 것'을 뜻한다. 다시 말해 '나는 삶에 대한 신비와 경외심을 찾기 위해 스스로를 부단히 설득하고 있다'라는 말이다.

11세기 철학자이자 신학자였던 영국 캔터베리의 주교 안셀무스(Anselmus)는 "나는 이해하기 위해서 믿는다(Credo ut intelligam)"라는 라틴어 명구를 남겼다. 그 의미는 '나는 삼라만상의 질서를 이해하기 위해 부단히 공부하고 내 삶에 우선순위를 매기고 있다'라는 뜻이다. 안셀무스는 한 종교가 만든 교리를 무비판적으로 혹은 맹목적으로 믿지 않았다. 그는 또한 현재 자신이 이성적으로 이해하지 못하는 굉장한 주장들을 언젠가는 이해할 것이라고 허망하게 바라지도 않았다. 그는 단순히 "내가 나 자신의 삶에 대한 깊은 통찰을 통해 우선순위를 매기고 그렇게 산다면 언젠가 신을 이해할 것입니다"라고 기도했다.

현대인의
신앙

인간의 생존은 절대적인 믿음으로 가능하다. 어린아이는 태어난 뒤 자신이 '엄마'라고 부른 존재를 절대적으로 신뢰하게 된다. 그리고 어머니는 아이의 생존을 위해 자신의 모든 것을 바친다. 우리가 무언가를 '믿는다'라는 말은 단순히 '지적으로 그의 존재를 믿는다'라는 말이 아니다. 신의 존재를 믿는다고 말로 고백하면 천국에 가고, 그렇지 않으면 지옥에 가는 그러한 저급한 차원이 아니다.

종교에서 말하는 교리 역시 단순히 지적인 활동으로 한순간에 믿어지는 것이 아니다. 온전하고 완벽한 종교 생활을 지향하고 그 종교의 신화와 의례를 기꺼이 받아들여 자신의 삶을 변화시킬 때 비로소 이해되기 시작하는 것이다. 하지만 현대의 무신론자들은 종교를 선택하기 전에 형이상학적인 주장을 지적으로 이해하려 시도한다. 이것이 바로 과학적인 관행이다. 그들은 교리에 담긴 내용을 객관적인 사실로 받아들이려 한다.

구약성서에서 이스라엘인들은 자신들이 경험한 위대한 사건을 기억한다. 기원전 13세기경 모세는 당시 이집트에서 떠돌이 생활을 하던 이주 노동자들(히브리인)과 함께 새로운 땅으로 들어가기 위해 험난한 여행을 시작했다. 모세가 지팡이를 들고 바다를 치니 바다가 갈라져 마른 땅이 드러났다고 전한다.

이 사건은 실제 일어난 사건이 아니라 시간과 공간을 초월한 기적을 기록한 것이다. 히브리인들이 이집트를 탈출했을 때 실제로 무슨 일이 일어났는지 역사적으로 증명할 수는 없다. 이 성서 이야기는 다른 성서 이야기와 마찬가지로 과학적이거나 역사적인 서술이 아니라 '신화'로 기록된 것이다.

여기서 '신화'는 믿지 못할 거짓말이 아니라 오늘날까지 그 의미를 생생하게 전달하는 이야기다. 물이 갈라져 마른 땅이 등장하는 이야기와 신이 바닷물을 갈라 새로운 존재를 탄생시키는 이야기는 성서에 종종 등장한다. 이 신화는 새로운 민족을 탄생시키려는 통과의례에 관한 이야기다. 혼돈으로 상징되는 물을 바람으로 걷어내 마른 땅이 드러나는 주제는 〈창세기〉의 우주 창조 이야기다. 이 이야기를 사실로 받아들이고 축자적으로 믿으려는 시도는 성서의 본래 의도와는 맞지 않으며, 오늘날의 과학주의와 역사주의를 경전에 억지로 끼워 맞추려는 것이다.

이 신화는 의례를 통해 유대 정체성의 핵심이 됐다. 매년 유대인들은 유월절 의례인 '세데르(seder)'를 통해 이 괴상한 이야기를 자신의 삶 안으로 끌어들여 그 삶에 적용시키려 했다. 유대인들의 유월절 이야기를 기록한 책 『하가다(Haggadah)』에 의하면 자신들을 이집트에서 노예 생활을 하다 탈출해 갈대 바다를 건넌 고대 히브리인의 하나로 상상해야 한다고 말한다. 출애굽 이야기를 이러한 방식으로 신화화하고 의례화하고 자신의 삶에 적용시키지 않는 한 이 이야기는 종교적이 될 수 없다.

의례와 신화적인 이야기들은 과거에 발생한, 즉 나와는 상관없는 이야기로 전락시켜서는 안 된다. 시간을 초월해 오늘날 그 이야기를 듣는 자신의 삶의 이야기가 되어야 한다. 만일 어떤 이가 출애굽 연대를 추정하고 그것을 증명할 역사적이며 과학적인 증거를 요구한다면 이 이야기의 본질과 목적을 상실하는 것이다.

고대부터 내려오던 이러한 신화적인 사고는 17세기 프랑스 철학자 데카르트의 등장으로 자취를 감춘다. 그에게 우주는 생명이 없는 기계다. 거기에는 어떤 신적인 정보도 담겨 있지 않다. 데카르트는 신실한 가톨릭 신자였지만 신의 존재를 증명하기 위해 신화를 이용하지 않고 대신 '이성적인 사고'에 전적으로 의존했다. 신화가 원초적인 시작을 희구한 그 시점에서 데카르트는 과학자로서 자명한 수학적 논리로 진리를 증명하고자 시도했다. 그는 "나는 생각한다. 그러므로 존재한다(Cogito ergo sum)"라는 문장만이 자명하고 확실하다고 주장했다. 데카르트는 자신과 세상에 대한 불확실성에 매몰되어 과거 신화적인 이야기들이 함양한 영적인 해석을 질식시켰다.

니체는 "신은 죽었다"라고 말한다. 그는 "저 위에 혹은 저 아래 누가 아직 존재하는가? 우리는 무한한 허무 안에서 길을 헤매고 있지 않은가?"라고 묻는다. 엄청난 무서움, 의미를 상실한 분노 그리고 파괴에 대한 두려움이 현대인들의 삶의 일부가 됐다. 현대인들의 삶에 신앙이 없다면 그 삶은 쉽게 절망의 늪에 빠질 것이다. 아우슈비츠, 르완다, 보스니아, 코소보와 같은 우리 시대의 니힐리즘은 신앙을 상실하고 신성함에 대한 관심이 사라졌을 때 생길 수 있는 현상이다.

세례 요한의 죽음이 예수에게 끼친 영향

예수는 어려서부터 사촌인 요한과 함께 자랐다. 예수의 어머니 마리아와 요한의 어머니 엘리사벳은 자매지간이다. 예수는 자신의 사촌 요한의 회개 운동을 알고 있었다.

그는 요단 강에서 과거의 삶을 단절하고 새롭게 다시 태어나는 세례 의식을 통해 회개하라고 선포한다. 요한이 언제부터 회개를 촉구하고 세례를 베풀었는지 정확히 알 수는 없으나, 한 가지 분명한 점은 예수가 아직 목수로 생계를 유지하고 있을 때, 요한은 이미 선교를 시작했다는 점이다.

당시 로마제국에서는 새로운 황제의 시작을 알리는 소식을 '복음(gospel)'이라 불렀다. '좋은 소식'이라는 뜻의 이 복음은 로마제국 곳곳으로 퍼져나간다. 이 복음을 들고 간 전령들은 속국으로 가서 "우리가 새로운 황제를 맞았다. 그의 이름은 티베리우스 시저다. 너의 삶을 고치고 무릎을 꿇어라!"라고 말한다. 로마 황제는 '구원자' 혹은 '주(主)'로 불렸고 정의와 평화, 번영과 축복을 가져온다는 의미로 '폰티펙스 맥시무스(pontifex maximus)', 즉 '대제사장'이라 불렸다. 또한 로마인들은 황제가 사후에 신이 된다고 생각했기 때문에 그를 '신의 아들'이라 부르기도 했다. 전령은 이 소식을 전하기 위해 황제의 특별 사면장을 가져갔고, 사면을 기대하지 않았던 죄수들은 갑작스러운 석방에 놀란다. 신약성서에서 예수의 일생을 기록한 저자들은 예수가 이 땅에 와서 선포한 내용이 바로 로마시대의 이 사면장과 같은 '복음'이라고 생각했다.

예수는 요단 강에서 자신에게 세례를 베푼 세례 요한을 정신적인 스승으로 여겼다. 예수는 이제 제자들도 생기고 자신을 따라다니는 많은 군중들도 있었다. 그러던 어느 날 그는 충격적인 소식을 듣게 된다. 세례 요한이 참수형을 당한 것이다. 복음서에 의하면 로마제국의 사두 정치의 한 사람으로 유대 지방을 다스리던 헤롯 왕이 세례 요한을 감금했다고 한다. 헤롯 왕은 왜 세례 요한을 감금했을까?

헤롯은 자신의 아내인 파사엘리스와 이혼하고 자신의 동생인 헤롯 빌립 1세의 아내 헤로디아를 강제로 취했다. 그 누구도 왕에게 아무 말도 못 하는 상황에서 세례 요한은 공개적으로 헤롯에게 "그 여자를 차지하는 것은 옳지 않습니다"라고 여러 차례 비난을 가했다. 헤롯은 몇 번이나 세례 요한을 죽이려 했으나, 그를 예언자로 따르는 유대인들이 두려워 실행에 옮기지 못했다.

그러던 중, 헤롯의 생일날 헤로디아의 딸 살로메가 헤롯과 손님들 앞에서 춤을 추었는데, 그녀의 춤에 매료된 헤롯이 취중에 그녀에게 원하는 것이 있으면 무엇이든 들어주겠노라는 약속을 한다. 살로메는 바로 헤로디아에게 달려가 이 사실을 알린다. 헤로디아는 헤롯보다 더 권력에 매몰된 여자였다. 그녀는 헤롯이 장차 로마제국의 황제가 되어야 하며 팔레스타인에서 어떤 반란도 일어나서는 안 된다고 생각했다. 헤로디아는 살로메에게 요한을 참수할 것을 요구하라고 사주한다. 살로메는 헤롯에게 돌아와 "세례자 요한의 머리를 쟁반에 담아서, 이리로 가져다주십시오"[1] 하고 말한다.

헤롯은 세례 요한이 반란을 일으킬까 봐 노심초사했지만 그를 죽일 만큼 잔인한 왕은 아니었다. 그러나 그는 귀족들 앞에서 이미 공개적으로 맹세를 한 터였기에 하는 수 없이 그렇게 하라고 명령한다. 그렇게 해서 세례 요한은 목이 잘리고 만다. 세례 요한의 제자들이 그 시체를 거두어 장사를 지내고는 예수에게 이 사실을 알린다.

빵 다섯 개,
물고기 두 마리의 은유

자신에게 세례를 베푼 세례 요한이 살해되자 충격을 받은 예수는 목숨의 위협을 느껴 외딴 곳으로 숨는다. 이 시점은 예수의 삶에 있어서 중요한 전환점이다. 육지에서는 많은 사람들이 그를 추종하고 알아보았으므로 그는 배 한 척을 빌려 혼자 미지의 장소로 피신한다. 예수는 세례 요한이 자신을 두고 했던 말을 떠올린다.

"보아라, 하나님의 어린 양이다. (⋯) 나는 그의 신을 들고 다닐 자격조차 없다."[2]

예수는 어려서부터 자신을 보아온 사촌이며 당시 모든 사람들이 예언자로 존경하는 세례 요한의 말을 통해 자신이 해야 할 일을 구체적으로 깨닫기 시작한다. 그것은 자신이 곧 '신에게 바쳐질 어린 양'이라는 사실이었다. 이것은 예수가 공생애를 시작하면서 점차 행동에 옮긴 화두였다.

유대 민중들은 세례 요한이 죽은 뒤 예수를 메시아로 생각하기 시작했다. 예수는 아직도 배를 타고 외딴 해변에 정박해 있었다. 예수를 알아본 민중들은 그곳까지 몰려와 예수의 얼굴을 바라보았다. 급기야 예수는 배에서 내렸다.

예수는 로마 식민지 생활의 절망적인 삶에서 한 줄기 희망의 빛을 찾으려는 이 불쌍한 사람들의 눈을 보았다. 그들을 보자 목자 없이 길을 헤매는 양과 같은 모습에 측은한 마음이 들기도하고 참수당한 세례 요한이 생각나기도 했다. 예수는 삶의 의미를 찾지 못하고 하루하루 연명하는 이들의 처지가 자신의 모습처럼 느껴졌다.

무리들은 좀처럼 예수에게서 떨어지려 하지 않았다. 해가 지자 제자들이 예수에게 달려와 말했다.

"여기는 풀 한 포기 없는 들판입니다. 날도 이미 저물었기 때문에 무리를 각자 집으로 돌려보내시는 것이 좋겠습니다."[3]

그러자 예수는 전혀 예상치도 못한 말을 한다.

"물러갈 필요가 없다. 너희가 그들에게 먹을 것을 주어라."[4]

제자들은 예수를 이해할 수 없었다. 거의 2만 명 가까이 모여 있는 사람들에게 먹일 식량이 도대체 어디 있다는 말인가? 제자들이 나름대로 먹을 것을 구했으나 빵 다섯 개와 물고기 두 마리가 전부였다. 그러자 예수는 무리를 땅에 앉게 하고는 이것들을 들고 하늘을 우러러 기도했다. 예수는 먼저 제자들에게 그 일부를 주었고 제자들은 다시 이것을 무리에게 주었다. 성서는 이를 다음과 같이 기록한다.

그들은 모두 배불리 먹었다. 남은 빵 부스러기를 모으니, 열두 광주리에 가득 찼다. 먹은 사람은 여자들과 어린아이들 밖에, 남자 어른만도 오천 명쯤 되었다.[5]

믿음은
실천이다

'오병이어의 기적'이라 불리는 이 사건을 이해하기 위해 성서 해석의 역사를 잠시 살펴보자. 기원후 1세기, 고대 그리스 철학자들은 그리스 신화를 어떻게 해석해야 할지 난관에 부딪혔다.

당시 알렉산드리아에서 활동한 필로와 같은 유대학자들은 신화를 은유적으로 해석(알레고리적 해석)했다. 이후 신플라톤주의자였던 오리게네스(Origenes)는 이 은유적 해석을 성서에 적극 도입했다. 신플라톤주의란 플라톤과 그의 저작들, 특히 『티마이오스』를 발전시킨 신비주의 철학으로, 3세기 로마 후기 철학자인 플로티누스 (Plotinus)에 의해 시작된 철학 사조다.

오리게네스는 성서의 상징적인 의미 속에 숨겨진 심오한 진리를 찾으려 했다. 그는 예수의 제자들이 유대교 경전인 『토라』와 팔레스타인을 배경으로 기록한 문헌을 축자적으로 수용하기가 어려웠다. 그는 은유적 해석을 통해 유대인들의 저작을 그리스·로마 사상, 특히 신플라톤주의 해석의 옷을 입혀 새로운 모습으로 탄생시켰다.

아우구스티누스도 오리게네스의 은유적 해석에 영향을 받았다. 그는 그리스도교로 회심하기 전에 신플라톤주의에 심취했다. 그는 그리스도교의 마지막 권위가 성서가 아니라 로마 교회라고 말한다. 이 말의 의미는 성서의 가르침이 당시 그리스·로마 철학을 기반으로 한 로마 교회의 사상과 조우해 새로운 그리스도 신학을 만든다는 의미다. 이 신학에서 가장 중요한 기반이 신플라톤주의의 은유적 해석이었다.

은유적 해석은 중세 후반까지 가장 지배적이었으나 르네상스와 종교 개혁을 통해 그 영향력을 잃고, 이때부터 성서의 축자적 해석이 힘을 얻게 되었다. 즉, 빵 다섯 개와 물고기 두 마리로 2만 명의 남녀노소가 배불리 먹었다는 구절을 글자 그대로 믿기 시작한 것은 최근의 일이라는 것이다.

오리게네스는 성서는 세 단계 해석을 통해 그 깊은 의미에 도달할 수 있다고 주장한다. 이 단계는 '축자적 해석', '도덕적 해석' 그리고 '영적인 해석'으로, 인간을 구성하는 3요소인 육체, 정신, 영혼을 지칭한다.

첫째, '축자적 해석'은 이단자들의 해석이라는 주장이다. 한마디로 성서에 등장하는 이야기들, 특히 기적 이야기를 축자적으로 믿는 것은 이단의 해석 방법이라고 폄하한다. 둘째, '도덕적 해석'은 이 이야기를 듣는 사람이 그것을 행동으로 옮길 것인가를 염두에 둔 해석이다. 오리게네스는 도덕적 해석은 초보 그리스도인들의 성서 해석이라고 주장한다. 셋째, '영적인 해석'은 그 이야기가 자신의 삶을 변화시켜 삶의 의미를 깨닫게 하는 해석이다.

첫 번째 축자적 해석의 예는, 예수가 축복한 떡을 제자들이 떼어내자 그 떡이 기적적으로 불어나 2만 명을 모두 먹였다고 생각하고 그것을 있는 그대로 믿는 것이다. 심지어는 그렇게 축자적으로 믿는 것이 신앙인이라고 착각하는 사람들도 많다. 오리게네스의 해석에 의하면 이들은 무지한 자들이다.

두 번째 해석의 예는, 물고기와 빵을 가져온 사람이 그 음식을 혼자 먹지 않고 다른 사람과 나누었더니 기적이 일어난다는 초보 신앙인들의 해석이다. 이 해석은 오늘날의 우리에게 행동강령을 알려주는 도덕적인 의미가 담겨 있다. 가진 자와 가난한 자의 간극이 점점 벌어지는 상황에서 가진 자들이 자신의 소유를 타인과 나눌 때 그 사회에 기적이 일어난다는 가르침이다.

세 번째 해석의 예는, 이 이야기가 각자의 삶에서 어떻게 적용되고 영적으로 변화시킬 것인가를 스스로 깊이 묵상하라는 요구의 영적인 해석이다. 내가 가진 것을 나누는 것은 도덕적으로 옳은 일이지만 그것으로는 충분하지 않으며, 그러한 삶이 나를 변화시키고 내 공동체를 지속적으로 변화시킬 수 있어야 한다는 것이다. 이 영적인 해석은 신과의 부단한 대화를 통해 서서히 삶에 내재되는 수련이다.

오리게네스는 도덕적 해석을 은유적인 해석이라 한다. 은유적인 해석은 영적인 해석에 도달하기 위한 과정이다. 그 해석은 일방적이지도 않고 정답 또한 없다. 각자가 자신의 삶 안에서 그 영적인 의미를 확인하고 찾아야 한다. 성서를 믿는다는 것은 구절의 축자적인 의미를 '믿는다'고 단순히 고백하는 것이 아니라 자신이 고백한 내용을 일상에서 은유적으로 적용시켜 실천하는 것이다.

예수의 인기가 높아질수록 사람들은 그에게 더 많은 기적을 요구했다. 예수는 곧 제자들을 재촉해 배에 태워 자기보다 먼저 호수를 건너가게 했다. 그러고는 민중들에게 각자 집으로 돌아가라고 말한다. 예수가 그들을 돌려보낸 이유는 자신을 돌아보는 시간, 즉 기도를 하기 위해서다. 예수는 홀로 기도하기 위해 산으로 올라간다.

소명은 다른 사람들로부터 주어지는 것이 아니라 자신과 대면하는 시간, 자신의 마음을 깊이 보는 연습을 통해 가능하다. 예수는 이미 날이 저물었는데도 홀로 산으로 올라가 묵상한다. 예수의 삶 중에서 결정적인 순간에 습관처럼 반복되는 행동은 바로 혼자 산에 올라가 행하는 묵상이다.

"예수께서 바다 위로 걸어오시는 것을 보고, 겁에 질려서 '유령이다!' 하였다. 그들은 무서워서 소리를 질렀다."[6]

이 문장을 어떻게 해석할 수 있을까? 오리게네스라면 이 문장을 축자적으로 해석하지는 않을 것이다. "예수가 물 위로 걸었다"는 문장을 은유적으로 해석하면 다음과 같다. 성서에서 물이나 바다는 항상 혼돈을 상징하므로 혼돈의 세상인 물에 빠지지 말라는 뜻으로, 살아가면서 유혹에 빠지지 말고 도덕적으로 살 것을 촉구하는 것이다.

예수는 그를 유령으로 착각한 제자들에게 "안심하여라. 나다. 두려워하지 말아라"[7]라고 말한다. 이때 베드로가 예수를 시험하고자 한다.

> "주님, 주님이시면, 나더러 물 위로 걸어서, 주님께로 오라고 명령하십시오" 하니, 예수께서 "오너라" 하셨다. 베드로는 배에서 내려 물 위로 걸어서, 예수께로 갔다. 그러나 베드로는 거센 바람이 불어오는 것을 보자, 무서움에 사로잡혀서, 물에 빠져 들어가게 되었다. 그때에 그는 "주님, 살려주십시오" 하고 외쳤다.[8]

파도가 아니라 파도를 보고 무서워하는 마음이 베드로를 바다에 빠지게 한 것이다. 예수는 곧 손을 내밀어 베드로를 붙잡고는 "믿음이 적은 사람아, 왜 의심하였느냐?"라고 꾸짖는다.

예수는 우리에게 "당신은 믿음이 있습니까?"라고 묻는다. 이 문장의 의미는 "당신은 삶에 대해 깊이 묵상한 적이 있습니까? 삶에서 가장 중요한 것을 찾았습니까? 그것을 지키기 위해 최선을 다했습니까?"이다. 이것이 믿음이다.

6장

누가 너의 죄를 물었느냐?

γύναι, ποῦ εἰσιν;
οὐδείς σε κατέκρινεν;

"여자여, 사람들은 어디에 있느냐?
너를 정죄한 사람이 하나도 없느냐?"
〈요한복음〉 8:10

수용과
전승

기원전 586년 예루살렘 성전이 바빌로니아제국에 의해 파괴되자, 유대인들은 일련의 책들을 경전으로 수집하기 시작했다. 무너져버린 성전(聖殿)이 아니라 영원히 무너지지 않을 성전(聖傳)을 구축하기 위해서였다. 기원전 515년 페르시아제국의 도움으로 예루살렘 성전이 재건됐지만, 솔로몬 시대의 영광을 회복하기에는 역부족이었다. 기원후 60년 경 『토라』를 비롯해 당시 전해내려오던 예언서, 성문서들을 모아 '타낙(TaNaK)'이라 부르고, 유대교 회당 예배에 사용했다. '타낙'은 그리스도교의 구약성서에 해당된다.

이들은 '타낙'을 통해 유대 국가를 회복하려 했으나 기원후 70년 로마제국은 유대를 침공해 예루살렘 성전을 다시 파괴한다. 랍비들은 경전을 연구하고 해석하여 후대에게 가르치는 것이 자신들의 소명이라 생각했다. 특히 『토라』에 대한 해석이 많이 이루어졌는데 구전으로 내려오던 해석들을 모을 필요성을 느낀 유대인들은 새로운 경전을 만들기 시작한다. 그리고 기원후 200년경 랍비 유다 하-나시(Judah Ha-Nasi)는 『미쉬나(Mishnah)』라는 해석 모음집을 완성한다.

히브리어 '미쉬나'라는 단어는 '반복하여 배우기'라는 뜻이다. 이것은 비록 문헌 형태이지만 애초에 구전 작품이었기 때문에 학생들은 이를 암기하며 공부했다. 『미쉬나』는 '타낙'으로부터 자랑스럽게 거리를 두며, 경전을 인용하지도 않았고 그 가르침에 의존하지도 않았다. 『미쉬나』는 유대인이 무엇을 믿었느냐가 아니라 유대인들이 어떻게 행동하느냐에 관심을 가졌다.

『미쉬나』 안에는 '선조들의 어록(Piqre Aboth)'이라 불리는 부분이 있는데, 이는 전통적으로 내려오는 잠언집이다. '선조들의 어록'의 핵심은 1장 2절에 등장한다.

모세는 시내 산에서 토라를 받았고 그는 그것을 여호수아에게 전달하였다. 여호수아는 장로들에게, 장로들은 예언자들에게, 예언자들은 '위대한 회당' 사람들에게 전달하였다. 그들은 다음 세 가지 원칙을 말한다. "판단을 신중하게 하라. 제자들을 키워라. 그리고 토라에 울타리를 쳐라."[2]

유대인들은 『토라』나 십계명과 같은 경전의 신성성과 무결성을 강조하기 위해 신이 하늘에 보관하고 있던 서판을 직접 지상의 모세에게 전달해주었다고 믿었다. 특히 바리새인들은 로마제국 아래에서 자신의 생존과 정체성을 보존하기 위해 『토라』의 신성성을 더욱 강조했다.

바울은 당시 최고의 바리새인 중 한 명이었다. 신약성서 중 바울 서신서로 알려진 책들은 복음서보다 먼저 기록됐다. 바울은 유대 종교의 한 분파로 시작한 예수 운동을 당시 지중해를 지배하던 헬레니즘에 편입시키려 노력했다. 그는 예수 운동이 이스라엘에서 지속되기는 어렵다고 판단해 헬레니즘의 도시인 소아시아(터키)의 그리스 도시들에 편지 형식으로 글을 남겼다. 그가 사용한 언어는 아람어가 아니라 그리스어였다.

바울의 전략적 선택은 팔레스타인의 동네 종교였던 그리스도교가 그리스와 유럽을 거쳐 세계 종교로 탈바꿈하는 데 결정적인 역할을 한다. 바울이 없었다면 그리스도교는 이미 오래전에 사라졌을지도 모른다. 예수는 아마도 당시 지식인들만 사용하던 그리스어로 말을 하거나 쓰지는 못했을 것이다. 예수 제자들도 당시 지식인이 아닌 보통사람들이었기에 예수와 아람어로 소통했다. 그러므로 네 권의 복음서는 예수가 제자들과 나누었던 아람어 어록들을 중심으로 후에 복음서 저자들이 그리스어로 옮겨 쓴 번역본이다.

바울은 그리스어를 사용하는 소아시아 시민들에게 예수의 말을 전달하면서 그 말의 신빙성을 강조하기 위해 위 구절에서 '받았다'라는 의미의 아람어 '까발(qabal)'을 '파라람바노(paralambano)'라는 그리스어로 표기했다. 이 단어의 의미는 '(전통을) 수용하다/받다'이다. 유대교나 그리스도교 전통에서 이렇게 수용된 경전을 '공인 원문(textus receptus)'이라 한다.

'선조들의 어록'에 등장하는 두 번째 동사는 '건네주었다'이다. 이 말의 아람어/히브리어 동사는 '마사르(masar)'다. 마사르는 자신이 다른 사람으로부터 받은 물건이나 말, 특히 관습이나 전통을 전달한다는 의미다. '선조들의 어록'에 의하면 모세는 자신이 받은 『토라』를 여호수아에게, 여호수아는 장로들에게, 장로들은 예언자들에게, 예언자들은 '위대한 회당'의 멤버인 산헤드린 학자들에게 넘겼다. 마사르에는 '카발라(Kabbalah)'와 달리 역동적인 힘이 있다. 카발라가 그 물건을 주는 수여자에게 힘이 담겨 있다면, 마사르는 그 물건을 받는 사람에게 역동성과 변화성이 깃들어 있다.

바울은 마사르의 아람어 동사를 '파라디도미(paradidomi)'로 번역했다. 그는 자신의 서신서에, 자신이 예수를 직접 본 적은 없지만 전해들은(파라람바노) 복음을 소아시아에 살고 있는 그리스인들에게 건네준다(파라디도미)고 기록했다. 마사르에는 수용자 자신이 살고 있는 시대 상황과 실존적 삶의 경험에 비춘 자신의 해석이 들어간다.

성서란 무엇인가? 고전이란 무엇이며, 또 전통은 무엇인가? 그것에는 끼벨(까발의 강세형 동사)[3]과 마사르의 전통이 역동적이며 긴장감 있게 움직여야 한다. 경전을 읽을 때 대부분의 경우 끼벨만을 강조한다. 이 경전의 내용을 전달하는 사제나 학자들도 자신의 마사르를 포기하고 혹은 마사르의 존재를 아예 인식하지도 못한 채 자신에게 전해진 끼벨에만 탐닉한다. 이 과정을 더욱더 혼돈스럽게 만드는 것은, 그들이 참고한 끼벨이 지금 우리가 살고 있는 21세기와는 전혀 다른 지난 세기를 살아온 학자들이 만들어놓은 정치적인 해석, 즉 교리를 바탕으로 한다는 것이다.

성서가 그리스도인들뿐만 아니라 지각 있는 사람들에게 자신의 삶을 깊이 들여다보게 하는 심오한 책이기는 하지만, 많은 경우 왜곡되어 전달되기도 한다. 경전은 한 번도 자신이 인간 삶의 기준이 되려고 노력한 적이 없다.

가슴에 새긴 주홍글씨

자신들이 교육받아온 종교가 편견과 아집이 되어 다른 사람을 정죄하는 무기가 된 내용의 미국 소설이 있다. 이 소설은 부화뇌동하는 인간들이 얼마나 큰 불행을 초래하는지를 여실히 보여준다. 너새니얼 호손(Nathaniel Hawthorne)의 소설 『주홍글씨』의 헤스터 프린은 미국 문학작품에 등장하는 최초의 여성 주인공이다. 성서를 가만히 들여다보면 표면적으로 드러나는 인물들이 남자인 것 같지만 사실은 사라, 라헬, 데릴라, 미리엄, 밧세바, 이세벨, 마리아, 막달라 마리아 등 수많은 여인들이 주인공이다.

호손이 세무서 직원으로 일하던 19세기 미국 뉴잉글랜드에는 랄프 왈도 에머슨과 핸리 데이빗 소로우를 중심으로 등장한 개인주의와 초월주의 사상이 휘몰아치고 있었다. 호손은 새로운 미국을 꿈꾸며 유럽 사상으로부터 완전한 독립을 꿈꾸었다. 그는 자신의 선조인 청교도들이 유럽에서 이고 온 거추장스럽고 냄새나는 고약한 관습과 고질적인 교리를 과감히 대서양에 내버릴 참이었다. 그의

『주홍글씨』는 미국 문학의 독립선언문이다.

『주홍글씨』의 주인공 헤스터는 신비한 여자다. 또한 거룩하면서 세속적이고, 전통적이면서 급진적이고, 의존적이면서도 독립적인 여자다. 얼핏 보면 헤스터는 영웅이라기보다는 희생자인 것 같다. 영국의 명문가 규수인 그녀는 마음에도 없는 남자와 결혼을 한다. 그러다 먼저 미국 뉴잉글랜드로 건너오지만 아무리 기다려도 남편은 오지 않자 목사 딤스데일과 사랑에 빠진다.

그녀의 행동은 17세기 보스턴 청교도들에게는 악이자 죄였다. 이들은 자신들의 욕망을 종교에 투사해 그것을 신이라고 착각하며 사는 자만심에 가득 찬 자들이다. 과거를 사는 사람들의 특징은 사물이나 사람을 허물뿐인 이원론이라는 손쉬운 잣대로 재단한다는 점이다. 그들은 1세기 일부 바리새인들처럼 율법을 따져 자신들이 정한 기준 안에 사람들을 몰아넣고 비인격적인 명칭으로 불렀다. 청교도인들은 헤스터에게 'A'라는 주홍글씨, 즉 낙인을 찍어 모든 사람들이 비난하도록 만든다. 'A'는 '간음(adultery)'의 첫 음절이다.

스스로 거룩하고 완벽하다고 착각하는 청교도인들은 헤스터와 불륜으로 인해 태어난 헤스터의 아기 '펄'을 교수대에 올린다. 그들은 자신들이 정한 엄격한 율법에 근거해 그녀를 마치 '죄인'인 양 교도소에 가두고 재판을 진행한 뒤 스스로 자신들을 신격화해 '신의 심판'을 언도한다. 그녀를 3시간 동안 교수대 위에 세워둠으로써 불특정 다수의 구경거리가 되게 해 그녀에게 씻을 수 없는 정신적인 상처를 남기고자 한 것이다.

사실 교수대는 청교도인들이 자신의 콤플렉스를 감추기 위해 세

위놓은 장막이다. 아직 갓난아기인 펄을 안고 교수대 위에 서 있는 헤스터의 모습은 인간이 집단적으로 얼마나 잔인하고 사악해질 수 있는지를 여실히 보여준다. 그들 개개인에게는 양심이 있었을 것이다. 그러나 그들이 집단을 이루자 훨씬 사악해짐으로써 아무것도 알지 못하는 어린 아기에게 인격적 사형선고를 내린 것이다.

청교도인들은 불륜으로 태어난 어린 자식 '펄'을 안고 교수대 위에 서 있는 헤스터를 바라본다. 그들을 흥분시킬 결정적인 단서는 그녀의 가슴에 찍힌 'A'라는 낙인이다. 간통죄를 범한 자는 가슴에 'A'라는 주홍글씨를 새기고 모든 사람들이 보는 앞에서 형벌을 받아야만 한다. 시민들은 이 불쌍하고 '더러운' 영혼들을 보면서 자신들은 이들보다 선하고 깨끗하다고 스스로를 위안하며 잠시나마 위선적인 우월감을 만끽하는 것이다.

『주홍글씨』의 또 다른 주제는 남성 주권에 대한 도전이다. 헤스터는 남성 중심 사회에 정면으로 도전한다. 19세기 페미니즘은 미국을 새롭게 규정하는 근간이었다. 1848년 뉴욕에서 처음으로 여성 인권 모임이 개최됐다. 『주홍글씨』는 그로부터 2년 뒤 출판되었으며, 미국 여성들이 남성 중심 사회에 처음으로 도전을 감행했다. 여성 스스로 과학, 정치, 철학을 남성들로부터 그대로 수용하지 않고 자신들만의 방식으로 실존적인 해석을 하기 시작한 것이다. 『주홍글씨』는 여성이라는 문화적 족쇄를 풀고 자신만을 위한 세계를 간구할 때 도달하는 권력에 대한 문학적인 묵상이다.

이후 헤스터는 옷에 자수를 놓는 조그만 사업을 시작한다. 남들이 만들어놓은 낙인으로, 다른 사람의 기준으로 사는 여성이 아니라 스스로 자신의 운명을 수놓는 삶의 지배자가 된다. 청교도인들은 헤스터의 딸인 펄을 사생아란 이유로 떼어놓으려 하지만 그녀는 필사적으로 아이를 지킨다. 펄은 한순간에 생긴 아이지만 지고한 사랑의 결실이며, 헤스터의 삶의 지향점이기 때문이다.

펄은 복음서에 등장하는 천국이다. 예수는 천국을 "밭에 숨겨진 보화"라고 말한다. 남들이 천하고 흔하다고 생각하는 밭이라는 일상은 소중한 보화가 담겨 있는 터전이다. 예수는 천국을 "값진 진주(pearl, 펄)를 구하는 장사"라고 말한다. 헤스터에게 펄은 자기 스스로 찾은 사랑과 희망의 상징이다. 보스턴의 다른 여인들은 점점 헤스터의 삶과 정신을 흠모하게 된다.

헤스터는 펄의 아버지가 누구인지에 대해 심문받지만 침묵한다. 그녀의 사랑은 은밀하기 때문에 위대하다. 반면에 그녀의 열정적인 사랑을 한 몸에 받은 목사 딤스데일은 자기 자신이기를 포기하고 교리에 감금되어 겨우 숨만 쉬는 불쌍한 인간이다. 엄격한 심문에도 헤스터는 펄의 아버지를 밝히지 않는다. 딤스데일은 마땅히 헤스터와 같이 형벌을 받아야 하지만 헤스터가 그의 이름을 밝히지 않자 그는 화를 모면한다. 그에게는 자수하고 형벌을 받을 만한 용기가 없었다. 그러나 신의 길을 설교하며 사람들로부터 존경받는 목사인 그는 죄의식에 시달려 매일 밤 잠을 설치며 점차 쇠약해져간다.

헤스터와 딤스데일은 사람들의 눈을 피해 숲속에서 만난다. 딤스데일은 헤스터에게 주홍글씨가 새겨진 휘장을 벗어버리고 자기와 함께 도망가자고 제안한다. 호손은 이 장면을 다음과 같이 표현한다.

본능적으로 헤스터는 자신의 머리를 가두고 있었던 형식적인 모자를 벗는다. 그러자 그녀의 머리가 어깨까지 쭉 내려왔다. 검고 풍부한 머리카락. 그 순간에 그 머리카락으로 그림자와 빛이 생겨나고 헤스터의 자태에 부드러운 매력을 발산했다.

헤스터는 남성들의 감정과 행동을 표현하는 도구인 동시에 사회 속에서 여성들의 지위에 대한 우리들의 감정을 드러내는 거울이다. 헤스터는 자신에 대한 형벌이 끝났음에도 불구하고 계속해서 주홍글씨를 달고 다닌다. 보스턴에서 자수 사업을 시작하면서 그녀의 가슴에 달린 주홍글씨는 더 이상 세상 사람들의 조소와 악의를 자극하는 오명이기를 멈춘다. 주홍글씨는 과거의 슬픔인 동시에 오늘의 그녀를 만들어준 경외심과 존경의 상징이다.

관습과 전통을 거부한 예수

당시 이스라엘인의 정신적인 지도자였던 유대 율법학자와 바리새인들은 과거의 기록과 해석 그리고 이것을 토대로 만들어진 관습을 유지하려 했다. 이들은 모든 이스라엘인들이 『토라』의 내용을 잘 숙지해서 그대로 실천하며 생활하는 것이 가장 이상적인 삶이라고 가르쳤다. 랍비들은 많은 제자들을 모아놓고 『토라』에 대한 자신들의 생각을 반복해서 가르침으로써 듣는 사람들의 마음에 자신들의 해석을 각인시키려 했다. 그래서 이들에게 '반복한다'는 말은 '가르친다'는 말과 같다. 율법학자와 바리새인들을 아람어로 '타나임(tannayim)', 즉 '따라하는 사람들/반복하는 사람들'이라 한다.

이 유대 전통은 기원후 10~220년 『토라』에 대한 해석이 고정될 때까지 지속됐다. 이들은 예루살렘 성전 바깥 뜰에 위치한 '배움의 집'에서 사람들을 가르쳤다. 〈누가복음〉 2장 46절은 예수의 어린 시절을 기록하며 이 학교에 대해 언급한다. "그는 선생들 가운데 앉아서, 그들의 말을 듣기도 하고, 그들에게 묻기도 하고 있었다." 랍비는 높은 곳에 앉아 학생들을 그 앞에 반원형으로 앉게 하고는 대화를 주고받으며 가르친다. 학생들이 할 일은 두 가지다. '배운 것을 모두 암기하는 일'과 '배운 것만을 암송하고 가르치는 일'이다.

하지만 예수는 책이나 전통에 의지하지 않고 자연과 자신에 대한 성찰을 통해 깨달음을 얻었다. 예수가 당시 유대학자들과 달랐던 부분은 〈요한복음〉 7장 53절~8장 11절에 등장하는 '간음하다 잡힌 여인(Pericope Adulterae)' 이야기에 잘 나타나 있다. 여기에서 대결하는 두 당사자는 예수라는 한 청년과 율법학자들과 바리새인들이다.

이른 아침에 예수가 성전으로 들어가니 많은 백성이 모여들었다. 예수가 앉아서 그들을 가르치자 율법학자와 바리새인들이 간음하다 잡힌 여자를 끌고 와 '가운데'에 세워놓고는 예수에게 질문한다.

"선생님, 이 여자가 간음을 하다가, 현장에서 잡혔습니다. 모세는 율법에, 이런 여자를 돌로 쳐서 죽이라고 우리에게 명령하였습니다. 그런데 선생님은 이 일을 놓고 뭐라고 하시겠습니까?"[4]

그러자 예수는 몸을 굽혀서 손가락으로 땅에 무엇인가를 썼다. 유대학자들이 다그쳐 묻자, 예수는 다음과 같이 말한다.

"너희 가운데서 죄가 없는 사람이 먼저 이 여자에게 돌을 던져라" 그러고는 다시 몸을 굽혀서, 땅에 무엇인가를 쓰셨다. 이 말씀을 들은 사람들은, 나이가 많은 이로부터 시작하여 하나하나 돌아가고, 마침내 예수만 남았으며, 그 여자는 그대로 서 있었다.[5]

이 이야기에는 몇 가지 아이러니가 존재한다. 유대학자와 바리새인은 왜 간음 현장에서 여자만 잡아왔는가? 이 여자와 간음한 상대 남자는 어디에 있는가? 당시 유대 율법은 남성 중심적으로 작성되었으며 여자는 항상 무시하거나 약탈해도 되는 대상이었다. 여자만 잡아왔다는 것은 자신들의 욕망을 해소하는 대상을 법정에 세움으로써 관습이 부여한 자신들의 사회적, 도덕적 우월감을 확인하려는 것이다.

게다가 당시 로마제국은 유대인들의 종교와 법률 전통을 무시해왔다. 그들의 생명줄인 유대 민족성과 정체성은 허물어지고 있었다. 유대학자들은 이 가엾은 여인을 돌로 쳐 살해함으로써 허물어져가는 자존심을 재건하려는 것이다. 힘없는 대상을 희생시키는 인간의 관행은 오래된 습성이다. 인간의 내면에는 자신에게 활기를 부여하기 위해 약한 대상에게 린치를 가하고 살해함으로 새 힘을 얻는 호모 네칸스(Homo Necans), 즉 '살해하는 인간'의 본성이 있다. 유대 학자들은 이 여자를 어떻게 처리해야 하는지 잘 알고 있었다. 그들은 모세 율법에 간음하다 잡힌 여인은 돌로 쳐서 죽이라고 기록되어 있다고 말하며 예수에게 율법 조항까지 친절하게 알려준 후 그의 대답을 기다린다.

그러자 이 긴박한 순간에 예수는 몸을 굽혀 땅에다 손가락으로 무언가를 쓴다. 왜 그는 이러한 행동을 했을까? 성전 앞뜰에 사람들을 모아놓고 대화를 나누던 예수는 갑자기 찾아온 율법학자와 바리새인들로 인해 한순간에 여인의 운명을 결정해야 하는 재판관이 됐다. 그러한 상황에 예수가 땅 위에 쓴 내용은 무엇일까? 예수는 자신의 말과 행동의 숨겨진 힘을 통해 성난 군중들에게 무언가를 강력하게 표시했음이 분명하다. 그의 말과 행동에 담긴 숨은 뜻은 무엇인가?

많은 학자와 화가들이 예수의 이 행동을 해석한 내용은 크게 두 가지로 나눌 수 있다. 하나는 시간을 벌기 위해, 또 유대학자들이 만들어놓은 이 상황에 대한 불쾌감을 표시하기 위해 알 수 없는 낙서를 한 것이라는 주장이다. 다른 설명은 그가 실제로 글을 썼다는 주장이다. 여기에 사용된 그리스어 '카타그라펜(katagraphein)'이라는 단어는 실제로 글자를 쓰는 행위를 말하므로, 예수가 여인을 데려온 유대학자들과 지도자들의 죄명을 썼다는 주장이다. 특히 〈출애굽기〉 23장 1절에 등장하는 "너희는 근거 없는 말을 해서는 안 된다. 거짓 증언을 하여 죄인의 편을 들어서는 안 된다"와 같은 내용을 썼을 것이라고 추정한다.

만일 예수가 어떤 특정한 구절을 썼다면, 모든 사건을 정확하게 기록하려는 〈요한복음〉 저자는 그 내용을 분명히 기록했을 테지만 그는 예수의 글을 읽을 수 없었을 것이다. 그러므로 글의 내용보다 무언가를 쓰는 행동이 더 중요하다. 예수가 무언가를 쓰려는 행동은 그 자체가 하나의 상징이며 결정적인 상황에 대한 예수의 윤리적인 반응이다.

예수의 이 상징적인 행동은 그가 처한 배경을 고려하면 쉽게 이해할 수 있다. 유대인들이 이 여인을 끌고 오기 전, 예수는 이른 아침 성전으로 들어갔다. 많은 사람들이 그를 알아보고 모여들기 시작했다. 예수가 가운데 앉고 사람들이 그 앞에 반원으로 앉아 그의 이야기를 경청했다. 바로 그 순간에 율법학자와 바리새인들이 여인을 끌고 와서는 "그 가운데" 세워놓았다. 그들은 그 중심에 여인을 데려다놓음으로써 평화로운 원을 부수고 정죄와 판단의 기준인 율법과 종교의 구태의연한 구조로 변화시킨다. 홀로 서 있는 여인의 생사여탈권은 이 유대 지도자들이 쥐고 있다. 그들은 또한 예수를 곤란한 처지로 몰아놓고는 그의 권위와 카리스마를 무너뜨리려 한다.

이 순간, 예수는 몸을 굽혀 손가락으로 땅에 낙서를 한다. 이 행동은 서기관들과 바리새인들의 작업인 경전을 필사하는 흉내를 내는 것이다. 예수의 행동은 여인에게 쏠려 있는 군중들의 시선을 한순간에 그에게 향하게 한다.

"죄 없는 사람만이 이 여자에게 돌을 던져라"

낙서를 하던 예수는 몸을 일으켜 여인과 유대인들을 보며 이렇게 말한다. "너희 가운데서 죄가 없는 사람이 먼저 이 여자에게 돌을 던져라." 그런 뒤 그는 몸을 굽혀 다시 땅에 무언가를 쓰기 시작했다.

예수가 한 이 말은 복잡하면서도 심오하고 강력하다. 예수의 낙서가 성난 군중들의 화를 눌렀다면, 예수의 말은 그들의 손에 들린 돌을 여인이 아닌 그들 자신에게 던지게 하는 의미심장한 말이다. 예수는 여인을 둘러싸고 있는 모든 유대인들에게 명령한 것이 아니라 "너희 가운데 죄가 없는 사람"에게 말한 것이다. 여기서 '죄가 없다'는 의미는 현재 죄를 짓고 있지 않다는 뜻인가? 혹은 과거에 죄를 한 번도 범하지 않았다는 뜻인가?

예수의 이 애매한 대답은 유대 군중들의 이분법적이고 악의적인 의도와는 전혀 다르다. 그들은 이제 집단이 아닌 개체로서 자기 자신이 죄가 없는지 돌아본다. 다른 사람에게 향했던 판단을 자기 자신에게로 돌리는 것이다.

집단적으로 과거 전통에 자신들을 속박했던 유대인들은 이제 개체가 되어 자기 자신을 응시하게 된다. 예수는 여기서 한 걸음 더 나아가 개인을 강조한다. 다른 사람들과 섞여 자신의 익명성을 유지한 채 집단 마조히즘을 즐기던 군중에서 벗어나 개인으로 홀로 서라고 촉구한다. 자신의 생각을 행동으로 옮기지 못하는 것은 잘못된 일이며 해서는 안 되는 일이다.

예수의 말에 사람들은 군중이라는 그림자에서 나와 자신의 모습을 적나라하게 보기 시작한다. 나이가 많은 사람부터 하나둘씩 돌을 내려놓고 집으로 돌아간다. 군중을 동원해 예수를 곤경에 빠뜨리고, 간음한 여인을 모세 율법으로 살해하려던 이념에 사로잡힌 민족주의적 종교인들과 지식인들은 자신들의 공작이 실패로 돌아간 것을 직감하고 이내 사라진다. 마침내 예수와 여인만 남는다. 그제야 예수가 일어나 묻는다.

"여자여, 사람들은 어디에 있느냐? 너를 정죄한 사람이 하나도 없느냐?"[6]

그러자 여자는 말한다. "주님, 한 사람도 없습니다." 예수가 그 여인에게 말한다.

"나도 너를 정죄하지 않는다. 가서, 이제부터 다시는 죄를 짓지 말아라."[7]

예수는 당시 랍비 전통 안에서 훈련을 받았지만, 그는 그 전통에 얽매이지 않았다. 그는 인간의 내재적인 힘을 키우고 그 힘을 믿는 것이 삶의 가장 중요한 원칙이라고 생각했다. 예수는 자신에게 집중하고 자신을 깊이 신뢰하는 것, 이것이 사람들을 근본적으로 변화시킨다고 말한다. 그는 오늘날의 우리에게 다음과 같이 말한다.

"당신을 정죄한 유일한 인간은 당신뿐입니다. 이제부터는 당신에게 주어진 고유한 삶을 찾아 사십시오. 그 길에서 떠나지 마십시오."

7장

너는 입맞춤으로 나를 넘겨주려고 하느냐?

φιλήματι τὸν υἱὸν τοῦ
ἀνθρώπου παραδίδως;

열두 제자 가운데 하나인 유다라는 사람이 앞장서서
그들을 데리고 왔다.
그는 예수께 입을 맞추려고 가까이 왔다.
예수께서 그에게 말씀하시기를
"유다야, 너는 입맞춤으로 인자를 넘겨주려고 하느냐?" 하셨다.
〈누가복음〉 22:47~48

브루투스의
동전

브루투스의 동전은 서양 고대사에서 일어났던 가장 충격적인 배신 사건을 증언한다. 기원전 44년에 일어난 한 암살 사건을 기념해 주조된 이 동전의 한 면에는 로마 황제 율리우스 카이사르(Julius Caesar)를 살해한 암살자 중 한 명인 마르쿠스 브루투스(Marcus Junius Brutus)의 옆모습이 새겨져 있다. 튀어나온 눈두덩과 묵직한 코, 굳게 다문 입 그리고 커다란 귀와 툭 튀어나온 목젖까지 전형적인 로마 장군의 모습이다.

동전의 다른 면에는 모자를 중심으로 양쪽에 단검이 새겨져 있다. 모자는 노예 상태에서 해방된 로마인에게 주어지는 하사품으로 자유를 상징하며, 두 단검은 카이사르를 암살했다는 상징이다. 이 밑에

브루투스의 동전

는 'EID MAR'라는 라틴어가 쓰여 있는데, 이 문구는 카이사르 암살 사건이 일어난 기원전 44년 3월 15일을 나타낸다.

　카이사르는 로마 공화정을 대체할 새로운 집권체제를 기획하고 있었다. 그는 폼페이우스를 무찌른 후 권력과 명성을 한 몸에 얻었지만, 기존 질서를 유지하려는 원로원 귀족과는 반목하고 있었다. 결국 브루투스는 카시우스 롱기누스와 60여 명의 원로원 귀족과 함께 원로원 회의에 참석하러 오는 카이사르를 암살한다. 그리고 자신의 얼굴을 넣어 이 사건을 기념하는 동전을 주조했다. 로마 공화정에서는 왕을 신격화하지 않았으므로 살아 있는 사람을 동전에 새겨 넣지 않았다. 그럼에도 동전에 통치자의 모습을 새겨 넣은 행위는 로마 공화정의 정신을 위배해 독재 정치인 왕정을 용인한 셈이다. 실제로 수년 전 카이사르는 자신의 형상을 동전에 새겨 넣어 로마 원로원들이 그를 암살할 결정적인 계기를 마련했다. 브루투스가 카이사르의 잘못된 관행을 그대로 답습했다는 점은 매우 흥미롭다.

　동전의 브루투스 형상 주위에는 'BRVT IMP L PLAET CEST'라는 라틴어 명문이 기록되어 있다. 이 단어들은 완전한 문장이 아닌 약자다. 원 문장을 재구성하면 다음과 같다. 'Brutus, Imperator, Lucius Plaetorius Cestianus.' 여기서 뒤에 등장하는 표현 '루키우스 폴라이토리우스 케스티아누스(Lucius Plaetorius Cestianus)'는 이 동전을 생산한 노동자들을 관리한 주조 공증인의 이름이다. 그의 이름이 동전의 가치를 보장하는 표식인 셈이다.

　맨 앞의 '브루투스 임페라토르(Brutus, Imperator)'는 '군대 사령관, 브루투스'라는 뜻이다. 시저를 암살한 후 브루투스는 로마를 떠나

마케도니아로 도망친다. 그는 여기서 은으로 된 주화를 발행하고 자금과 용병을 모아 다시 로마로 입성할 계획이었다. 그러나 2년 후인 기원전 42년 필리피 전투에서 안토니우스와 옥타비아누스가 이끄는 카이사르파 군인들에게 패한 후 브루투스는 자살한다.

이 동전과 관련된 이야기는 기원전 60년에 시작한다. 카이사르는 크라수스와 폼페이우스와 함께 정치적으로 결탁해 로마 정치를 장악한다. 특히 카이사르는 갈리아 전투에서 승리해 로마의 국경을 영국 해협과 라인 강까지 확장하고 막강한 군사력을 지닌다. 로마 원로원은 날로 세력이 커지는 카이사르를 로마로 소환해 권력의 균형을 유지할 계획이었다. 그러나 카이사르는 이 제안을 거절하고 기원전 49년 군대를 이끌고 루비콘 강을 건너 로마를 공격한다. 루비콘 강은 북쪽에 위치한 골 지방과 남쪽에 위치한 이탈리아 지방을 구분하는 국경이다. 로마 평민들의 전폭적인 지지를 받은 카이사르는 전쟁을 선포하고 3년 만에 정권을 탈취해 공화정을 해산하고 제정으로 변모시키고 있었다.

브루투스는 로마 원로원들과 함께 자신의 동지인 카이사르를 암살하려 했다. 이들은 스스로를 '리베라토레스(liberatores)', 즉 '해방자'라 불렀으며, 카이사르를 암살한다면 왕이 통치하는 독재의 위험으로부터 로마 공화국을 해방시킬 것이라고 믿었다. 기원전 44년 브루투스와 카시우스는 로마 원로원에서 절대 권력을 행사하며 평생 통치자임을 스스로 선포한 카이사르를 암살하자고 결의하기에 이른다. 카이사르는 암살되기 3개월 전에 자신의 이미지를 로마 동전에 새겨 넣음으로 절대 권력자임을 선포한다.

기원전 44년 3월 15일, 카이사르의 통치를 반대하는 로마 원로원들은 폼페이 극장에서 검투사 경기를 개최하고, 카이사르가 그곳을 지나려는 순간 원로원들은 그를 납치해 동편 현관에 위치한 방으로 데리고 간다. 브루투스를 포함한 원로원들은 그곳에서 카이사르를 스물세 번 이상 칼로 찔렀고, 그는 과다 출혈로 사망한다.

배신의 아이콘, 브루투스와 유다

라틴어 '에 투 브루테(et tu Brute)'를 번역하면 "브루투스, 너마저!"이다. 이 문장은 카이사르가 자신을 암살하려는 브루투스에게 던진 말이다. 실제로 카이사르가 급박한 상황에서 이처럼 간결하고 시적인 말을 외쳤는지는 알 수 없다. 이 말을 오늘날까지 회자되도록 만든 장본인은 영국의 문호 윌리엄 셰익스피어다. 그의 희곡 『줄리어스 시저』에서 카이사르(시저)가 죽기 전에 던진 말이다. 그 이후 '에 투 브루테'는 서양 문명에서 친구나 가족과 같은 사람의 배신을 상징하는 문구가 됐다. 카이사르가 가장 신뢰했던 브루투스는 왜 그를 배신하고 살해할 수밖에 없었는가?

로마 역사가 수에토니우스(Gaius Suetonius Tranquillus)는, 카이사르의 마지막 말이 라틴어 문장인 '에 투 브루테'가 아니라 그리스어 문장 '카이 수 테크논(kai su teknon)', 즉 "내 아들아, 너마저!"였다며, 브루투스가 카이사르의 사생아였다고 주장한다. 실제로 카이사르는 브루투스의 어머니 세르빌리아 카이피오니스를 다른 여자들보다 더 사랑했고 신뢰했다. 카이사르는 브루투스를 어릴 때부터 좋아하며 친자식처럼 여겼다. 그러나 카이사르와 브루투스의 나이 차이가 15세밖에 나지 않기 때문에 수에토니우스의 이 주장은 사실일 가능성이 희박하다. 아마도 '카이 수 테크논'이라는 표현도 카이사르와 브루투스의 친밀감을 단적으로 표현한 외침일 가능성이 크다.

브루투스는 자신의 배신이 로마 공화정을 위한 최선의 선택이라고 생각했다. 그는 한 사람에게 절대 권력이 집중되는 왕정이나 제국의 형태를 용납할 수 없었다. 카이사르는 로마 원로원들이 자신을 향해 칼을 휘두르는 모습을 보고 처음에는 강력히 반항했지만, 암살자들 사이에 있는 자신의 동지 브루투스를 보자마자 자포자기해서는 자신의 겉옷을 머리에 뒤집어쓰고 "에 투 브루테"라고 말한 뒤 순수하게 죽음을 맞이했다고 한다.

이 장면은 너무도 충격적이어서 후대 문필가들의 작품 주제로 쓰였다. 단테의 『신곡』「지옥편」에는 브루투스와 카시우스가 '코키투스'라는 지옥에 감금된 장면이 등장한다. 단테는 지옥의 맨 밑바닥을 '통곡의 강'이라는 의미를 지닌 '코키투스'라 명명했다. 지옥의 아홉 번째 단계인 이곳은 얼어붙은 강으로, 배신한 자들이 그 안에 몸을 담그고 목만 얼음 위로 내놓은 채 고통을 받는 장소다. 브루투스와 함께 '코키투스'에 감금된 자는 다름 아닌 예수를 배신한 유다다. 「지옥편」에는 배신이란 사랑과 신뢰를 저버리고 남을 속이는 행위라고 표현되어 있다.

단테는 이 지옥을 다시 넷으로 구분한다. 아담과 이브의 아들이

자 자신의 동생인 아벨을 죽인 인류 최초의 살인자 가인의 이름에서 따온 '카이나', 조국을 배반해 그리스 연합군이 트로이를 파괴하게 만든 트로이 왕자의 이름을 빗댄 '안테노라', 기원전 2세기 마카비 혁명 당시 자신의 장인이며 대제사장인 시몬 마카베우스를 살해한 여리고 장군 프톨레미의 이름을 딴 '프톨로메아' 그리고 예수를 배반한 유다의 이름을 딴 '주데카'가 있다. 이곳은 바로 사탄이 거주하는 장소이기도 하다. 사탄은 세 개의 얼굴과 입을 가지고 있으며 입으로는 유다와 브루투스와 카시우스의 다리를 씹고 있다. 왜 이들은 지옥의 맨 밑바닥에서 고통받고 있을까? 브루투스와 카시우스 그리고 유다는 정말 영원한 저주의 대상일까?

악의 화신이 된 유다

유다는 예수의 12제자 중 한 명이었다. 그러나 성서는 유다가 예수를 제자들과 가진 마지막 식사 전에 이미 그를 은 30냥에 유대 산헤드린 지도자들에게 팔았다고 기록한다. 유다는 자신의 친구이자 멘토이며 신이라고 생각했던 예수를 배신한 것이다. 이 일로 인해 유다는 그리스도교 역사상 가장 저주받은 인간이자 배신자의 상징이 됐다. 유다는 과연 배신자, 도둑 혹은 인간의 모습을 한 악마인가?

'유다'라는 이름은 고대 이스라엘에서 흔한 이름 중 하나다. 그래서 사람들은 그의 고향 '카리옷'이라는 명칭을 붙여 그를 '가룟 유다'라 불렀다. 공관복음서에 등장하는 열두 제자들의 명단을 보면 유다에게는 항상 "예수를 넘겨준 가룟 사람"이라는 설명이 붙는다. 〈요한복음〉에서 유다는 악마이자 예수를 배신할 인물로 묘사된다.

예수께서 그들에게 대답하셨다. "내가 너희 열둘을 택하지 않았느냐? 그러나 너희 가운데서 하나는 악마다." 이것은 시몬 가룟의 아들 유다를 가리켜서 하신 말씀인데, 그는 열두 제자 가운데 하나로, 예수를 넘겨줄 사람이었다.[1]

예수는 자신이 해야 할 마지막 일을 알고 있었다. 40일간의 사막 생활을 하면서 우주의 질서를 깨닫고, 자신의 가르침과 삶을 닮아가길 원하는 사람들에게 지속적으로 가르쳤던 최고의 가치인 '연민'을 충격적이고도 극단적인 행위로 옮기기로 마음먹는다. 유월절은 유대인들에게 가장 중요한 절기이며 이때 사람들은 모두 예루살렘에 모인다. 예수도 제자들과 함께 예루살렘에 입성한다. 그는 강력하고도 선명하게 다가오는 자신의 운명을 감지했다.

예수의 소문을 들은 유대인들이 예루살렘 성문에 구름떼처럼 몰려와 종려나무 가지를 흔들고 "다윗의 자손 예수여! 우리를 구원하소서!"라고 외치며 그를 열렬히 환영했다. 사람들이 원하는 메시아는 자신들을 로마 정치의 압박에서 벗어나게 해줄 군사적 영웅이었다. 유대인들의 이러한 외침을 빌라도를 비롯한 로마 군인들과 유대교 제사장들이 반겼을 리 없다.

예수는 3년 동안 아무런 대가없이, 심지어 가족까지 버리고 자신과 동고동락해온 열두 명의 제자들과 마지막 식사를 했다. 그는 이 만찬이 제자들과의 마지막 식사일 뿐만 아니라 자신에게도 마지막 식사가 될 것임을 이미 감지하고 있었다. 그는 다음 날이면 자신은 로마 군인들에 의해 십자가에 매달려 죽게 되리라는 사실을 어렴풋이 알고 있었던 것이다.

네 개의 복음서 모두 이 장면을 비중 있게 다루고 있다. 〈요한복음〉에 의하면 예수는 한참을 망설이다가 제자들에게 자신이 기획한 사건을 완성하기 위해서는 제자들 가운데 한 명이 자신을 팔아넘길 것이라는 사실을 발설한다. 배반할 사람을 미리 알고 있었는지, 아니면 자신이 하고자 하는 일을 유일하게 이해하고 실행할 사람을 미리 지정해주었는지는 분명하지 않다. 이것을 이해하는 것이 예수 수난의 핵심을 이해하는 열쇠일지도 모른다. 제자들은 예수가 누구를 마음에 두고 말하는 것인지 몰라 어리둥절해 하며 서로 얼굴만 바라보았다.

그때 시몬 베드로가 예수 옆에 앉은 요한에게 그가 누구인지 알아보라는 눈짓을 보냈다. 그러자 요한이 예수에게 바짝 다가가 "주님, 그가 누구입니까?"[2]라고 묻는다. 예수는 "내가 이 빵조각을 적셔서 주는 사람이 바로 그 사람이다"[3]라고 말하고는 빵조각을 적셔 시몬의 아들 가룟 유다에게 주었다. 유다는 최후의 만찬 장면 전에는 거의 언급된 적이 없는 제자다. 바로 이 시점부터 유다는 예수의 십자가 사건을 둘러싼 비밀의 열쇠를 쥔 인물이 된다.

〈요한복음〉 저자는 예수가 빵조각을 적시는 순간 이미 "사탄이 유다에게 들어가" 그의 마음속에 예수를 팔아넘길 생각을 갖게 했다고 기록한다. 그러나 이 문장은 사실 이해하기 힘들다. 유대교에서 사탄은 신의 명령을 따라 움직이는 매개체일 뿐 어떤 일을 독립적으로 도모하지 못한다. 구약성서 〈욥기〉에 등장하는 사탄은 욥을 시험하라는 신의 허락을 받았고, 신약성서에는 예수가 사막에서 묵상 기도를 시작할 때 '성령'에 이끌려 사막에 가서 사탄에게 시험을 받았다고 증언한다.

"사탄이 유다에게 들어갔다"라는 표현은 무엇을 의미하는가? 만일 예수가 빵조각을 베드로에게 주었다면 유다가 아닌 베드로가 배신을 했을까? 아니면 예수가 그 빵조각을 주었기에 가룟 유다가 배신을 하게 된 것일까? 그도 아니면 예수는 이미 유다와 이 일에 대해 사전 조율을 했었던 것일까? 이 문장이 무엇을 의미하는지 정확하게 알 수는 없지만 예수는 바로 유다에게 단호한 어조로 명령을 내린다. "네가 할 일을 어서 하여라."[4] 다른 제자들은 예수가 유다에게 하는 말을 이해하지 못했다. 몇몇 제자들은 유다가 돈을 관리하고 있었으니 다음 날이면 시작되는 유대 명절을 위해 물건을 구입하거나 물건을 사지 못하는 가난한 자들을 위해 무엇을 하라는 말로 이해했을 것이다.

유다는 다른 제자들이 모두 만찬 자리에 앉아 있는 가운데 홀로 일어나 밖으로 나간다. 그날 밤 (혹은 만찬 전에) 그는 예루살렘 성전의 제사장들과 만나 예수의 체포를 계획하고 그 유명한 '은 30냥'을 대가로 받는다. 몇 시간 후 예수는 겟세마네 동산에서 체포되고, 유다는 자신이 한 일을 깊이 후회하며 제사장들에게 돌아가 돈을 돌려주려 한다. 그들이 유다의 제안을 거절하자, 유다는 은 동전을 바닥에 내던지고 예수가 십자가에 처형되기 전에 먼저 목을 매 자살한다.

왜 유다는 이러한 운명을 져야 했을까? 만일 이 행동이 인류를 구원할 수 있는 그리스도 수난 과정의 시발점이라면 예수의 수난사를 처음부터 다시 살펴보아야 한다. 유다는 진정 단테의『신곡』「지옥편」에 등장할 만큼 저주받아 마땅한 인물인가?

유다복음의
발견과 재평가

지난 2,000년 동안 그리스도교에서 유다는 악의 화신이었다. 그러나 최근 고고학적인 발견으로 유다에 대한 재평가가 시작됐다. 1978년 이집트의 한 무덤에서 보물을 찾던 농부들이 오래된 '코덱스(codex)' 하나를 발견한 것이다. 코덱스는 두루마리와는 달리 페이지 번호가 적혀 있는 일종의 책이다. 이 코덱스는 고대 이집트어의 마지막 단계인 콥트어로 기록되어 있다. 학자들은 이 코덱스를 기원후 3~4세기 것으로 추정하며, 신약성서의 다른 복음서들처럼 기원후 2세기경 그리스어로 기록된 문헌을 콥트어로 번역한 것으로 분석한다.

이 코덱스는 발견되었을 당시에는 보전 상태가 훌륭했으나 이후 23년 동안 악명 높은 중동의 고문서 시장을 돌아다니다 보니 상태가 심각해졌다. 한 구매자는 이 코덱스를 오랫동안 냉장고에 보관해 어떤 부분의 글자는 잉크가 번져 알아보기 힘들거나 가로로 반이 갈라져 너덜너덜한 상태가 됐다. 코텍스는 2001년부터 고문서 복원가들의 손을 거쳐 재탄생했다. 물론 일부는 휴지조각으로 남겨져 있어 많은 구절이 복원이 불가능하다.

이러한 고고학적인 발굴이 등장할 때마다 21세기 성서학자들은 매우 긴장한다. 이스라엘 사해 근처에서 발견한 '사해사본(Dead Sea Scrolls)'이나 이집트 사막에서 발견한 '나그함마디(Nag Hammadi) 문헌'은 그리스도의 교리가 성립된 기원후 3~4세기 이전의 글들로서 그리스도를 다양하게 이해한 그리스도교 공동체들의 문헌이기 때문이다. 우리는 성서를 서양 교회 중심의 교리라는 시각으로 이해하도록 강요당해왔다. 그러나 이 문헌들은 교리가 형성되기 이전의 것으로 생기가 넘치고 기발하며, 다양한 사람들이 자신의 철학과 예수와의 연결성을 바탕으로 이해한 예수의 기록을 여과 없이 선사한다.

1978년에 발견된 코텍스는 그것을 소유하고 있던 골동품업자 프리다 누스베르게 차코스(Frieda Nussberger-Tchacos)의 이름을 따 '차코스 사본(The Codex of Tchacos)'이라 한다. 이 중 한 문헌이 26쪽으로 이루어진 〈유다복음(The Gospel of Judah)〉이다.[5] 이 코텍스를 누가 기록했는지는 알 수 없지만 분명한 사실은 유다에 관한, 그리고 유다를 위한 복음서라는 사실이다. 여기에 등장하는 유다는 우리가 신약성서를 통해 보았던 유다와는 전혀 다르다. 이 기록에서 유다는 예수를 은 30냥에 넘긴 그리스도교의 악의 화신도, 단테가 이해한 최악의 배신자도 아니다. 여기서 그는 예수의 지상 임무를 완벽하게 이해한 유일한 제자다.

차코스 사본은 다른 '나그함마디 문헌'들처럼 영지주의파로 알려진 한 그리스도 종파의 글이다. 기원후 2세기 그리스도교는 유대교의 한 분파 혹은 이단으로 취급받았다. 더욱이 그리스도교 내 여러 종파들이 등장해 각자 자신들만이 예수로부터 정통성을 이어받았다고 주장하며, 자기들의 특정한 신학적 노선과 달리하면 상대방을 이단으로 정죄하던 시기였다. 그리스도교의 다양성과 가능성을 살펴보기 위해서는 당시 여러 종파의 주장을 깊이 연구해야 하고, 어떤 특정한 종파가 자신들의 주장을 '교리화'하며 이른바 '정통'이 되었는지를 살펴보아야 한다.

기원후 4세기 그리스도교는 로마제국의 국가 공인 종교가 되었고, 그러면서 다양한 종파들이 하나둘씩 떨어져 나가 결국 살아남은 한 종파의 '교리'가 정통이 됐다. 이 종파는 사실 신학적으로 '중도파'였다. 이들은 유대인의 경전인 히브리 성서(구약성서)와 예수가 선포한 새로운 복음을 둘 다 수용했다. 그들의 가장 중요한 신학 사상이며 다른 종파와 자신들을 구분시키는 핵심 교리는 다음 두 가지다. 첫째, 예수는 신이면서 동시에 인간이다. 둘째, 인간에게는 인류 조상으로부터 내려오는 원죄가 있다.

초대 교회의 교리가 만들어질 당시 역사적인 상황을 감안하면 이러한 교리가 나올 법도 하다. 하지만 21세기에는 그와 같은 교리는 수정되어야 마땅하다. 그들은 예수의 언행을 담은 수많은 복음서 중 일반 대중이 쉽게 이해할 수 있는 네 개의 복음서를 그들의 경전으로 받아들였다. 이것이 바로 〈마태복음〉, 〈마가복음〉, 〈누가복음〉 그리고 〈요한복음〉이다.

영지주의자들은 히브리 성서를 무시하며, 악이 존재하는 세상을 창조한 조물주도 악의 화신이라 생각하는 독특한 세계관을 지녔다. 그럼으로써 히브리 성서에 등장하는 우주를 창조한 신을 악으로 규정한다. 그들에게 구원은 믿음이나 행동이 아니라 그들에게만 특별히 계시된 '그노시스(gnosis)'라 불리는 비밀 지식이다. 〈유다복음〉을 이해하는 열쇠는 이 그노시스의 개념을 이해하는 데서 시작한다.

〈유다복음〉에 따르면 예수는 육체를 지닌 존재가 아니라 영적인 존재다. 영적인 예수는 죽을 수 없을 뿐만 아니라 부활할 필요도 없다. 영적인 존재인 예수는 유다에게 인간의 육체에 감금되어 있는 자신의 영을 풀어달라고 요구하고, 유다는 예수의 이 요구를 따랐을 뿐이다. 〈유다복음〉은 지난 2,000년 동안 배신의 상징이었던 유다를 예수의 12제자 중 유일하게 예수가 이 세상에 온 목적을 이해한 제자로 묘사한다. 유다에 대한 평가보다 더 충격적인 내용은 예수에 대한 묘사다.

복음서에 등장하는 예수는 진실하고 연민에 넘치는 인간이다. 그러나 〈유다복음〉의 예수는 제자들을 무시하고 창피를 주며 농담을 일삼는다. 예수는 제자들의 어리석음을 세 번씩이나 비웃는다. 첫 번째, 예수는 정성을 다해 유월절 예배를 드리고 있는 제자들의 모습을 보고 비웃는다. 자신들의 신실한 의례 행위를 비웃는 예수의 행동을 제자들은 이해할 수 없었다. 그들은 자신들이 행해야 할 의례를 행하고 있었다고 말한다. 그러자 예수는 "너희들은 너희들의 신에게 예배드리고 있다"고 말한다. 이에 제자들은 "당신은 그 신의 아들이 아닙니까?"라고 말한다. 이때 예수가 정색하며 "너희들이 나를 안다고 생각하는 근거가 무엇이냐? 내가 진정으로 너희들에게 말한다. 이 세대에 살고 있는 너희들은 결코 나를 이해하지 못할 것이다"라고 대답한다. 예수는 자신과 동고동락하는 제자들이 자신을 이해할 수 있는 영적인 지식을 가지고 있지 않다고 말하는 것이다.

다음 날, 제자들이 예수에게 '하늘나라'에 관해 묻자 예수는 다시 그들을 비웃는다. 예수는 그들뿐만 아니라 어떤 인간도 '하늘나라'에 결코 들어가지 못할 것이라고 말한다. 그의 말에 제자들은 할 말을 잃는다. 제자들은 예수가 인류를 구원하기 위해 이 세상에 왔다고 믿었다. 예수는 자신의 주장을 약간 수정해 소수의 인간들만이 '하늘나라'로 갈 수 있다고 말한다. 이 소수의 인간들이 바로 '영지주의자'다.

〈유다복음〉은 예수와 제자들의 대화 그리고 예수의 우주 창조에 관한 강의로 구성되어 있다. 이 이야기는 〈창세기〉 1~2장에 등장하는 내용과 전혀 다르다. 〈유다복음〉에서 신은 우주를 창조하지 않았다. 신은 한 명의 천사를 창조했고 그 천사가 다른 수많은 천사를 창조한다. 거기에는 열두 개의 '이온들'('세대'라는 의미를 지닌 시간)과 72개의 별이 생긴다. 72개의 별에는 각기 다섯 개의 창공이 있어서 모두 360개의 별이 존재하게 된다. 그러나 이 우주가 모두 '오염'이며, 특히 지구는 난폭한 조물주인 '네브로(Nebro)'와 그의 멍청한 조수인 '사클라스(Saklas)'가 만든 작품이라는 것이다.

이 이상한 문헌이 지금의 그리스도인들에게 무슨 의미가 있을까?

오늘날 많은 그리스도인들이 교회를 떠나고 있다. 특히 20세기 이후 그리스도교는 자신들만의 성을 쌓고 자신들도 이해하지 못하는 교리에 그리스도인들을 구속시킨다. 교회를 떠난 그리스도인들은 그리스도교가 종교적으로 개방되어 삶에 깊은 성찰과 용기 있는 행동을 유발시키는 디딤돌이 되어야 한다고 말한다. 이러한 의미에서 〈유다복음〉은 신이 21세기 그리스도인들에게 주는 선물이다. 다른 영지주의 문서들과 함께 〈유다복음〉은 고정된 교리란 있을 수 없으며, 그리스도교가 탄생할 당시 신학적으로나 문화적으로 다양한 문헌들이 존재해 그리스도교를 형성하는 데 중요한 역할을 했음을 증명한다. 오늘날 종교에 있어서 가장 필요한 가치인 '다양성'을 증언하는 것이다.

〈유다복음〉은 이 다양성뿐만 아니라 또 다른 중요한 가치를 전달한다. 그리스도교에서 가장 미움받는 인물이 이 복음서에서는 예수가 유일하게 인정하는 수제자로 언급된다. 유다에 대한 재평가는 곧 그리스도교가 지난 2,000년 동안 억압해온 집단들, 특히 사회적 약자인 여성, 노인, 식민지인 등 소외된 사람들의 목소리에 귀 기울이는 일이다.

반유대주의와 홀로코스트

유다는 예수를 배신한 제자일 뿐만 아니라 역사적으로 반유대주의와 깊이 연관되어 있다. 예수 사후에 유다는 유대인들의 상징으로 여겨졌다. 동료를 배신하고 돈을 위해서는 무슨 일이든 감행하는 인종의 상징이 바로 유다였다. 유다를 재발견하는 과정은 반유대주의와 홀로코스트에 대한 집단 죄의식의 결과라고 볼 수 있다. 〈유다복음〉은 성서에서 악의 상징이 되어버린 유다를 새롭게 평가하도록 유도한다. 진정 유다는 악당인가, 아니면 희생양인가?

신약성서에서 유다에 대한 부정적인 평가는 점점 심해졌다. 네 개의 복음서 중 가장 뒤에 기록된 〈요한복음〉은 유다를 "멸망의 자식"이라고 간접적으로 언급하며 유다를 예수와 그의 제자들이 모은 공동 경비를 훔치는 인물로 묘사한다.

예수의 제자들과 추종자들은 유대인들이었다. 이들은 유대교의 한 분파로 유대인들이 학수고대하던 메시아가 바로 예수라고 믿었다. 기원전 63년, 로마인들이 유대를 점령한 후 100년이 지나 기원후 66년부터 73년까지 로마의 식민지 정책에 반대하는 대규모 반란이 일어났다. 로마제국은 유대인들의 반란을 강력하게 진압했고, 기원전 522년경부터 페르시아제국의 도움으로 재건된 예루살렘을 다시 파괴했다.

예루살렘은 유대 종교의 중심지일 뿐만 아니라 유대 행정과 법률 그리고 유대의 랍비 문헌의 보관 창고였다. 예루살렘이 다시 파괴되면서 이들의 영적이며 정신적인 기반이 송두리째 사라지고 말았다. 유대인들은 중요한 결정을 해야만 했다. 전통적인 유대인들은 예루살렘에서 도망치면서 자신들의 삶에 가장 중요한 물건인 『토라』 두루마리 사본과 이마와 손목에 차고 있던 성구함을 사해 근처

동굴에 숨겨놓았다. 이것을 '사해사본' 혹은 '쿰란사본'이라 한다.

정통 유대인들로부터 무시당하던 예수 공동체 사람들은 유대인과 거리를 두기 시작했다. 그러면서 로마인들과 우호적인 관계를 유지하는 것이 자신들의 생존을 위한 현명한 판단이라고 생각했다. 그들은 자신들을 유대교와 구분된 '로마 종교'의 하나로 포장하고, 유대인들의 경전과 다른 신의 새로운 약속이자 증언인 신약성서를 기록하기 시작했다. 그리스도인들은 유대인 경전을 더 이상 '토라'로 부르지 않고 '오래된 약속', '구약성서'로 불렀다.

1세기에 들어와 유대인들의 경전인 『토라』는 예수가 메시아라는 신의 약속의 성취인 '구약'이 되었으며, 구약성서는 예수의 탄생, 가르침, 십자가 사건 그리고 부활을 예언하는 증거 자료로 전락했다. 만일 구약성서가 그러한 힌트가 숨겨진 경전이라면, 구약성서의 예언은 신약성서에서 완성됐다.

예수 공동체가 유대 공동체로부터 분리되어 자신만의 정체성을 확립하기는 힘들었을 것이다. 예수는 일생을 충실한 유대인으로 살았으며 예수의 제자들도 모두 유대인들이었다. 그런데 어떻게 이들은 유대인과 자신들을 구분했을까?

예수 공동체가 유대 공동체와 자신들을 구분하는 데 중요한 역할을 한 인물이 바로 유다다. 그는 이 두 공동체를 분리하는 촉매제가 됐다. 2세기 소아시아 프리기아에 위치한 히에라폴리스의 주교였던 파피아스(Papias)는 유다에 대해 다음과 같이 말한다.

유다는 무시무시한 불신앙의 살아 있는 표상이다. 그는 육체를 입고 세상에 와 마차가 쉽게 다닐 수 있는 공간에서조차 걸을 수 없다. 그의 눈 주위는 퉁퉁 부어 의사조차 돋보기를 가지고도 눈을 볼 수 없다. 그의 성기는 창피할 정도로 크고 흉측하며 그것을 통해 온몸으로 고름과 벌레들을 내보낸다.

그리스도교는 2세기에 이미 유다를 유대교와 일치시켜 반유대주의와 반셈족주의를 시작했다. 히브리어로 기록된 구약성서와 그리스어로 기록된 신약성서를 라틴어로 번역함으로써 로마제국의 통치 이념을 제공하는 라틴어 성서인 '불가타'를 완성한 히에로니무스는 유다를 유대인을 상징하는 인물로 묘사하며 "유다는 돈을 좋아하여 예수를 배신하였다"고 말한다. 유대인들이 수전노라는 잘못된 전통은 여기에서 시작된다.

초기 그리스도교의 교부이자 그리스도교의 가장 영적인 설교자로 '황금의 입'이라는 별명을 가진 요한 크리소스톰(John Chrysostom)은 "제가 여러분들에게 유대인들의 노략질, 그들의 시기심, 그들이 장사를 할 때 훔치고 사기 치는 것에 대해 설교하고자 합니다"라고 외친다. 1260년경 이탈리아 제노바의 대주교 야코부스 데 보라지네(Jacobus de Voragine)가 저술한 『황금 전설』에는 유다가 아버지를 죽이고 자신의 어머니와 결혼했다고 묘사되어 있다. 중세 화가들은 그를 백합과 같은 백인 예수와 비교되는 전형적인 유대인의 모습으로 묘사했다.

반셈족주의는 20세기 들어와 인류 최대의 비극인 홀로코스트를 초래했다. 그리스도 감성을 지닌 유럽인들에게 유다의 이미지는 나치가 유대인 인종 청소를 하는 데 결정적인 역할을 하게 한다. 영국 작가이며 독일 작곡가 바그너의 딸과 결혼한 휴스턴 스튜어트 체임벌린(Houston Stewart Chamberlain)은 1899년에 출간한 『19세기의 기초들』에서 예수는 유대인이 아니라고 주장한다.[6] 고대 사회의 갈릴리에는 이주해온 사람들이 거주했는데 예수는 유대인이 아니라 바로 이 이민자의 자손이라는 것이다.

특히 1940년 나치 독일은 반유대주의를 고양시킬 목적으로 선전부장관 괴벨스의 기획하에 〈유대인 쥐스〉라는 영화를 제작한다. 이 영화는 18세기 뷔르템베르크 공작의 재정 고문인 유대인 쥐스 오펜하이머가 돈과 계략을 통해 부당한 이득을 취하다 결국 처형된다는 내용으로, 1945년 종전까지 2,000만 명의 관객을 동원해 반유대주의를 심화시켰다. 이 영화에서 그는 파피아스의 기록처럼 유다를 남의 눈치를 보느라 눈이 튀어나온 인물로 묘사한다.

예수는 제자들과 함께 기드온 골짜기에 있었다. 성큼성큼 다가오는 운명의 시간에 유다가 로마 군인 한 무리와, 대제사장들과 바리새파 사람들이 보낸 성전 경비병들을 데리고 등장했다. 어두운 밤, 그들은 등불과 횃불과 무기를 들고 있었다. 유다가 예수에게 입을 맞추려고 다가가자 예수가 "유다야, 너는 입맞춤으로 인자를 넘겨주려고 하느냐?"라고 말한다.

유다는 예수가 세상에 보여줄 '연민'이라는 가치를 충격적이며 감동적으로 보여주기 위해 존재한 악마가 아니라 〈유다복음〉의 주장처럼 예수의 위대한 마지막 길을 밝혀준 존재는 아니었을까? 단테는 『신곡』「지옥편」에서 유다와 브루투스가 지옥의 맨 밑바닥에서 사탄에게 비참하게 잡아먹히는 장면을 묘사한다. 그러한 반유다 감정은 지난 2,000년 동안 그리스도교의 정체성 확립과 반유대주의와 홀로코스트라는 인류 최대의 비극을 초래했다. 그러한 의미에서 오늘날 〈유다복음〉을 통해 유다를 새로운 각도에서 다시 조망하고, 종교의 다양한 가치에 대해 다시금 생각해보는 시간을 가져야 할 것이다.

8장

무엇이 진리인가?

τί ἐστιν ἀλήθεια;

빌라도가 예수께 "그러면 네가 왕이냐?" 하고 물으니,
예수께서 대답하셨다.
"네가 말한 대로 나는 왕이다. 나는 진리를 증언하려고 태어났으며,
진리를 증언하려고 세상에 왔다. 진리에 속한 사람은,
누구나 내가 하는 말을 듣는다."
빌라도가 예수께 "진리가 무엇이냐?" 하고 물었다.
〈요한복음〉 18:37~38

누가 예수를
죽였는가?

그리스도교의 발생에 있어서 가장 중요한 사건은 바로 예수의 십자가 처형이다. 신약성서 복음서 저자들에 따르면, 예수는 30세에 자신이 생각하는 인간 최고의 가치와 그 가치에 도달하기 위한 패러다임을 깨닫고 그것을 세상에 알리기 위해 자신의 목숨을 내놓는 극단적인 방법을 택한다. 당시 유대는 로마제국에 속한 식민지였다. 로마제국에서는 종교와 정치가 하나였고, 로마 황제가 곧 신이었으며, 황제 숭배라는 토대 위에 제국이 번창할 수 있었다.

유대인들은 민족으로 탄생하는 순간부터 식민지인으로 살아왔다. 유대인의 조상 히브리인은 기원전 13세기부터 11세기까지 이집트인들의 노예였다. 기원전 6세기에는 바빌로니아제국이 예루살렘을 무너뜨리고 이스라엘의 왕족, 귀족, 지식인, 예술가들을 모두 바빌론으로 끌고 가 포로로 삼았다.

그들은 얼마 지나지 않아 다시 페르시아제국의 통치하에 놓였고, 기원전 4세기에는 다시 알렉산드리아의 그리스 식민지인이 됐다. 기원전 1세기에는 다시 로마가 지중해 세계를 통일했다. 예수는 바로 그 로마 식민지 때 태어났다. 이렇게 1,000년이라는 긴 시간 동안 외국인의 통치를 받아온 유대인들은 자신들을 구원해줄 메시아가 오기만을 학수고대했다.

기원후 70년경, 신약성서의 복음서들이 막 기록되기 시작할 무렵에 유대 역사가 요세푸스(Flavius Josephus)라는 인물이 있었다. 그는 66년부터 73년까지 유대 민족주의자들이 로마에 대해 일으킨 반란에 가담해 갈릴리 군대 지휘관으로 싸웠으나 실패하고 로마에 살며 유대인들에 관한 책을 쓰는 일에 몰두했다. 그의 『유대전쟁사』와 『유대고대사』를 보면 1세기에 자신이 메시아라고 주장하는 인물들이 있었으며, 그들은 모두 로마에 의해 혹은 로마가 세운 헤롯 왕가에 의해 십자가형이나 참수형을 당했다고 기록되어 있다.

복음서에서는 예수의 십자가 처형에 관해, 당시 유대 지도자들이 로마에서 파견 나온 총독 빌라도에게 압력을 넣어 그가 마지못해 예수에게 십자가형을 선도했다고 전한다. 빌라도는 예수가 극형에 처할 만큼 죄인이 아니라는 사실을 알고 있었지만 유대 지도자들과의 협조가 유대를 치리하는 데 도움이 된다고 판단해 소극적으로 예수 처형에 가담한 것이다.

유대의 지도자들은 당시 유대교의 교리에 맞지 않는 주장을 일삼고 자신을 '신의 아들'이라 주장하는 예수를 신성모독 죄로 몰아간 장본인들이다. 빌라도는 정말 유대인들의 압력에 마지못해 예수를 처형했을까?

기원후 4세기 로마제국이 그리스도교를 유일한 종교로 수용한 후, 유대인들이 예수를 십자가에 처형했다는 생각은 서양인들의 인식에 깊이 새겨졌다. 그 죄의식은 지난 2,000년 동안 서양인들에게 반유대주의의 원인을 제공했고, 20세기에는 인류 최대의 비극인 홀로코스트를 야기했다.

예수를 십자가에 처형한 장본인은 유대인들인가? 아니면 몇몇 유대 지도자들인가? 그도 아니면 본디오 빌라도로 대변되는 로마제국인가? 이 문제를 본격적으로 탐구하기 위해 우선 빌라도와 관계된 고고학적 유물 두 가지를 살펴보자.

첫 번째 유물은 그렇게 아름답지도 희귀하지도 않은 동전이다. 그러나 이 보잘것없는 동전이 세계사에 있어서 가장 중요한 순간을 증언한다. 'LIZ'라고 쓰여 있는 두 번째 줄의 오른쪽 동전이 제작된

기원후 29년("LIS")

기원후 30년("LIZ")

기원후 31년("LIH")

빌라도의 동전

시기는 기원후 30년, 즉 예수가 로마식 재판을 받고 십자가형에 처했던 바로 그해로 추정된다. 이 동전은 지난 2,000년 동안 예루살렘 땅에 묻혀 있다가 1962년에 발견됐다. 이 동전이 발견된 곳이 예수의 십자가 처형 장소인 예루살렘의 외곽 골고다 언덕 근처라는 점에서 더욱 특별하다.

예수가 활동했을 당시, 유대는 로마제국의 식민지로 어느 정도 자율을 인정받는 자치 정부였다. 하지만 반란이 끊이지 않자 로마는 직접 유대를 통치하기 시작하는데, 이때 유대를 치리한 사람이 바로 빌라도다. 빌라도는 로마의 티베리우스 황제가 기원후 26년부터 36년까지 11년 동안 유대 지방의 총독으로 임명한 군인이다.

아마도 이 동전은 빌라도가 직접 구상하고 주조해 유대 지방에서 표준 주화로 사용했을 것이다. 당시 상인과 노동자들 그리고 예수의 제자들도 이 동전을 호주머니에 넣고 다니면서 물건도 사고 세금도 바쳤을 것이다. 고고학적 발굴을 통해 빌라도가 유대를 치리하는 동안 세 번에 걸쳐(기원후 29, 30, 31년) 동전을 주조했다는 사실이 밝혀졌는데, 이를 통해 빌라도가 유대의 경제에 깊이 관여했음을 알 수 있다.

예수는 유대 자치 정부의 헤롯 왕 때 태어난 것으로 기록되어 있다. 그리고 헤롯은 기원전 4년에 죽는다. 그런데 디오니시우스 엑시구스(Dionysius Exiguus)라는 사제는 그레고리 달력과 줄리안 달력을 기초로 주후와 주전을 가르는 '아노 도미니(Anno Domini, AD)'를 만들면서 실수를 범한다. 예수가 태어난 해는 기원후 1년이 아니다. 그가 33세에 죽었다면 그는 기원전 4년에 태어난 것이 맞다. 0년이라는 개념이 없으므로 그는 기원후 30년에 죽었다.

빌라도가 만든 동전은 로마 동전이지만 동전에 새겨진 글자는 라틴어가 아니라 그리스어다. 당시 그리스어는 기원전 4세기부터 지중해 전역의 국제 공용어이자 학문의 언어였다. 이 동전은 유대교가 위기에 처했을 때 유대 땅에서 일어난 여러 메시아 종교 운동들, 특히 예수와 그의 제자들이 활동했던 시기를 증언한다.

유대교와 그리스도교는 기원후 70년에 돌이킬 수 없는 다른 길로 들어선다. 유대인들의 반란은 로마제국의 베스파시아누스 황제의 아들인 티투스 장군에 의해 진압되고, 예루살렘 성전은 파괴된다. 유대인들은 이제 새로운 길을 모색하기 시작한다. 그들은 예루살렘이라는 장소를 더 이상 삶의 중심으로 여기지 않았다. 그 대안으로 자신들이 의례에서 사용하던 경전 『토라』와 그 경전에 대한 파격적이고도 시의적절한 해석을 등장시킨다.

『토라』에 대한 해석은 그 당시 유대인의 삶을 둘러싼 첨예한 문제들에 실마리를 제공해주어야만 했다. 만일 그렇지 못하다면 더 이상 『토라』가 아니라고 단정했다. 예를 들어 여호수아가 여리고성에 들어가 팔레스타인 사람들을 모두 살해한 사건은 1세기 유대인에게는 아무런 의미도 감동도 그리고 그들의 생존 윤리에도 맞지 않기 때문에 유대인들은 『토라』에 대한 해석에서 이 부분을 과감하게 누락시킨다. 그들은 경전에 대한 자신들만의 해석 전통을 지상의 어떤 세력도 파괴할 수 없는 '영적인 예루살렘'으로 여겼다.

그리스도인들은 더 이상 유대 땅에서만 활동하지 않고 소아시아와 그리스 그리고 유럽으로 활동 영역을 옮겼다. 이들은 바울과 베드로를 통해 예수의 말을 '복음'이라는 형태로 서양에 소개했다. 처음에는 예수가 메시아라고 믿는 사람들끼리의 작은 '예수 운동'이었지만 선교지에서 그리스·로마 문명과 조우하면서 예수에 관한 기록이 그리스어로 번역됐다.

예수의 구어인 아람어가 그리스어로 번역되면서 그리스도교의 많은 개념들은 그리스·로마 문명의 세계관과 유사한 개념으로 대치되었고, 그리스도교는 그 유사 개념어를 바탕으로 로마 세계에 소개된다. 이때가 바로 초기 그리스도교가 형성된 시기이며, 그리스도교는 처음부터 셈족 종교의 한 분파가 아니라 유럽 종교로 변모했다.

바로 이 시기에 빌라도 동전이 통용됐다. 빌라도는 유대 지방의 행정 수도였던 가이사랴(카이사레아)에 거주하고 있었지만 이 동전은 예루살렘에서 주조됐다. 이 빌라도 동전은 35년 동안 유대뿐만 아니라 요르단과 예루살렘에서 500킬로미터 떨어진 안디옥(안타키아)에서도 발견된 것으로 미루어보아 빌라도가 이 넓은 지역을 모두 관할했다고 추측할 수 있다.

빌라도가 어떤 사람이었는지는 이 동전에 새겨진 형상들을 분석함으로써 추적해볼 수 있다. 동전의 한 면에는 당시 로마 황제를 숭배하는 가장 흔한 상징인 '심풀룸(simpulum)'이 새겨져 있다. 심풀룸은 로마 종교 의식을 거행하는 사제가 사용하는 국자 모양의 제기(祭器)로, 희생 제사에 사용할 동물의 머리에 부을 포도주를 맛볼 때 사용한다. 한마디로 '포도주 국자'라 할 수 있다. 제사장이 심풀룸으로 포도주 맛을 본 후에 점쟁이가 나와 신이 보낸 징조가 남아 있는 그 동물의 내장을 검사한다.

빌라도는 자신의 동전에 로마 황제 종교의 가장 핵심적인 제기를 새겨넣은 것이다. 심플룸이 다른 형상 없이 홀로 등장한 것은 빌라도 동전이 처음이다.

심플룸 주위에는 'TIBEPIOY KAICAPOC'라는 문구가 새겨져 있다. 그리스어 대문자로 새겨진 이 비문을 영어로 음역하면 'tiberiou kaisaros'이며, 그 의미는 '티베리우스 황제의'라는 뜻이다. 즉 '이 동전은 티베리우스 황제의 것이다'로 번역할 수 있다.

이 동전은 분명 유대인들의 공분을 샀을 것이다. 유대인들에게 있어서 신을 상징하는 형상은 십계명의 제1조항에도 등장하는 것처럼 터부다. 하지만 빌라도가 만든 동전은 예루살렘을 비롯한 유대 전역에서 상업 활동을 하는 모든 유대인들이 매일 사용해야 하는 주화였다. 유대인들은 자신의 호주머니 속에 있는 로마 황제의 형상을 보며 자신들의 무력함에 분개했을 것이다.

동전의 다른 면에는 '리투우스(lituus)'라는 막대기와 월계관이 새겨져 있다. 리투우스는 점쟁이가 제사를 지낼 때 사용하는 의례용 막대기다. 점쟁이가 리투우스를 하늘을 향해 치켜 올리는 동안 사제들은 로마 신들의 이름을 낭송하고 점을 친다. 그리고 막대기와 혼재되어 동전 가장자리를 둘러싸고 있는 월계관은 권력과 승리의 상징이다.

그 안에 희미하게 쓰인 'LIZ'는 이 동전이 주조된 연도다. 그리스어 L은 '연도'를 의미하고 'I'는 '10', 'Z'는 '7'을 상징한다. 그러므로 'LIZ'는 17년이다. 즉 티베리우스 황제가 제위한 지 17년이 되는 해를 뜻한다. 티베리우스 황제가 기원후 14년 9월 17일에 즉위했으므로 'LIZ'는 정확히 기원후 30년, 즉 예수가 십자가에 처형된 해와 일치한다.

이 동전이 증언하는 것처럼 빌라도는 로마제국이 유대라는 조그만 식민지로 보낸 총독이었을 뿐만 아니라 로마 황제 숭배의 제사장이었다. 그가 로마의 황제 숭배를 얼마나 중요하게 생각했는지 여실히 보여주는 또 다른 고고학적 자료가 있다.

빌라도가
남긴 비문

기원후 4세기 초대 교회가 〈사도신경〉을 작성할 때 "본디오 빌라도에게 고난을 받으사"라는 구절을 삽입했고, 복음서에도 빌라도에 관한 이야기가 등장할 만큼 빌라도의 존재는 중요하지만 유대의 다섯 번째 총독인 빌라도가 실제 인물이라는 증거는 발견되지 않았다.

빌라도가 만든 동전만 봐도 그가 숭배하는 티베리우스 황제의 이름은 있으나 정작 '빌라도'라는 이름은 없다. 이스라엘에 남겨진 어떤 유물에도 그의 이름이 직접적으로 언급되어 있지 않으며, 그에 대한 행정 기록도 없고, 그가 만들었다고 추정되는 수로도 남아 있지 않아 그의 흔적을 찾을 수 없었다.

1962년 여름, 이탈리아 고고학자들이 '가이사랴 마리티마(Caesarea Maritima)' 극장 주변을 정리하다 너비 82센티미터, 높이 68센티미터의 석회암을 발견하게 됐다. 이곳은 헤롯 왕이 '가이사랴 마리티마'라 명명하고 자신의 수도로 정한 곳이다. 여기서 역사상 처음으로 빌라도의 이름이 새겨진 석회암을 발견한 것이다.

가이사랴와 예루살렘은 헤롯이 만든 공공시설 중 최고의 작품이다. 예루살렘은 유대인들을 위해 재건축되었고 가이사랴는 로마인들과 헤롯의 왕가를 위한 거주지였다. 이곳은 헤롯이 자신을 유대 지방의 왕으로 임명해준 로마 황제 아우구스투스에게 헌정하는 도시들 중 하나였다.

이 도시는 지중해 안에 자리 잡아 유대를 또 다른 지중해 세계와 연결시키는 역할을 했다. 가이사랴는 자연 항구가 아니다. 그가 가이사랴에 만든 항구 '세바스토'는 로마에 조공을 바치고 유대 엘리트들을 위해 사치품을 수입하는 창구였다. 여기서 수출하고 수입하는 모든 물건들에 세금을 물리고, 헤롯 자신은 바다가 내려다보이는 곳에 왕궁을 짓고 공공 유흥을 위해 궁궐 앞에 극장을 지었다. 이로써 가이사랴는 헤롯 왕국의 상징이 됐다.

도시 전체는 엄격한 격자 형식으로 나열되어 질서를 유지했고, 건물을 장식하는 문양들은 이곳의 부를 상징했으며, 공공건물들은 사회적이며 정치적인 위계질서를 여실히 드러냈다. 기원전 4년에 헤롯이 죽으면서 그의 아들들이 유대를 분할 통치했지만 가이사랴는 여전히 초기 그리스도인들을 포함한 유대인들에게 사회적·정치적 수도였다.

빌라도의 이름이 새겨져 있는 이 석비는 빌라도 동전과 달리 라틴어로 기록되어 있다.

TIBERIEUM

[PON]TIUS

[PRAEF]ECTUS IUDA[EAE]. (1~3행)

학자들은 석비를 판독하기 위해 비슷한 비문들과 비교한 뒤 세월에 의해 마모된 부분을 재구성해 다음과 같이 복원했다. ([   ] 안의 글자가 학자들이 복원한 부분이다.)

[DIS AUGUSTI]S TIBERIEUM

[…PO]NTIUS PILATU[…]

[PRAEF]ECTUS IUDA[EA]E[…]

[FECIT D]E[DICAVIT]. (1~4행)

1962년에 발견된 빌라도 비문

이 라틴어 문장을 번역하면 "신이신 아우구스투스 티베리우스를 위해, 총유대의 총독 본디오 빌라도가 (이것을) 만들어 바칩니다"라는 뜻이다. 이 석비는 세월에 의해 상당 부분 마모되었으나 복음서에 등장하는 빌라도라는 이름과 그의 직함인 '총독'이 함께 새겨져 있는 유일한 고고학적 유물이다. 이는 또한 1세기 로마 시대의 최고 정치 권력자들이 로마인임을 간접적으로 증명한다.

빌라도의 직함인 '프라이펙투스(PRAEFECTUS)'는 군사 용어로 복음서에 등장하는 것처럼 예수를 재판한 판사라기보다는 로마제국의 야전사령관이다. 그는 군대를 과잉 진압해 사마리아에서 로마로 소환된 과격한 인물이다. 빌라도 동전에서도 확인된 것처럼 그는 로마제국의 충직한 군인으로 제국의 종교인 황제 숭배를 신봉하는 자이며, 로마제국을 투철한 군인 정신으로 유지하려는 총독이었다.

로마 총독은 황제가 임명하고, 총독은 황제를 위해 존재한다. 총독의 주요 업무는 세금을 징수하는 일이다. 그는 황제를 대신해 식민지를 관리하고 세금을 징수했다. 그는 이 일을 도모하기 위해 동전을 주조하고 예루살렘 성전의 제사장과 같은 부유한 기관들과 긴밀한 관계를 맺었다. 또한 문서를 조사하고 공공건축을 주도하며 그 지방의 법을 최종적으로 결정하고 집행했다. 항소가 불가능하지는 않지만 로마로 여행하는 것은 힘들기 때문에 유대뿐만 아니라 사마리아와 이두미아 지역에서 일어나는 모든 법적인 문제를 최종 해결했다.

그는 또한 군대를 지휘했다. 총독은 여러 가지 직함으로 다시 세분되는데, 빌라도는 군사, 민사, 형사를 모두 책임지는 권력자

(procurator cum porestate)였다. 유대는 로마 황제의 권위를 임명받은 빌라도 총독의 통치가 허용하는 한, 자치권이 보장된다.

유대인의 사법 체계는 '산헤드린'이라는 유대 기관에 의해 운영된다. 산헤드린은 그리스 시민들의 민회인 에클레시아에 영향을 받아 70명의 유대인 남성으로 구성되었으며 대제사장이 그 회의의 의장이 된다. 이들은 대제사장, 서기관, 장로들로 구성되어 있으며 이들이 어떻게 선택되었는지는 알 수 없다. 1세기 산헤드린은 사람을 체포할 수 있는 경찰권을 갖고 있었지만 사형을 집행할 권한은 없었다. 산헤드린은 기원후 70년 예루살렘 성전이 파괴되면서 와해됐다.

유대 지도자와
총독 빌라도의 대립

유대 역사가 요세푸스에 의하면 빌라도는 유대 지도자들과 첨예하게 대립했다고 한다. 로마 황제 티베리우스의 근위(近衛) 총대장이자 심복이었던 세야누스(Sejanus)의 추천으로 유대의 총독이 된 빌라도는 그의 보호 아래 자신의 처신을 망각하고 유대 종교를 욕보이는 행위를 서슴지 않았다. 요세푸스는 빌라도의 학정을 다음과 같이 전한다.

빌라도는 헤롯이 만든 수도 가이사랴에 자리를 잡고 군대를 몰고 예루살렘으로 시찰을 갔다. 그는 로마 황제의 형상이 새겨진 상징물을 들고 행진해 들어와 성전에 세워놓고 예루살렘 전체에 황제의 형상을 걸어놓았다고 한다. 그 후 유대 제사장들이 가이사랴로 몰려와 빌라도의 거주지를 에워싸고 6일간이나 시위를 했다. 빌라도는 이들의 요구를 공개적으로 경청하겠다며 가이사랴에 있는 극장에 이들을 모아놓은 뒤 대화가 아닌 창으로 그들을 위협했다.

그러나 이러한 강경한 태도는 빌라도의 판단 착오였다. 빌라도는 유대인들이 자신들의 종교를 얼마나 중요하게 생각하는지 짐작하지 못했다. 그는 유대로 오기 전 로마에서 유대인들의 존재를 보았다. 유대인들은 돼지고기를 먹지 않으며 안식일에 숨어서 예배를 드리고 여자들은 집 밖으로 나가지 않는다는 소문을 들었다. 더욱이 유대인 남자들이 할례를 한다는 사실을 빌라도는 도저히 이해할 수 없는 야만적이고 괴상한 행위라고 생각했다.

빌라도가 유대 땅에서 만난 유대인들은 자신이 생각하는 로마 식민지에 거주하는 사람들과 달랐다. 다른 로마 식민지에서는 로마 황제 숭배가 그 지역의 종교와 어느 정도 조화를 이루며 공존했지만 유대는 달랐다. 로마 군인들이 창으로 위협하자 유대인들은 자신들의 주장을 포기하는 대신 순교를 선택했다. 빌라도는 이러한 유대인들의 행동에 충격을 받았다. 빌라도는 유대인들을 무력으로 다스릴 수 없다고 판단하고 로마 황제의 형상을 제거했다.

요세푸스는 빌라도의 다른 잘못에 대해서도 기록한다. 빌라도는 예루살렘의 시온 산에 지은 거주지의 벽에 로마 신들의 이름을 새긴 방패들을 붙였다고 한다. 이 소식을 전해들은 티베리우스 황제가 그 방패들을 제거하라고 로마에서 직접 명령할 정도였다. 빌라도는 제사장들과 짜고 유대인들이 성전에 낸 헌물들을 뒤로 빼돌려

수도관을 만들었다. 유대 군중들이 몰려와 항의하자 로마 군인들에게 사복을 입혀 유대인들 속에 잠입시킨 뒤 이들을 곤봉으로 마구 때려 반란을 진압했다.

이러한 사건들을 통해 빌라도는 복음서에서 말하는 것처럼 수동적이며 마지못해 일을 처리하는 사람이 아니라 자신의 목적을 위해 수단과 방법을 가리지 않는 고집 세고 영악하며 무자비한 총독이자 황제 종교의 제사장이라는 사실을 추측할 수 있다.

그러나 복음서에 등장한 빌라도는 빌라도의 동전이나 석비 그리고 요세푸스의 기록과 달리 예수의 죽음을 안타깝게 생각해 마지못해 십자가형을 선도하는 나약한 총독으로 등장한다. 빌라도는 유월절과 같은 유대인 명절이 되면 특히 치안을 유지하기 위해 예루살렘으로 향했다. 이러한 종교 축제에서 항상 유대 독립을 위한 반란이 일어났기 때문에 그는 유대 지도자들인 산헤드린 회원들뿐만 아니라 전통적인 지도자들인 제사장과도 전략적인 관계를 맺을 수밖에 없었다.

네 개의 복음서 모두 다음 두 가지 이야기를 기초로 예수의 죽음을 기록한다. 첫 번째는 유대의 대제사장, 장로, 바리새인들 그리고 산헤드린이 예수를 빌라도에게 넘기면서 그를 '유대인의 왕'으로 칭한다는 이야기다. 빌라도가 예수를 심문할 때 예수는 "내가 왕이라고 당신이 말했다"라고 대꾸한다. 빌라도는 유대인들이 씌운 혐의에 대해 대답하지 않는 예수를 보고 놀란다.

두 번째는 빌라도가 예수에게서 아무런 혐의를 찾지 못하자 유월절의 관례대로 범죄자 한 명을 풀어주는 관습이 있었는데, 군중들의 외압에 못 이겨 마지못해 바라바를 풀어주고 예수를 십자가형에 처하게 되었다는 이야기다.

공관복음서에서 빌라도를 둘러싼 문제는 다음과 같다. 만일 빌라도 같은 로마 총독이 예수의 재판이라는 중대한 사항을 결정했다면 자신이 생각하기에 무죄인 사람을 풀어주지 않고 유월절 관습에 따라 바라바를 풀어주고 예수를 처형하도록 명령을 내리는 그러한 이해할 수 없는 행동을 했을까? 사실 유월절 관습에 따라 죄수를 풀어주는 예는 성서 이외의 어떤 자료에도 등장하지 않는다. 또한 예수를 반역죄로 처형하고 싶었다면 로마 총독의 자격으로 처형하면 되지 굳이 왜 유월절 관습을 언급하며 바라바를 풀어주었을까?

"네가 유대인의 왕이냐?"

〈요한복음〉은 빌라도와 예수의 만남을 가장 자세히 설명하고 있다. 로마 군인들과 대장들 그리고 유대인으로 구성된 성전 경비병들은 예수를 포박해 대제사장인 가야바의 장인 안나스에게 먼저 끌고 갔다. 그곳에서 예수는 묶인 채로 대제사장 가야바에게로 이송됐다.

사람들이 가야바의 집에서 공관으로 예수를 끌고 갔다. 때는 이른 아침이었다. 그들은 몸을 더럽게 하지 않고, 유월절 음식을 먹고자 하여, 공관 안에는 들어가지 않았다.[1]

자신의 공관 안까지 찾아온 유대인들을 보고 빌라도가 놀라 묻는다.

"이 사람이 무슨 중죄를 범해 나한테까지 온 거요?"[2]

그러자 유대인들은 빌라도에게 다음과 같이 말한다.

"이 사람이 악한 일을 하는 사람이 아니라면, 우리가 총독님께 넘기지 않았을 것입니다"[3]

유대인들은 예수가 예루살렘을 두고 한 이야기를 기억하고 있었다. 그들은 예수가 "여러분이 보고 있는 이 예루살렘이 돌 하나도 돌 위에 남아 있지 않고 무너질 날이 올 것입니다"라고 말한 것에 충격을 받았다. 1세기 유대인들에게 예루살렘은 장소 이상의 의미를 지닌 영적인 고향이었기 때문에 그러한 장소를 파괴한다는 예수의 말은 민족과 유대교를 부정하는 터부였다.

그들에게 있어서 이러한 말을 하는 예수는 신의 뜻을 행하는 자가 아니라 악한 일, 즉 신성모독적인 발언을 한 민족 반역자였다. 빌라도는 예수가 한 말은 로마제국의 질서와는 상관없는 유대인들 간의 문제라고 생각했다. 유대인들에게는 그들의 문제를 스스로 해결할 수 있는 산헤드린이 있었기 때문에 빌라도는 "당신들의 법대로 재판하시오"[4]라고 대답한다. 그러나 유대인들은 빌라도가 예상하지 못한 말을 던진다. "우리는 당신도 아는 것처럼 사형을 집행할 권한이 없습니다."[5]

빌라도는 유대인들의 반응을 살피며 한동안 그들을 바라보았다. 이들은 이전에 로마 황제가 그려진 상징물을 예루살렘에 들여왔을 때만큼이나 비장한 눈빛으로 책망하듯 빌라도를 노려보았다. 그는 유대인들이 지켜보는 가운데 이 일을 해결할 수 없다고 직감하고 바로 공관 안으로 들어가버린다.

빌라도의 유대 통치를 위해서는 필연적으로 산헤드린의 도움이 필요했다. 유대 땅에서 많은 사람들을 몰고 다니는 예수는 세례 요한과 함께 로마제국의 안정을 위해 예의 주시하던 인물이었다. 하지만 유대인들의 반감이 이렇게 심하리라고는 예상하지 못했다. 예수를 처음으로 마주한 빌라도는 그를 직접 신문해야겠다고 생각했다. 그는 예수를 공관 안으로 끌고 들어와 유대인들의 아우성이 없는 곳에서 정확하게 그를 평가하고 싶었다.

빌라도는 예수라는 인물이 정말 정치적인 혁명을 꿈꾸는 메시아인지 궁금했다. 그는 예수에게 "네가 유대 사람의 왕이냐?"[6]라고 묻는다. '왕'이라는 단어는 로마제국에서 유일하게 황제에게만 부여되는 명칭이다. 이 질문은 "네가 유대인들이 그렇게도 기다린 메시아냐?"라는 질문과 같은 의미다.

유대인들은 기원전 6세기 바빌로니아에 의해 나라를 잃고 자신들의 나라를 찾아줄 메시아를 기다리고 있었다. 그들의 메시아에 대한 기대는 기원전 6세기 말, 페르시아제국이 들어서면서 그 개념이 확대되어 심지어는 페르시아의 왕 키루스를 메시아라 부르기도 했다.

그러나 기원전 4세기 알렉산더가 등장하면서 메시아라는 개념은 다시 민족적이며 종교적인 개념, 특히 종말론적인 의미를 품게 됐다. 그 후 기원전 63년에 로마가 예루살렘을 정복하면서 유대인들은 다시금 메시아가 나타나기를 간절히 바랐다.

예수는 빌라도의 질문에 즉답을 피한 채 오히려 빌라도가 그러한 생각을 하게 된 계기에 대해 질문한다.

"네가 하는 그 말은 네 생각에서 나온 말이냐? 그렇지 않으면, 나를 두고 다른 사람들이 말하여준 것이냐?"[7]

예수는 빌라도가 자신의 행적을 살펴보았다면 그러한 질문을 하지 않았을 것이라고 추측해 오히려 되물은 것이다. 그러자 빌라도는 예수의 질문을 전혀 파악하지 못하고 성급하게 화를 낸다.

"나는 유대인이 아니다. 네 동족과 대제사장이 너를 내게 넘겼다. 그들이 너에게 사형을 집행해달라고 하니 너는 도대체 무슨 일을 저질렀느냐?"[8]

예수는 이 질문에 대한 대답을 하지 않고 다음과 같이 말한다.

"내 나라는 이 세상에 속한 것이 아니다. 내 나라가 세상에 속한 것이라면, 내 부하들이 싸워서, 나를 유대 사람들의 손에 넘어가지 않게 했을 것이다. 그러나 내 나라는 이 세상에 속한 것이 아니다."[9]

빌라도는 이 세상에서 '나라'를 찾을 수 없다면 그것이 과연 '나라'인가라고 생각했다. 예수가 던진 말을 도저히 이해할 수 없었던 빌라도는 예수에게 한 첫 질문을 다시 되풀이 해 "그러면 네가 왕이냐?"[10]라고 묻는다. 도저히 자신의 말을 이해하지 못하는 빌라도에게 예수는 "당신이 그렇게 말하였소"[11]라고 대답한 뒤 자신의 삶의 목적에 대해 말한다.

"나는 진리를 증언하기 위해 태어났으며 진리를 증언하기 위해 이 세상에 왔다. 진리에 속한 사람은 누구나 내가 하는 말을 이해할 것이다."[12]

이 문장은 영어나 한국어로 번역되는 과정에서 예수가 발언한 문장의 의미심장함이 희석됐다. '증언'이라는 단어와 '진리'라는 단어는 예수가 사용한 아람어와 빌라도가 사용한 그리스·로마의 세계관에서 새롭게 조망해야 한다.

나는 진리를 위해
목숨을 바치러 왔다

'증언하다'라는 말은 원래 법정에서 사용하는 단어로 '자신이 말한 진술이 사실이라고 공개적으로 고백하다'라는 의미다. 이 단어의 그리스어는 '마르튀레오(martyreo)'로 그 원래 의미는 '목숨을 바치다/죽을 각오를 하고 실행에 옮기겠다고 말하다'이다. 그러므로 예수는 "나는 진리를 위해, 목숨을 바치기 위해 태어났고, 진리를 위해, 목숨을 바치기 위해 이 세상에 왔다"라고 번역할 수도 있다.

'증언하다'라는 단어를 예수가 사용한 아람어로 번역하면 '샤하다(shahada)'이다. 이 단어 역시 채무, 간통 혹은 이혼을 다루는 법정에서 자신의 말이 진실하다고 고백할 때 사용하는 단어다. 놀랍게도 '샤하다'는 자신이 하는 말에 책임을 진다는 의미에서 '순교하다'라는 뜻도 포함한다. 예수는 신앙의 최고 단계를 바로 '증언', 즉 '샤하다'로 삼았다. 이 말은 곧 자신이 말한 내용을 반드시 행동으로 옮기겠다는 의지이자 결심을 나타낸다.

빌라도는 "진리를 위해 목숨을 바치러 왔다"는 예수의 말을 여전히 이해하지 못했다. 진리를 위해 목숨을 바친다는 말은 이성에 맞지 않는 소리이기 때문이다. 그리스 철학에서 '진리'에 해당하는 '알레테이아(aletheia)'는 '숨길 수 없는 것/드러나는 것'이라는 의미다. 고대 그리스 철학자 아리스토텔레스는 자신의 저서 『형이상학』에서 알레테이아에 대해 다음과 같이 말한다.

그것이 아닌 것을 그것이라고 말하는 것 혹은 그것인 것을 그것이 아니라고 말하는 것은 거짓이다. 그러나 그것인 것을 그것이라고 말하고 그것이 아닌 것을 그것이 아니라고 말하는 것이 진리다.

서양적인 사고에서 진리란 변하지 않는 것이며, 왜곡이 없는 것이며, 시간과 공간 그리고 인간의 구분을 넘어서는 것이며, 우주 안에 항상 편만한 것이다. 인간과 우주는 늘 변하기 때문에 진리일 수 없다. 빌라도는 아마도 그리스·로마 사고 안에서 진리는 인간이 도달할 수 없는 피안의 세계의 이데아와 같은 것이라고 생각했을 수 있다. 빌라도에게 진리는 본질과 현상이 일치할 때 사용한 개념이 었는지도 모른다.

진리라는 단어는 히브리어로 '에메쓰(emeth)'이고 아람어로는 '아무나(amuna)'이다. 이 두 단어는 모두 어근이 '*-m-n'이다. 그리스도교에서 기도를 마친 후 말하는 '아멘(amen)'과 같은 어원에서 왔다. 히브리어나 아람어에서 '에메쓰'는 '변하지 않는 어떤 것'이 아니라 자신의 삶에서 중요한 결정을 하고 그 결심을 지키려는 충성심과 같은 것이다.

그리스에서는 진리라는 개념을 어떻게 이해했을까? 그리스 초기에는 '덕'으로 번역되는 '아레테(arete)'가 배움의 최종 목적이었다. 그러나 시대가 지나면서 학문의 이유도 다변화되어 진화했다. 터키 에베소에 있는 한 도서관에 새겨진 명문을 통해 학문의 목적을 알아보자.

터키의 남서쪽 해변에 고대 그리스 도시인 에베소(Ephesus)가 있다. 기원전 10세기부터 그리스 본토에 이오니아인들이 거주하기 시작했는데, 에베소는 기원전 129년 로마공화국의 손에 넘어가 5만 명 정도가 거주하는 가장 큰 로마 도시 중 하나가 됐다. 이곳은 또한 신약성서 〈요한계시록〉에서 언급한 7교회 도시들 중 하나이며, 〈요한복음〉이 이곳에서 기록될 만큼 문화적으로도 중요한 도시다.

이곳에는 어디에서도 찾아볼 수 없는 중요한 건물이 하나 있는데 바로 켈수스 도서관(Celsus Library)이다. 이 도서관은 도시의 중앙인 쿠레테스 길과 대리석 길이 만나는 구석에 위치한다. 그 왼편으로는 모든 문화 행사가 거행되던 아고라가 있다. 켈수스는 기원후 92년에 로마 집정관(consul)이 되었고, 115년에는 소아시아 전체를 다스리는 지방 장관이 됐다. 그는 기원전 10세기 그리스에서 이주해 온 초기 그리스인의 후손으로 근처 도시 사르디스에서 태어나 로마의 최고 권력자가 된 존경받는 인물이었다.

켈수스의 아들이며 로마 집정관이 된 가이우스 아퀼라는 135년에 자신의 아버지 켈수스를 추모하고 동시에 미래의 로마 통치자들을 지적으로 훈련시키기 위해 도서관을 건축했다. 켈수스의 시신을 모신 관은 도서관 중앙 입구 아래에 묻혀 있고 도서관에는 그리스·로마 사본 두루마리 1만 2,000개가 소장되어 있다. 미래의 로마 지도자를 꿈꾸는 청년들이 이곳에서 청춘을 바쳤다.

켈수스 도서관은 21미터의 제단으로 이루어진 웅장한 2층 구조 전면에는 여러 가지 동상이 장식되어 있고, 1층 입구는 고린토 형식의 기둥이 네 쌍으로 배열되어 있으며, 그 사이사이에 도서관 안으로 들어가는 세 개의 문이 있고, 네 개의 동상이 움푹 파인 니치 안에 서 있다. 이 네 개의 여신 동상 아래에는 중요한 철학적 개념이 그리스어로 새겨져 있다. 이는 소아시아에서 태어나 로마 최고 권력자가 된 켈수스의 삶의 네 가지 원칙이기도 하다.

첫 번째 여신의 동상 아래에는 '소피아(sophia)'라는 단어가 새겨져 있다. '소피아'는 '지혜'를 의미한다. 지혜는 공부를 많이 해 사지선다형에서 옳은 답을 찾아내는 것이 아니다. 우리가 공부를 하는

고대 도서관의 원형이 된 켈수스 도서관

궁극적인 목표는 신속하게 답을 찾아내기 위해서가 아니라 전혀 새로운 환경에서 혹은 적대적인 상황에서 창의력을 발휘해 그 상황을 대처할 수 있는 능력을 배양하기 위해서다. 이것을 '소피아'라 한다. 소피아는 원래 경험과 깊이 연관되어 있다. 경험을 통해서만 지식이 지혜가 되기 때문이다. 공부는 자기만의 세계에서 벗어나 무아(無我)의 상태로 진입하는 연습이며, 끝없는 상상을 통해 그것을 현실과 연결시키는 노력이자 과정이다.

두 번째 여신의 동상 아래에는 '엔노이아(ennoia)'라는 단어가 새겨져 있다. '엔노이아'는 '생각이라는 행동/묵상/이해'라는 의미다. '생각이라는 행동'은 사물이나 사람 혹은 개념에 대한 깊은 묵상을 통해 그 생각의 대상과 일치하는 과정이다. 생각을 깊이 하지 못하면 우리는 스스로의 편견과 오해, 지식으로 대상을 판단하기 쉽다. 생각을 깊이 할수록 그 생각이 맑아지고 대상의 본질에 다가갈 수 있다. 인간의 불행이 시작된 이유는 홀로 방에 앉아 생각할 수 있는 능력을 잃어버렸기 때문이다. 생각의 대상을 '나'뿐만 아니라 다른 사람, 사물, 개념에 적용시킨다면 우리가 알고 있는 소문이나 풍문 그리고 미디어를 통해 얻는 거짓된 지식을 간파할 수 있고 자신만의 시선을 얻을 수 있다. 엔노이아는 다른 사람의 희로애락을 자신의 희로애락으로 감지할 수 있는 능력이다. 심지어 다른 동물이나 식물의 감정도 느낄 수 있는 단서가 바로 엔노이아다.

세 번째 여신의 동상 아래에는 '아레테(arete)'라는 단어가 새겨져 있다. 호메로스 시대의 아레테가 전쟁에서의 용맹성과 연설에서의 수사학적인 능력인 반면, 그리스·로마 시대의 아레테는 인간의 지식과 연관이 깊다. 인간이 가진 최고의 잠재력은 지식이며 인간의 모든 다른 능력은 바로 이 지식에서 출발한다. 아리스토텔레스는 지식을 얻는 방법을 '묵상(黙想, contemplation)'이라고 말한다.

네 번째 여신의 동상 아래에는 '에피스테메(episteme)'라는 단어가 새겨져 있다. '에피스테메'는 '참된 지식'이라는 의미다. 플라톤은 인간의 지식을 '거짓된 지식'인 독사(doxa)와 참된 지식인 에피스테메로 구분한다. 우리가 알고 있는 지식은 사실 지식이 아니라 '의견'이나 '소문', 즉 '독사'일 뿐이다.

만일 어떤 사람이 이슬람에 대한 부정적인 면을 토로한다고 가정하자. 그가 알고 있는 이슬람에 관한 지식이란 기껏해야 편견에 사로잡힌 사람이나 미디어가 전달한 내용을 전해들은 것뿐이다. 그 사람이 가진 이슬람에 대한 지식은 거짓일 수밖에 없다. 혹은 어떤 사람이 중동 국가를 여행하거나 수년간 거주했다고 가정하자. 그는 자신이 '직접 본' 이슬람 문화를 전부로 여겨 스스로를 전문가라고 착각한 채 그 편견을 전달한다.

에피스테메는 이와는 다르다. 참된 지식은 우리의 지식을 가능하게 하는 틀이나 패러다임이다. 그 예로 숫자를 들 수 있다. 우리가 '1'을 본 적은 없지만 '1'은 사물을 인식할 때 중요한 원칙으로 작용한다. '1+1' 또한 인간의 오감으로 인식할 수는 없지만 한 개의 사과와 또 다른 사과가 더해져 두 개의 사과가 된다는 현상은 인식할 수 있다. 에피스테메는 세상의 원칙에 관한 것이며 이것들은 인간이 공부를 깊이 할수록 서서히 자신의 모습을 드러내는 진리다.

그리스 철학에서 말하는 진리와는 달리 예수가 말하는 진리는 내적인 결심과 그 결심을 인내로써 지키려는 삶의 태도다. 어떤 것이 진리라고 말한다면 그것은 우리가 도달할 수 없는 절대불변의 어떤 것이 아니라 내가 그것에 대해 갖는 마음가짐이다. 이 마음가짐에서 출발해 자신의 삶이 서서히 변하고, 그릇된 길에서 벗어나 바른 길로 들어서고, 삶의 우선순위를 정해 그것을 지키려는 태도와 같은 것이다. 진리는 우리가 볼 수 없는 피안의 세계에 존재하면서 우리를 지켜보는 초월주가 아니라, 인간의 삶에 개입해 우리 자신의 생각과 행동을 바꾸고 그것을 통해 세상을 바꾸는 역동적 과정으로서의 '믿음'이다.

그래서 예수는 "나는 진리, 즉 인간 안에 씨앗으로 존재하는 신의 형상을 잘 키워 그것을 싹을 내고 꽃을 피우고 심지어는 커다란 나무가 될 수 있다는 믿음을 세상에 전파하기 위해서 왔습니다. 나는 그것을 위해 목숨을 바칠 수 있습니다"라고 말한 것이다. 빌라도가 상정한 세계관과 예수가 상정한 세계관은 이렇게 전혀 달랐다.

빌라도는 자신이 메시아라고 주장하는 유대인들을 십자가에 처형한 경험이 있지만 예수는 이전의 그들과는 다르다고 생각했을 것이다. 그는 예수를 십자가에 처형하면서 다음과 같은 팻말을 붙여놓았다.

나사렛 예수, 유대인의 왕

9장

나의 하나님, 나의 하나님, 어찌하여 나를 버리십니까?

ηλι ηλι λεμα σαβαχθανι;

"나의 하나님, 나의 하나님, 어찌하여 나를 버리십니까?"
〈마가복음〉 15:34

그리스도 최후의
유혹

사람이 신이면서 동시에 인간일 수 있을까? 인간 안에 신성과 인성이 동시에 존재할 수 있을까? 신성과 인성은 그 사람의 이중적인 인격을 말하는 것일까, 아니면 완벽하게 신이면서 동시에 완벽하게 인간일 수 있다는 말일까? 그리스도교는 2,000년 전에 팔레스타인에 존재했던 예수가 신이며 동시에 인간이라고 가르친다. 이 가르침은 그리스도교 신앙의 가장 중요한 신비다. 이 신비에 대한 여러 해석을 담은 소설이 있다.

그리스 소설가 니코스 카잔차키스는 1955년 『그리스도 최후의 유혹』이라는 소설에서 그리스도교의 핵심 교리에 대한 공개적이며 인간적인 다양한 해석과 고민을 담아냈다. 이 교리는 그리스도교를 지탱하는 정신적이며 영적인 버팀목이기 때문에, 아무도 새로운 해석을 시도하거나 그 내용에 도전해서는 안 되는 터부다. 이는 르네상스 시대 이전의 천동설이나 찰스 다윈 이전의 창조론과 같은 금과옥조였다. 로마가톨릭교회는 지체 없이 이 불온한 서적을 금서로 지정했고, 카잔차키스가 소속되었던 그리스정교회는 그를 출교시켰다.

30여 년 후 미국의 영화감독 마틴 스콜세지는 이 소설을 영화로 제작한다. 그는 이 영화를 만들 때 복음서를 기초로 제작한 것이 아니라 인간의 영원한 영적 갈등을 다루었다고 말한다. 이 영화는 인간 예수의 삶에 있어서 가장 중요한 순간을 있는 그대로 보지 않고 자신들이 구축한 동떨어진 교리 안에서만 보려는 사람들에게는 충격이었다.

그리스도교 신학에서는 예수를 완전한 인간이며 완전한 신이라고 가르치며, 이것을 부인하는 것은 이단이라고 말한다. 이 영화는 완벽한 인간의 고뇌와 완벽한 신의 모습을 둘 다 담은 '온전한' 영화다. 완벽한 인간의 모습에 당황한 그들은 이 영화를 신성모독으로 낙인찍었다. 1983년에 만들기 시작한 이 영화는 그들의 방해로 1988년에 이르러서야 개봉하게 된다.

예수는 인간이 가진 약점과 희로애락, 특히 사람으로서 맞닥뜨리게 되는 모든 유혹에 노출되었을 것이다. 이 영화는 그가 인간으로서의 유혹과 고통의 심연을 처절히 경험하고 그것을 어떻게 신적으로 극복했는가를 극적으로 보여주는 가장 신앙적이며 교리적인 영화다. 그래서 이 영화의 제목도 '인간 예수의 마지막 유혹'이 아니라 〈그리스도 최후의 유혹〉이다. 영화 제목 자체는 형용모순이지만, 우리처럼 땅에 발을 딛고 살았던 인간 예수의 고뇌가 그대로 담겨 있다.

이 영화를 만든 마틴 스콜세지 감독과 극작가 폴 슈레이더는 죄와 죄책감 그리고 구원에 대한 인간의 근본적인 문제를 예수라는 인물을 통해 진지하게 그려냄으로써 우리에게 예수라는 인물과 그의 미션을 깊이 생각할 수 있는 지평을 열어주었다.

예수는 살과 피를 지닌 우리와 같은 인간이며, 우리처럼 일상생활이 투쟁과 의심, 탐구와 좌절로 이루어져 있으며, 매순간 무엇이 아름다운 삶인지를 물으며 끊임없이 영적으로 집중한 인물이다. 그는 마침내 십자가 위에서 "다 이루었다"라는 말이 무색하지 않을 만큼 숭고하게 인생의 마라톤을 끝낸다.

십자가 위에서 죽어가는 예수는 무슨 생각을 했을까? 영화에서 예수는 말할 수 없는 고통 중에 침묵하는 신을 원망하다 환각에 빠져 자신의 삶을 상상한다. 만일 예수에게 보통사람처럼 살 수 있는 기회가 주어졌다면, 그의 삶은 어떻게 되었을까? 상상 속의 그는 막달라 마리아와 결혼해 아이를 낳고 늙어간다. 영화에서 이러한 상상을 촉발시킨 범인은 사탄이다.

사탄은 그가 40일 금식기도를 하고 새로운 삶을 시작하는 경계에 있을 때처럼 가장 취약한 순간에 그를 유혹한다. 영화에서 가장 감동적인 부분이자 충격적인 부분은 이 환각의 장면들이다. 십자가에서 예수는 천사라고 주장하는 한 소녀와 대화를 나눈다. 그녀는 예수가 신의 아들이지만 메시아는 아니며 신은 그의 노력에 감동해 행복한 삶을 살기를 원한다고 말한다. 소녀는 그를 십자가에서 내려오게 한다.

예수는 막달라 마리아를 찾아가 결혼하고 아이를 낳고 행복하게 산다. 그러나 갑자기 막달라 마리아가 죽자, 그는 자신의 친구 나사로를 찾아가 그의 여동생들인 마리아, 마르다와 결혼해 자식을 낳고 행복하게 산다.

노년을 즐기는 예수에게 과거의 제자들이 찾아와 그를 책망한다. 제자 유다는 예수 앞에 나타났던 소녀가 사탄이라고 말해준다. 예수는 제자들과 나눈 상상의 대화에 충격을 받고 다시 자신이 십자가 처형을 당했던 장소인 골고다 언덕으로 돌아와 신에게 기도한다. "제가 신의 아들이 되게 해주십시오." 그는 두 번째 유혹을 물리친다. 환각에서 깨어난 예수는 벌거벗긴 채 피를 흘리며 십자가에 묶여 있다. 그는 "다 이루었다"라고 외치고 죽는다.

환각 중에 예수가 결혼한 아내 막달라 마리아와 사랑을 나누는 장면이 있는데, 이는 여느 영화에서 볼 수 있는 섹스 장면이 아니라 결혼 생활과 자녀의 탄생을 다룬 단순한 예로 등장한다. 하지만 이 장면은 그리스도교 근본주의자들에게는 충격 그 자체였다.

인간이 짝을 만나 자식을 낳는 것은 신이 인간에게 명령한 의무다. 그렇다면 예수가 인간으로 혹은 신의 아들로 그러한 생각과 행위를 하는 것은 당연한 일이 아닌가? 〈그리스도 최후의 유혹〉은 그리스도교가 주장하는 예수의 이중 본성을 깊게 묵상하도록 인도하는 신학적이며 종교적인 심오한 영화다.

엔도 슈사쿠의
침묵

일본의 대표적인 소설가 엔도 슈사쿠는 우리가 모두 걸어야 하는 삶의 여정과 그 종착지인 죽음의 문제를『침묵』이라는 소설로 그려냈다.

이 소설은 초기 예수교 신부들의 선교에 관한 이야기다. 가톨릭 교파인 예수회의 프란시스 자비에르는 1549년 가고시마 현에 도착한다. 서양 문물에 관심을 보인 일부 지배계층의 도움으로 예수교 신부들은 성공적으로 그리스도교를 전파했다. 자비에르가 일본을 떠났을 때, 그는 일본이 동양의 그리스도교 국가가 될 것이라고 확신했다.

1582년, 일본인 가운데 15만 명이 그리스도인이 됐다. 그러나 1597년, 필리핀에서 온 한 스페인 선박의 선장이 도요토미 히데요시에게 스페인제국이 일본을 침공하기 위해 선교사들을 먼저 첩자로 보냈다고 말하자, 히데요시는 정책을 바꿔 가톨릭 신자 스물여섯 명을 십자가에 처형시킨다. 이 배후에는 가톨릭 국가인 스페인과 포르투칼과 개신교 국가인 영국과 네덜란드의 일본 선점을 위한 갈등과 음모가 숨어 있었다. 가톨릭 신부들은 차마 신도들을 버리고 떠날 수 없어 잠복 사제가 되었고, 그 세력은 점점 줄어들었다.

1603년, 쇼군 도쿠가와 이에야스는 일본을 통일하고 본격적으로 예수교 신부와 가톨릭 교인들을 박해하기 시작한다. 1614년, 이에야스는 모든 그리스도교 선교사들을 추방하고 일본인들을 모두 불교인으로 등록하는 칙령을 내린다. 이때 칙령을 따르지 않은 6,000명의 일본 가톨릭 신자들이 고문을 당하거나 순교했다. 에도 시대 막부들은 그리스도인들을 색출하기 위해 '후미에'라는 목조나 금속제로 된 판을 만들었다. 후미에에는 그리스도교의 형상이나 십자가가 그려져 있으며, 그리스도인으로 의심되는 자들은 이것을 밟고 자신들의 신앙을 배교해야 한다. 동요하는 기색을 보이거나 밟지 않으면 신자로 간주해 처형했다.

세바스찬 로드리게스는 일본에 잠입해 선교를 시작했다. 자신의 스승이자 신부인 크리스토바오 페레이라가 배교했다는 소식을 들었지만 믿지 못했다. 막부는 페레이라를 배교시키기 위해 그를 고문하지 않고 일본 가톨릭 교인들이 고문받는 것을 직접 목격하게 만든다. 로드리게스를 일본으로 잠입시킨 일본인 키차지로는 유다처럼 그를 막부에 팔아넘긴다. 로드리게스는 동료들의 순교를 막지 못하고 무기력하게 이를 목격하는 자신에게 실망한다.

막부는 일본 가톨릭 신자들을 해변에 묶어놓고 파도가 이들을 서서히 죽이도록 방치한다. 자신을 따라 그리스도인이 된 일본인들이 시커먼 파도에 익사하는 모습에 로드리게스는 충격을 받는다. 그는 신의 목소리를 들으려 하지만 신은 침묵한다. 로드리게스는 다른 사람들을 위해 자신의 목숨을 내놓으려 일본에 왔지만, 정작 자신 때문에 사람들이 죽어가는 모습을 목격하고 괴로워한다.

로드리게스는 체포당하고 그는 자신의 스승인 배교자 페레이라와 대면한다. 페레이라는 이제 그의 심문관이 됐다. 페레이라는 로드리게스에게 후미에를 밟도록 종용한다. 그리고 말한다. "시간이 되면 너도 알게 될 거야. 이 나라는 네가 생각하는 것보다 더 끔찍한 늪지야. 네가 이 늪지에 어린 묘목을 심을 때마다 그 뿌리는 썩기 시작하고 잎은 마를 거야. 우리는 이 늪지에 그리스도교라는 묘목을 심고 있어." 로드리게스는 자신이 배교하지 않음으로써 다른 사람들이 죽어가는 딜레마에 빠져 신에게 외친다. "왜 나를 버리십니까?" 로드리게스는 후미에를 바라본다. 그때 신이 침묵을 깨고 말을 건넨다. "밟아라, 밟아라. 나는 누구보다도 너의 발이 겪을 고통에 대해 알고 있다. 밟아라. 네가 이 세상에 태어난 존재 이유인 사람들을 위해 너는 밟는 것이다. 너의 행위는 내 십자가를 지고 가는 사람들의 고통을 더는 행위다." 로드리게스는 이 침묵의 미세한 소리를 듣고 후미에를 밟는다. 그리고 감금되었던 일본 가톨릭 교인들은 풀려난다.

숭고함의
표현

〈마가복음〉 15장에는 예수의 십자가 처형 장면이 덤덤하게 기록되어 있다. 예수는 사막에서 40일간의 금식과 묵상을 통해 자신이 해야 할 일을 깨닫는다. 자신에게 온전히 몰입하지 못하면 자신을 둘러싼 가족, 직업, 체면, 의무, 욕망 등이 자신의 모습으로 등장하기 때문이다.

자신이 가야 할 길을 온전히 발견하는 행위는 숭고하다. 숭고함은 개개인에게 유일하다. 『침묵』에 등장하는 신부 로드리게스처럼 자신만의 숭고한 길을 스스로 찾아야 한다. 이 숭고한 길은 그 누구도 가본 적이 없으므로 불안하고 두려운 여행이지만 숭고하기 때문에 갈 수밖에 없는 매력적인 길이기도 하다.

영국의 정치철학자 에드먼드 버크(Edmund Burke)는 1756년 『숭고함과 아름다움의 이념의 기원에 대한 철학적 탐구』라는 책을 저술했다. 그는 처음으로 '아름다움'과 '숭고함'을 구분해 빛과 어둠을 통해 이를 설명한다. 아름다움은 빛의 정도에 따라 강조될 수 있다. 그러나 빛이나 어둠(빛의 부재)은 보고자 하는 사물을 없앨 정도로 '숭고하다'라고 말한다. 빛을 통해 내가 보고자 하는 대상을 아름답다고 인식할 수 있지만, 빛 그 자체는 그 강력한 정도에 따라 대상을 보려는 주체와 객체를 모두 없애는 신비한 특징을 지닌다.

독일 화가 카스파 다비드 프리드리히(Caspar David Friedrich)는 〈해변의 수도승〉이라는 그림에서 이 숭고함을 경험하는 순간을 담아낸다. 한 수도승이 거대한 바닷가에 서 있다. 새벽인지, 아침인지, 저녁인지 구분이 되지 않는다. 그림의 하단에는 수도승이 서 있는 좁은 모래사장의 경계만이 희미하게 표시되어 있을 뿐이다. 수도승은 검은 망토를 입고 먼 곳을 응시하고 있다. 이 수도승은 아마 화가 자신일지도 모른다. 프리드리히는 자신을 바다가 상징하는 거대한 우주 앞에서 숭고함에 압도된 수도승으로 표현한다.

당시 독일 철학자들은 예술은 "미적인 교회"이며, 종교심은 예술 작품을 보면서 느끼는 미적인 감정과 유사하다고 정의한다. 프리드리히와 동시대 철학자인 헤겔은 자신이 살던 낭만주의 시대를 '에고(ego)'와 세상이 하나 되는 단계라고 정의한다. 예술을 통해 내면이 더욱더 강화되고 동시에 외부 세계와 일치되는 것이다.

이 그림에서 짙은 회색 하늘과 방대하고 흉흉한 바다라는 외부 세계는 수도승의 깊은 내면과 일치한다. 프리드리히는 이 거대한 자연과 우주라는 거울을 통해 자기 자신이 자기에게로 오는 모습을 바라본다. 우리가 어떤 일에 몰입하면 나 자신이 사라지고 내가 몰입한 대상이 나 자신이 되어 내 안으로 들어오게 된다. 예술가란 이러한 방식으로 세상과 친밀하게 된다. 그가 자신을 둘러싼 우주에서 발견한 것은 자기 자신뿐이다. 그가 본 세상은 대상이 아니라 자기 자신이다. 이 과정이 바로 숭고함이다.

프리드리히의 〈해변의 수도승〉은 자기 자신과 우주, 주체와 객체, 겉모습과 심연, 상부 구조와 하부 구조, 인간과 신의 거침없는 충돌에 대한 은유다. 이 은유는 그에게서 그치지 않고 이 그림을 보는 우리를 강렬하게 개입시킨다. 그는 우리에게 세상을 보고 감지하는 충격적인 방법을 알려준다. 그는 우리로 하여금 그러한 숭고한 시각에 동참시킨다. 우리는 거대한 바닷가에 서 있게 되며 수도승이 보는 바다를 경험하게 된다.

이 수도승은 우리에게 이렇게 말한다. "나를 따르라. 내가 느끼는 것을 느껴라. 언젠가 너도 내가 느끼는 것을 느낄 것이다. 만일 그것을 느끼지 못한다면 상관없다. 너와 나는 다르다. 이 자리를 떠나라!" 그는 자신처럼 영적인 탐구를 하는 사람에게만 자신의 모습을 드러낸다. 그는 우리에게 눈을 감으라고 말한다. 내면의 눈이 모든 것을 더욱더 선명하게 볼 수 있게 하기 때문이다. 프리드리히의 요구대로 잠시 눈을 감고 우리 자신을 바라본다면 우리도 그가 느낀 것을 느낄 수 있을 것이다.

카스파 다비드 프리드리히, 〈해변의 수도승〉, 1809

십자가에 달린
예수

예수는 나와 너, 인간과 신, 나와 우주가 하나라고 주장했지만 당시 기성 종교는 이러한 가르침을 더 이상 방치할 수 없었다. 그의 가르침은 로마제국의 황제 숭배와 정면으로 배치되는 것이었다. 예수는 자신이 신의 아들이자 메시아일 뿐만 아니라 우리 사회의 힘없는 약자들, 외국인 노동자들, 과부들, 미혼모들, 가난한 자들이 모두 신적인 존재라고 가르쳤기 때문이다. 당시 사람들에게 신은 인간 역사의 섭리를 지배하는 전지전능한 존재로 남아 있어야 했다. 예수는 그 신비와 숭고를 자기 안으로 끌어당기고 인간에게 남아 있는 숭고의 불씨를 지폈지만 당시 로마인들과 경전에만 진리가 있다고 여기던 유대인들에게는 종교적 이단이자 신흥 종교의 교주처럼 여겨졌을 것이다.

예수는 막다른 골목인 '골고다'로 끌려간다. 골고다는 '돌아올 수 없는 장소', 즉 죽음만이 존재하는 곳이다. 로마 군인들은 괴로워하는 예수에게 몰약을 탄 포도주를 주지만 예수는 거절한다. 그들은 골고다 언덕에 십자가를 누이고 예수를 그 십자가 위에 포갠 뒤 양손과 발에 못을 박는다. 이 순간에는 영화 〈그리스도 최후의 유혹〉의 환상이나 『침묵』에서의 기적은 일어나지 않는다.

그들은 예수가 단단하게 못 박힌 십자가를 서서히 들어올린다. 십자가를 90도 직각으로 세우기 위해 움직일 때마다 예수의 손과 발에서 피가 흐르고, 뼈가 부서지고 살이 찢기는 소리가 났다. 예수의 처절한 고통에도 로마 군인들은 아랑곳하지 않았다. 그들은 스스로를 메시아라 주장하는 예수가 빨리 죽기만을 바랐다. 그래야 집으로 돌아갈 수 있기 때문이었다. 그들이 예수를 십자가에 못 박은 때는 아침 9시. 여섯 시간이 넘도록 예수는 십자가에 매달려 다시 돌아올 수 없는 죽음의 심연으로 고통스럽게 가라앉고 있었다.

예수가 이 여섯 시간 동안 경험했을 고통의 심연을 가장 잘 표현한 작가 중 한 명은 추상주의 작가 마크 로스코(Mark Rothko)가 아닐까 한다. 미국 추상주의 작가들은 19세기 화가 프리드리히와 같은 숭고함을 표현하고자 했던 낭만주의 화가들의 정신적인 후예들이다. 로스코는 모든 인간이 단 한 번 반드시 직면해야 하는 죽음의 순간에 대한 이 숭고함을 〈무제: 회색 위에 검정〉이라는 그림으로 표현했다. 이 그림에는 제목이 없다. '회색 위에 검정'은 그림을 구별하기 위해 후에 붙인 이름이다.

이 그림에는 검은색 직사각형과 회색 직사각형이 놓여 있다. 컬러는 얇고 투명하지만 서로 다른 감도를 지닌 검은색과 회색을 여러 번 덧칠했다. 이 그림은 추상화답게 공간이 구분되어 있지도 않고 표현하려는 주제도 불분명하다. 로스코는 이 그림들을 "역사적 숭고함"에 대한 표현이라고 말한다. 그는 1968년 중반에 대동맥류 수술을 받고 거의 움직이지 못했다. 자신에게 다가오는 죽음을 감지한 시점이다. 로스코는 수술 후 한동안 일어서지 못했는데, 그래서 캔버스 대신 종이를 펼쳐놓고 그림을 그렸다. 이 우연의 작업이 그를 '회색 위에 검정'이라는 새로운 형태의 그림으로 인도했다.

로스코는 1970년, 자살 직전에 이 그림을 포함해 몇몇 작품을 남겼다. 그는 이 그림들을 죽음에 대한 표현이라고 말하고는 얼마 후

마크 로스코, 〈무제〉, 1969

자살했다. 황량하고 비어 있는 이미지들. 그러나 이 그림은 보는 사람에게 압도적이고도 모호한 경험을 선사한다. 직사각형은 우리가 사는 세계를 의미한다. 수직적인 하늘은 매우 높아 보이지만 끝이 보이지 않는 수평적인 땅은 더 넓고 광대하다. 위쪽에 칠해진 검은색은 마치 광대하고 비어 있는 하늘 아래 펼쳐진 북극의 황무지 같다. 회색은 인간이 사는 지구라는 행성을 의미하고 검정은 우주와 블랙홀을 의미한다. 그러나 로스코는 이러한 해석 자체가 부질없다고 말한다. 그가 이 그림을 그릴 때 종교적으로 경험한 숭고한 감정을 이 그림을 보는 사람들이 각자 개별적으로 느낀다면 그것이 곧 숭고함이다.

"어찌하여 나를 버리십니까?"

예수는 십자가에서 사투를 벌이다 큰 소리로 '신에게 부르짖는다. "엘로이 엘로이 레마 사박다니?" 이 아람어 문장을 번역하면 '나의 하나님, 나의 하나님, 어찌하여 나를 버리십니까?'라는 뜻이다. 이 문구는 원래 〈시편〉 21편에 기록된 구절이다. 〈시편〉 21편은 히브리어로 "엘리 엘리 라마 아짜브싸니?"로 기록되어 있지만, 예수는 이 구절을 유대교회당에서 아람어로 번역해 배웠던 것 같다. 십자가 밑에 서 있는 사람들이 "엘로이"라는 말을 구약시대의 선지자 엘리야로 잘못 알아듣고 이렇게 말을 주고받는다. "어디 엘리야가 와서, 그를 내려주나 두고봅시다." 결국 예수는 얼마 지나지 않아 숨진다.

예수의 제자들은 두려움에 떨며 각자 살 길을 찾아 예루살렘 도처에 숨어버렸다. 예수의 수제자로 불리던 베드로마저 예수를 공개적으로 세 번씩이나 부인하여 예수가 이 세상에서 보여준 숭고한 삶의 마지막을 지켜보지 못했다. 예수는 당시 유대 근본주의의 시기와 로마제국의 권력의 희생양이 되어 짧은 인생을 마친다. 그는 컴패션을 인간의 가장 소중한 가치로 삼았고, 그 가치를 위해 모든 것을 희생했다. 예수는 자신의 신념을 위해 목숨을 바친 것이다.

이때 예수가 숨지는 순간을 응시한 한 사람이 있다. 그는 예수의 제자가 아니라 역설적으로 예수의 십자가 처형을 책임진 로마 군인이다. 그는 예수의 체포와 재판 그리고 십자가 처형을 진행하면서 예수의 언행을 묵묵히 바라보았다.

로마법에 의하면 네 명의 군인이 처형을 지켜보도록 되어 있는데, 그날 예수를 포함해 세 명이 처형당했으므로 적어도 열두 명의 로마 군인이 현장에 있었을 것이다. 특히 정치범인 예수의 처형은 로마 군인 100명을 관리하는 백부장이 지휘했다. 그는 예수가 숭고한 죽음을 맞이하는 순간을 이렇게 말한다.

"그는 신의 아들임이 틀림없다."

10장

네 안에 있는 신성을
왜 보지 못하느냐?

σὺ εἶ ὁ διδάσκαλος τοῦ Ἰσραὴλ
καὶ ταῦτα οὐ γινώσκεις;

"네가 이스라엘의 선생이면서, 이런 것도 알지 못하느냐?
내가 진정으로 진정으로 너에게 말한다.
우리는, 우리가 아는 것을 말하고, 우리가 본 것을 증언하는데,
너희는 우리의 증언을 받아들이지 않는다.
내가 땅의 일을 말하여도 너희가 믿지 아니하거든,
하물며 하늘의 일을 말하면 어떻게 믿겠느냐?"
〈요한복음〉 3:10~12

예수의
십자가 처형

그리스도교 전통에서 예술은 글을 읽
지 못하는 대중에게 성서의 내용과 성인들의 삶과 그리고 그 가르
침을 효과적으로 전달하기 위해 시작됐다. 회화는 성서 이야기를
그림으로 표현함으로써 글을 읽을 줄 모르는 대다수 그리스도인들
의 감정에 호소한다. 또한 음악은 성서 이야기를 감동적인 소리로
전달한다. 그리스도교 전통의 예술가들은 성서의 중요한 사건들을
강력한 시각적, 청각적 드라마로 표현해 신도들의 삶에 깊은 인상
을 남기고자 노력했다. 그리스도교 예술 작품에서 다루는 가장 중
요한 사건은 예수의 십자가 처형이다.

15세기 유럽은 중세가 끝나고 치열하게 새로운 세계를 탐색하고
있었다. 이탈리아 피렌체 예술가들은 중세의 종교화에서 벗어나 자
유로운 개인의 잠재적인 감성을 표현하려 했지만, 이탈리아 이외의
지역들, 특히 플랑드르(현재 벨기에 서부 지역), 프랑스 북부 그리고 네

덜란드 남서부를 포함하는 북해를 둘러싼 주변 지역들은 중세보다 더욱더 신앙을 강조했다.

이탈리아 피렌체를 중심으로 다시 등장한 철학 사상은 플라톤의 실재론이다. 실재론이란 우주와 인류 안에서 발견되는 보편자인 이데아는 피안의 세계에만 존재하고 현실에는 존재하지 않는다는 입장이다. 실재론에 따르면 보편자와 개별자는 일치할 수도 만날 수도 없이 분리되어 있다. 그러나 플랑드르에서는 그 보편자가 개별자 안에 내재해 있다고 생각했다. 아리스토텔레스는 이 보편적인 개념이 사물 안에 존재하며 보편자는 개별자들에게 이름을 붙여 존재한다는 유명론(唯名論)을 철학적인 기반으로 삼았다.

예수가 비참하게, 그리고 허무하게 십자가에서 처형된 뒤 예수의 제자들은 깊은 시름과 회의에 빠졌다. 예수의 수제자인 베드로는 예수를 따라다닌 3년 동안 예수의 많은 기적을 경험하며 그는 분명 이스라엘이 그렇게도 기다리던 메시아라고 확신했다. 베드로는 예수가 죽기 전날 제자들과 식사하며 자신이 십자가에 처형당할 것을 예고할 때도 그의 뜻을 이해하지 못했다. 예수는 자신이 꿈꾸던 메시아와 전혀 다른 메시아를 지향했기 때문이다.

베드로는 예수의 그러한 결정을 철회하라고 요구했지만, 예수는 그러한 베드로를 '사탄'이라고 했다. 자신이 인류에게 보여주려는 가치 있는 삶의 전형은 '사랑'이며, 그 사랑을 실천하기 위해 세상의 어떤 것도 두렵지 않은 33세 청년 예수의 길을 이해하는 사람은 없었다.

예수가 골고다 언덕에서 십자가에 처형되고 몇 시간이 지났을까.

복음서에 등장하는 예수의 제자들은 목숨이 두려워 모두 잠적해버린다. 제자들은 이렇게 죽어버린 예수에게 자신들의 모든 것을 걸었던 3년이라는 시간이 한심하고 부끄러웠다.

예수 곁에는 함께 처형당한 두 명의 사람이 있었다. 성서에서는 예수와 함께 십자가에 처형당한 자들을 "강도"라고 기록하지만 아마도 이들은 로마제국의 질서를 파괴하고 유대 독립을 꿈꾸는 혁명가들일 가능성이 높다. 유대인 역사가 요세푸스에 의하면 유대에 주둔하는 로마 총독들은 수많은 "불순분자"를 십자가에 처형시켰다고 기록한다.

예수가 십자가 처형을 당한 골고다 언덕에서는 무슨 일이 있었을까? 우리는 그 상황을 네덜란드 화가 로지에 반 데르 바이덴(Rogier Van der Weyden)의 〈십자가 내림〉이라는 그림을 통해 짐작할 수 있다. 예술사 교수들은 바이덴의 이 그림이 이제 막 시작하는 르네상스 시대의 화가들에게 그리스도의 십자가 사건과 관련한 그림들의 전형이 되었다고 평가한다.

그림을 자세히 보면 애도하는 자들의 눈물이 보일 정도로 정교하다. 이 눈물은 인간의 심오한 슬픔을 표현한 요하네스 베르메르의 그림 〈진주 귀걸이를 한 소녀〉의 진주 귀걸이와 그 모습이 유사하다. 바이덴은 각각의 인물들을 여러 색으로 구분해 살아 있는 조각의 부조물 같은 효과를 내고 싶었다.

바이덴은 이 그림에서 자신이 생각하는 예수의 죽음을 분명히 이해하고 예수의 고난(passion)에 몸소 동참한 연민(compassion)의 인물들을 묘사했다. 예수의 팔은 십자가상의 모습처럼 열려 있다. 예수의 시신은 이 그림을 보는 사람들의 눈을 집중시킨다. 아리마대 요셉의 눈은 예수와 마리아 그리고 왼쪽 구석에 위치한 아담의 해골을 응시한다. 바이덴은 예수와 마리아를 새로운 세계의 아담과 이브로 묘사한다.

어머니 마리아의 모습은 십자가에서 내려지는 예수의 시신과 매우 유사하다. 마리아의 이러한 모습은 서양 미술사에 처음으로 등장했다. 바이덴은 독일의 종교 사상가 토마스 아 켐피스(Thomas a Kempis)가 1418년에 출간한 『그리스도를 본받아』에서 표현한 신비한 감정에 깊이 영향을 받았다. 토마스 아 켐피스는 예수의 고통을 어머니 마리아의 고통과 동일시한다. 예수가 죽자 어머니인 마리아도 그 순간 함께 살해된다. 바이덴은 바로 이러한 당시의 시대정신을 그대로 표현했다.

특히 바이덴의 스승이자 플랑드르 회화의 거장인 로베르 캉팽(Robert Campin)의 크로스보(crossbow, 사람의 몸을 석궁 모양처럼 표현하는 양식) 형식을 빌려 표현했다. 이 양식은 예수의 휘어진 몸과 둥그렇게 굽은 다른 사람들의 등의 형태에서 찾을 수 있다.

바이덴이 예수의 몸을 이렇게 표현한 이유는, 예수가 받은 고통이 마치 더 이상 구부러지지 않을 정도로 팽팽하게 당겨진 활시위와 같다는 의미다. 숨을 거둔 후의 예수의 모습은 화살이 날아가고 다시 제자리로 돌아온 석궁의 모양이다. 또한 예수와 마리아의 모습도 전체적으로 하나의 커다란 석궁 모양으로 묘사되어, 이 둘이 일심동체임을 표현한다.

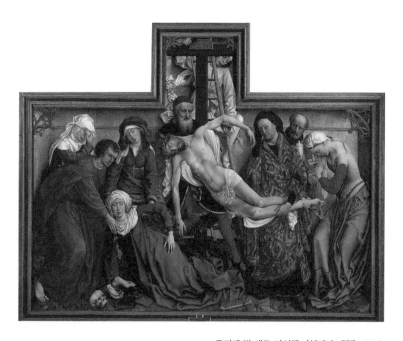

로지에 반 데르 바이덴, 〈십자가 내림〉, 1443

예수의 곁을 지킨
두 명의 숨은 제자

바이덴은 예수의 시신이 십자가에서 내려오는 동안 벌어지는 상황을 크게 세 개의 장면으로 묘사한다. 왼쪽부터 어머니 마리아의 사촌인 마리아 클레오파, 사랑하는 제자 요한, 마리아의 또 다른 사촌인 마리아 살로메 그리고 고통을 느끼며 옆으로 쓰러지는 어머니 마리아와 예수의 시신이 보인다.

예수의 뒤편에는 주황색 옷을 입은 니고데모가 있고, 사다리를 타고 올라가 예수의 시신을 내리는 청년은 니고데모 혹은 아리마대 요셉의 종일 것이다. 그리고 금빛 옷을 입은 부자 유대인 아리마대 요셉, 향유를 들고 있는 아리마대 요셉의 종이 있고 그림의 맨 오른쪽에 깍지를 끼고 절규하는 막달라 마리아가 있다.

이 그림에서 니고데모와 아리마대 요셉의 표현이 의미심장하다. 이들은 당시 유대 사회의 이름난 지도자였다. 예술사학자들 사이에서는 이 그림을 두고 누가 니고데모이고 누가 아리마대 요셉인지에 대해 논란이 있지만, 이 둘의 존재는 예수가 십자가에서 내려질 때 그 자리에 있었던 인물이라는 점에서 중요하다. 당시 예수를 메시아로 여기며 목숨까지 내놓을 것처럼 행동했던 예수의 제자들은 그가 십자가 처형을 당하자 바로 자취를 감춘 반면, 예수 곁에서 마지막을 배웅한 인물은 바로 니고데모와 아리마대 요셉이다.

이 두 사람의 표정이 압권이다. 십자가에서 예수의 몸을 내리며 슬픈 표정을 짓는 니고데모는 양손에 하얀 천을 들고 그것으로 예수의 몸을 감싸 그의 몸을 지탱하고 있다. 그는 독실한 유대인이며 바리새인으로 머리에는 유대인을 상징하는 짙은 고동색 키파(Kippah)를 쓰고 있다. 어깨에는 망토를 걸치고 있으며 주황색 옷을 입고 빨간색 스타킹과 검은색 신발을 신고 있다. 대각선 아래로 시선을 떨어뜨린 니고데모는 얼이 빠진 듯 상념에 젖어 있다.

니고데모 옆에는 화려한 금색의 옷을 입은 부자 아리마대 요셉이 있다. 그 역시 하얀 천으로 못에 박혀 하나로 이어져 있는 예수의 다리를 감싸며 오른손으로는 예수의 허벅지를, 왼손으로는 정강이를 받치고 있다. 그의 시선은 그림의 왼쪽 아래, 땅에 닿은 마리아 옆의 해골을 응시하고 있다. 아리마대 요셉 뒤에는 향유를 들고 있는 그의 종이 있다. 아리마대 요셉과 니고데모는 왜 이 자리까지 오게 되었을까? 유대인의 지도자로서 그들이 생각하는 예수의 죽음은 어떤 의미였을까?

로마제국의 십자가 처형은 극악무도한 형벌이다. 처형을 당하는 자는 공개적으로 극도의 수치심을 느끼며 처참하게 죽어간다. 게다가 십자가에서 죽었다 할지라도 시신을 내리는 경우는 거의 없었다. 매달려 있는 시신 자체가 공개적인 수치이기 때문이다. 십자가에 매달려 있는 시신은 맹금류의 먹이가 되거나 시신의 일부가 십자가에서 떨어져 대부분 들개의 차지가 된다. 유대인들에게 있어서 시신을 매장하지 못하는 것은 인간으로서 겪지 말아야 할 가장 비극적인 운명이었다.

로마인들은 로마제국의 질서를 혼란에 빠뜨린 정치범들을 모두 십자가형에 처했다. 빌라도가 예수에게 십자가형을 구형했을 때, 그는 예수를 십자가 위에 며칠 동안 그대로 놓아둘 심산이었다. 유월절에 수많은 유대인들이 예루살렘으로 몰려와 소동이 일어날지도 모르는 상황에서 예수의 십자가 처형은 유대인들에게 반란을 일으키지 말라는 확실한 경고였기 때문이다.

그러나 빌라도는 그러한 관행을 깨고 예수의 시신을 십자가에서 내려 유대인들의 관습에 따라 매장을 허락했다. 이것은 매우 이례적인 일이었다. 예상치 못한 두 명의 인물이 빌라도를 찾아왔기 때문이다. 첫 번째 인물은 유대인 지도자 아리마대 요셉이다. 그는 빌라도에게 예수의 시신을 내어달라고 요구한다. 그러면서 자신이 마련한 무덤을 예수를 위한 무덤으로 기증하겠다고 말한다. 이 내용은 복음서 네 권 모두에 기록되어 있다.

한편 〈요한복음〉은 공관복음서와 달리 한 사람을 더 등장시킨다. 바로 바리새인 니고데모다. 니고데모는 몰약과 향유(myrrh and aloe)를 준비해 빌라도를 찾아간다.

그렇다면 아리마대 요셉은 어떤 사람이었을까? 성서에서는 그를 다음과 같이 기록한다.

그는 명망 있는 의회 의원이고, 하나님의 나라를 기다리는 사람인데, 이 사람이 대담하게 빌라도에게 가서, 예수의 시신을 내어달라고 청하였다.[1]

〈마태복음〉 27장 57절은 아리마대 요셉이 부자이며 예수의 제자라고 기록하고, 〈요한복음〉 19장 38절은 예수의 제자인 그가 빌라도에게 예수의 시신을 요구했다고 증언한다. 빌라도는 예수가 사

망한 것을 확인하고 아리마대 요셉의 요청을 들어준다. 〈마가복음〉
15장 46절은 요셉이 이 허락을 받고 그 베를 구입해 골고다로 가서
예수의 시신을 내린 뒤 고운 베로 쌌다고 기록한다.

〈마가복음〉 저자는 아리마대 요셉을 '존경받는 관원'으로 정의한
다. '존경받는'의 그리스어는 '유스케몬(euschemon)'이며, 그 본래
의미는 '풍채가 좋은'이라는 뜻이다. 이 단어는 말 그대로 풍채가
좋은 것뿐만 아니라 정신적, 영적으로 뛰어나 자신이 속한 사회에
서 존경받으며 영향력을 행사하는 재력가를 표현할 때 사용한다.

'관원'이라는 단어는 그리스어로 '불류테스(bouleutes)'다. 이 단어
는 1세기 그리스인들의 최고 권력 기관인 산헤드린의 일원을 지칭
하는 용어다. 산헤드린은 기원전 1세기부터 등장한 유대 지도자들
의 모임을 지칭한다. 서기관과 사제 그리고 정치적이며 법적인 영
향력이 있는 사람들의 모임으로 로마제국은 이들을 통해 유대를 간
접 통치했다. 또한 '불류테스'는 로마제국의 원로원을 지칭하는 단
어이기도 하다. 한마디로 아리마대 요셉은 1세기 유대 사회에서 가
장 존경받으며 동시에 영향력 있는 사람이었다고 볼 수 있다.

아리마대 요셉은 '하나님의 나라'를 기다렸다. '기다리다'라는 그
리스어 '프로스데코마이(prosdekomai)'는 아무 일도 하지 않고 수동
적으로 무작정 어떤 사건이 일어나기를 기다리는 상태가 아니다.
그는 유대인들이 오래전부터 기다리던 메시아가 와서 로마제국을
무너뜨리고 '하나님의 나라'를 건설할 것이라고 믿었던 사람이다.

〈이사야서〉 53장에는 메시아에 대한 내용이 등장하는데, 여기서
메시아는 이스라엘을 구원할 '고난받는 종'으로 기록되어 있다.

그는 폭력을 휘두르지도 않았고, 거짓말도 하지 않았지만, 사람들은 그에게 악한 사람과 함께 묻힐 무덤을 주었고, 죽어서 부자와 함께 들어가게 하였다.[2]

그리스도교 성서학자들은 메시아가 죽어서 "부자와 함께 들어간다"는 구절에서 '부자'를 아리마대 요셉으로 해석한다. 아리마대 요셉은 자신의 삶의 우선순위에서 '하나님의 나라'를 건설할 메시아를 간절히 기다리고, 그러한 자를 위해 자신의 모든 것을 헌신할 자세가 된 사람이었다. 그는 메시아가 나타나기만 하면 주저 없이 그를 수용할 준비가 되어 있었다. 그것은 복음서에 나오는 "밭에 숨겨진 보화"를 발견한 농부가 자신의 모든 것을 팔아 지체 없이 그 밭을 사는 심정과 같다.

빌라도에게 예수의 시신을 요구한 요셉

산헤드린의 존경받는 지도자인 아리마대 요셉은 유대인의 경전 『토라』와 『토라』에 대한 다양한 해석에 정통한 학자였다. 그는 자신이 그렇게도 기다렸던 메시아의 모습을 예수를 통해 확인했을 것이다. 아리마대 요셉은 당시 최고의 유대 학자이며 정신적인 스승이었던 힐렐의 가르침을 가슴속 깊이 간직하며 실천했다. '자기 자신에게 해가 되는 일을 다른 사람에게 하지 말아라'라는 황금률은 아마도 1세기 유대인들에게 삶의 철학이자 경전 해석의 원칙이었을 것이다.

어느 날 그는 예루살렘 출신이 아닌 나사렛 출신 예언자인 예수에 관한 소문을 듣는다. 그는 청년 예수로부터 처음으로 소극적인 황금률이 아니라 파격적이며 적극적인 황금률을 듣게 된다. "네 이웃을 내 몸처럼 사랑하라!" 예수는 '하나님의 나라'는 내가 있는 이 시간과 이 장소에서 황금률을 실천할 때 그 사랑을 받는 상대방이 바로 신이 된다고 주장한다. 우리 삶에서 만나는 가장 불쌍한 자가, 우리의 도움이 절실한 이웃이 바로 신이라는 것이다.

아리마대 요셉은 바로 이 가르침에 매료됐다. 그는 오랫동안 '하나님의 나라'가 어떤 모습으로 등장하는지 애타게 기다리고 있었다. 영적으로 갈급한 상태였던 그에게 예수는 바로 '하늘에서 내려오는 빵' 만나(manna)와 같았다. 그의 영적인 배고픔은 예수를 메시아로 인식하는 렌즈가 됐다. 동료 산헤드린 멤버들은 그가 예수를 메시아로 생각한다는 사실을 눈치 챘지만 그에게 시비를 거는 사람은 아무도 없었다. 그는 유대인들 중에서도 엄청난 부자인데다 유력한 권력자였기 때문이다.

아리마대 요셉은 예수가 십자가 처형을 당하는 모습을 지켜보았다. 그리고 유대인으로서는 할 수 없는 중대한 결정을 내린다. 그는 예수의 시신을 양도받아 자신이 매장하고자 한다. 여기에는 여러 가지 위험이 따른다. 먼저 로마제국의 방식대로 처형당한 예수의 시신을 빌라도에게 요구하는 행위는 자신의 명예나 지위뿐만 아니라 목숨까지도 위험할 수 있다. 또한 그가 누렸던 유대인 사회, 특히 산헤드린에서의 권력을 잃을 수도 있다. 그러나 아리마대 요셉은 빌라도를 찾아가 대담하게 예수의 시신을 요구한다.

그 뒤에 아리마대 사람 요셉이 예수의 시신을 거두게 하여 달라고 빌
라도에게 청하였다. 그는 예수의 제자인데, 유대 사람이 무서워서 그
것을 숨기고 있었다.³

빌라도가 이를 허락하자 아리마대 요셉은 예수의 시신을 십자가
에서 내린다. 신실한 유대인이었던 그는 예수의 시신을 그날 바로
처리해야만 했다. 왜냐하면 다음 날이 바로 안식일이기 때문이다.
유대인들은 안식일에 예배를 보는 것 외에는 아무 일도 하지 않는
다. 시신을 내어달라고 요구한 그리스어는 '아이테오(aiteo)'다. 이
단어는 자신의 주장을 당당하게 요구할 때 사용한다. 그는 빌라도
에게 자신의 주장을 논리적이고 설득력 있게, 그리고 예의를 갖추
어 요구한다. 〈마가복음〉은 다음과 같이 전한다.

빌라도는 예수가 벌써 죽었을까 하고 의아하게 생각하여, 백부장을 불
러서, 예수가 죽은 지 오래되었는지를 물어보았다. 빌라도는 백부장에
게 알아보고 나서, 시체를 요셉에게 내어주었다.⁴

요셉은 앞에서 설명한 바이덴의 그림 〈십자가 내림〉에 묘사된 것
처럼 십자가에서 처형당한 예수의 시신을 직접 내린다. 그러고는
준비해온 '고운 천'인 세마포로 예수의 시신을 감쌌다. 이 고운 천
은 그리스어로 '오소니온(othonion)'이라 한다. 이집트에서 생산되

는 오소니온은 고대 지중해 전역에 수출됐다. 특히 사제나 귀족들의 옷과 장례 같은 특별한 의식 때 수의로 사용됐다.

당시 시신을 감싸는 천은 오소니온 외에도 더 있었다. 〈요한복음〉 11장에는 예수가 친한 친구 나사로의 죽음을 전해 듣고 그를 살려내는 이야기가 나오는데, 그때 나사로의 "손발은 천으로 감겨 있고, 얼굴은 수건으로 싸매져 있었다"[5]라는 구절이 등장한다. 이때 사용한 천은 여러 개의 조각난 천이었다. 그러나 아리마대 요셉이 준비한 오소니온은 하나로 길게 연결된 최고급 모시였다. 그는 자신의 장례를 위해 이집트에서 수입해온 이 오소니온을 오래전부터 보관해두고 있었다.

몰래 예수를 찾아간 니고데모

아리마대 요셉은 자신처럼 예수를 메시아로 생각한 또 다른 산헤드린 멤버와 동행했다. 그의 이름은 니고데모다. 그는 예전에 예수를 조용히 찾아간 적이 있었다. 〈요한복음〉 3장에 니고데모가 등장하는 구절이 있다.

바리새파 사람 가운데 니고데모라는 사람이 있었다. 그는 유대 의회원 (산헤드린)이었다.[6]

니고데모는 바리새인이다. 바리새인은 기원전 2세기부터 등장한 유대학자들을 이르는 용어로, 히브리어로 '구분된 자'라는 의미다. 이들은 스스로 엄격하게 유대 율법을 지키고 경전 연구에 전념한다. 유대인들은 기원전 586년에 예루살렘이 무너진 뒤 자신들의 신앙의 중심을 예루살렘이라는 건물에서 경전 연구로 옮겨간다. 기원전 515년 페르시아제국 시대에 예루살렘 성전을 재건했지만, 경전을 공부하고 의례를 행하는 유대인 회당이 곳곳에 등장하게 된다. 유대인들은 자신이 살고 있는 지역의 유대인 회당에서 금요일 저녁에 예배를 드릴 뿐만 아니라 매일 아침, 오후 그리고 저녁 시간에 자유롭게 기도하고 월요일, 목요일 그리고 안식일인 금요일 저녁에는 『토라』 경전을 강독했다.

성전의 의례를 주관하는 것은 제사장이었지만 『토라』 연구를 인도한 것은 바리새인들이었다. 이 바리새인들은 히브리어로 '나의 선생님'이라는 의미의 '랍비'로 불렸다. 바리새인들은 이 구전 전통의 경전 해석의 권위자들이었다.

예수가 활동할 당시 바리새인들은 이스라엘에서 가장 존경받는 종교 지도자들이었다. 당시 사두개인이라는 유대교 분파가 있었는데, 이들은 초자연적인 기적을 믿지 않고 메시아의 도래를 기대하지 않는 보수적인 종교인들이다. 바리새인들은 이들과 달리 기적을 신봉하며 열렬히 메시아를 기다리는 학자들이었다. 바리새인들은 경전의 축자적인 의미보다는 자신이 살고 있는 시대적 상황에 적용할 수 있도록 은유적인 의미에 더 집중했다. 유대 역사가인 요세푸스와 사도 바울이 바로 바리새인이었다.

성서는 바리새인 니고데모가 유대인의 지도자였다고 기록한다.

여기서 '지도자'라는 의미는 한 지역에서 유대인 회당을 책임지는 종교 지도자일 수도 있고, 산헤드린의 일원일 수도 있다. 한마디로 니고데모도 아리마대 요셉처럼 유명하고 영향력 있는 부자였을 것이다.

그가 예루살렘 거리를 지날 때면 모든 유대인들이 그의 일거수 일투족을 지켜보았기 때문에 그는 함부로 길거리에 나서지 않았다. 그는 아리마대 요셉과 마찬가지로 '하나님의 나라'와 메시아를 학수고대했으며, 오랫동안 예수를 지켜본 결과 예수가 메시아일 것이라고 생각했다. 그러나 다른 모든 산헤드린 멤버들이 자신을 하나님이라고 말하는 예수를 "술주정뱅이" 혹은 "미친 사람"으로 폄하했으므로 많은 사람들이 지켜보는 대낮에 예수를 방문할 수는 없었다. 그는 밤에 예수를 찾아와 이렇게 말한다.

"랍비님, 우리는, 선생님이 하나님께로부터 오신 분임을 압니다. 하나님께서 같이하지 않으시면, 선생님께서 하시는 그러한 표적을 아무도 할 수 없습니다."[7]

니고데모는 예수를 서슴지 않고 "랍비님!"이라고 부른다. 유대인들은 랍비라는 용어를 수천 년 동안 간직해온 경전에 대한 다양한 해석을 모두 암기할 뿐만 아니라 그것을 1세기 유대인 상황에 감동적으로 적용해 가르칠 수 있는 자에게만 사용했다. 아마도 니고데모는 예수가 설교하는 내용을 들은 적이 있고 그의 경전에 대한 깊은 이해와 해석에 감탄했을 것이다.

예수는 니고데모가 자신에게 왜 이러한 말을 하는지 그 의도를 감지했다. 니고데모는 하늘나라와 메시아에 대해 알고 싶어 온 것이다. 예수라면 하늘나라가 무엇인지 알고 있을 것이라고 생각했고, 그리고 그가 정말 메시아인지 직접 만나 확인하고 싶었을 것이다. 그러자 예수는 다음과 같이 말한다.

"내가 진실로, 진실로 너에게 말한다. 누구든지 다시 나지 않으면, 하나님 나라를 볼 수 없다. 하나님의 나라는 '다시 태어나는 자'에게 보인다"[8]

니고데모는 생전 처음으로 "다시 태어난다"라는 표현을 들었다. 그는 이 표현을 축자적으로 해석해 예수에게 다시 질문한다.

"사람이 늙은 뒤에, 어떻게 다시 태어날 수 있겠습니까? 어머니 뱃속에 다시 들어갔다가 태어날 수야 없지 않습니까?"[9]

그러자 예수는 니고데모에게 이렇게 말한다.

"내가 진정으로 진정으로 너에게 말한다. 누구든지 물과 성령으로 나지 않으면, 하나님 나라에 들어갈 수 없다. 육으로 난 것은 육이요, 영으로 난 것은 영이다. 너희가 다시 태어나야 한다고 내가 말한 것을, 너희는 이상히 여기지 말아라.
바람은 불고 싶은 대로 분다. 너는 그 소리는 듣지만, 어디에서 와서 어디로 가는지는 모른다. 성령으로 태어난 사람은 다 이와 같다."[10]

예수는 니고데모의 질문에 "누구든지 물과 성령으로 나지 않으면, 하나님 나라에 들어갈 수 없다"라고 말하고는 이 문장을 좀 더 자세히 설명한다. 그는 '다시 태어난다'를 '물과 성령으로 나야 한다'로 풀어 대답하고 '하나님의 나라를 본다'를 '하나님의 나라에 들어간다'로 표현한다. 여기서 '다시 태어난다'라는 말의 첫 번째 의미는 인간이 어머니의 뱃속이라는 '물'에서 태어나는 자연적인 탄생을 뜻하고, 두 번째는 '성령'으로 태어나는 영적인 탄생과 깨달음을 가리킨다.

'성령'은 〈창세기〉에 등장하는 신이 직접 인간에게 부여한 생기(生氣)다. 이 생기는 모든 인간의 마음속에 숨겨진 '신의 형상'이라는 DNA이다. 다른 말로 표현하면, 인간은 살아가면서 두 번 태어나야 하는데, 한 번은 어머니의 자궁, 즉 '물'에서부터의 탄생이고, 다른 한 번은 인간 안에 존재하는 신의 형상과 속성을 회복함으로써 새롭게 태어나는 것이라 할 수 있다. 이것을 통해 인간은 육체적인 존재와 더불어 영적인 존재가 된다.

예수는 이 성령을 바람과 비교한다. 성령과 성령으로 태어난 사람은 어디에서 와서 어디로 가는지 모르는 바람처럼 자유롭다. 예수의 이 문장은 일종의 언어유희다.[11] 영적인 인간은 무엇에 억눌리거나 제한받지 않는다. 모든 것에 열려 있는 사람이다.

다시 태어난다는 것의
의미

영적인 인간이란 유대교 전통의 경전 해석을 숙지하고 그것을 실생활에서 효과적이고 지혜롭게 적용하는 것이라고 생각했던 니고데모는 예수의 이러한 파격적인 말에 "어떻게, 이러한 일이 있을 수 있습니까?"라고 묻는다. 그러자 예수가 다시 묻는다.

"너는 이스라엘의 선생이면서, 이러한 것도 알지 못하느냐? (…) 내가 땅의 일을 말하여도 너희가 믿지 아니하거든, 하물며 하늘의 일을 말하면 어떻게 믿겠느냐?"[12]

그런 뒤에 예수는 니고데모가 알 수 없는 신기한 말을 한다.

"하늘에서 내려온 이, 곧 인자 밖에는 하늘로 올라간 이가 없다. 모세가 광야에서 뱀을 든 것과 같이, 인자도 들려야 한다."[13]

예수는 자신을 인자(人子)라 칭한다. '인자'는 다음 두 가지를 의미한다. 첫 번째는 구약성서 〈다니엘서〉 7장 13~14절에 등장하는 '메시아'를 의미하며, 두 번째는 '사람'이라는 의미다. 예수는 인자가 품은 이 두 가지 의미를 모두 사용함으로써 자신이 남들과 다르지 않은 인간임을 말한다. 유대인들이 그렇게도 기다리던 메시아가 바로 인간이라는 주장이다. 이러한 인자가 세상에서 할 일은 모세의 놋으로 만든 뱀과 같은 역할이다.

고대 이스라엘 사람들은 이집트에서 탈출한 후 광야 생활이 힘들어지자 사분오열해 신과 모세에게 불평을 했다. 이들이 정착하려는 약속의 땅은 멀기만 하고 사막 생활은 자신들이 생각한 것처럼 이상적이지 않았다. 특히 약속의 땅을 정탐하고 돌아온 스파이들은 그곳의 거주자들이 거인처럼 건장해서 도저히 이스라엘인들이 차지할 수 없을 것이라는 절망적인 말을 했다. 마침내 그들은 집단 거주지에서 탈출해 시내 산 사막에서 이집트로 돌아가고자 했다.

시내 산에 가장 많이 서식하는 것이 바로 검은색 코브라라는 뱀이다. 사막에서 살아남을 정도로 독한 이 검은 피부를 가진 코브라는 한 번 물리면 사망에 이른다. 길이가 1.6미터에서 2미터 정도 되며 사막에 서식하는 쥐나 도마뱀을 먹고 산다. 만일 시내 산에서 길을 잃은 사람이 이 코브라와 마주친다면 그는 순식간에 이 뱀에게 물려죽을 것이다.

모세는 다시 정착촌으로 돌아온 이스라엘 사람들에게 다시는 그곳을 떠나지 말라는 경고로 놋으로 만든 뱀을 모든 사람들이 볼 수 있도록 세워놓았다. 이 놋 뱀은 이스라엘 사람들의 어리석음에 대한 경고이자 다시는 사막으로 나가 죽지 말라는 삶의 좌표다.

예수는 스스로를 모세가 들고 있던 놋으로 만든 뱀처럼 다른 사람들의 목숨을 구하기 위해 자신 또한 사막 위에 들려져야 한다는 말한다. 니고데모는 예수의 이 말에 충격을 받는다. 자신이 생각하던 메시아와 전혀 다른 모습이었기 때문이다.

그는 예수가 빌라도에 의해 십자가에서 처형되었다는 소식을 들고 바로 골고다 언덕으로 간다. 그리고 예수가 놋 뱀처럼 들려져야 한다고 말한 것을 눈으로 확인하게 된다. 〈요한복음〉은 니고데모의 등장을 다음과 같이 말한다.

일찍이 예수를 밤중에 찾아왔던 니고데모도, 몰약에 침향을 섞은 것을 백 근쯤 가지고 왔다.[14]

당시 로마의 무게 단위를 환산하면 100리트라는 21.8킬로그램이다. 니고데모는 자신의 종들을 시켜 이 무거운 몰약과 알로에(침향)를 함께 가져왔다. 이렇게 많은 양을 짧은 시간에 가져올 수 있었던 것은 니고데모가 자신의 장례를 위해 이것들을 미리 준비해놓았었기 때문이다.

몰약은 값비싼 노란색을 띠는 송진으로 예로부터 시신 방부 처리를 하는 데 사용됐다. 예수가 태어났을 때 페르시아에서 온 동방의 사제들이 이것을 가져왔을 정도로 귀중한 물건이며, 예로부터 동방 무역상들의 주요 수출 품목에서 빠지지 않는 최고급 사치품이다. 알로에는 달콤한 향기가 나는 일종의 향수로 시신이 부패할 때 나는 고약한 냄새를 없애는 역할을 한다.

예수를 메시아로 생각했던 충실한 유대인 지도자인 아리마대 요셉과 니고데모는 예수의 시신을 신속하게 요셉이 기증한 무덤에 안치했다. 안식일이 다가오고 있었기 때문이다. 당시 대부분의 유대인들은 바위를 깎아 만든 무덤이 아니라 땅에 매장되는 것이 일반적이었다. 특히 예수와 같이 십자가형으로 죽은 시신들은 예루살렘

서쪽의 '게힌나(gehinna)'라는 곳에 유기되기 마련이었다.

대부분의 무덤들은 와인의 코르크처럼 직사각형의 돌로 완벽하게 봉인되어 있다. 그러나 복음서에는 예수의 무덤 입구에 돌을 굴렸다고 기록되어 있다. 이러한 형식의 무덤은 매우 드문 형태로 최고 권력자만이 누릴 수 있는 무덤이다. 당시의 무덤이 1,000개 정도 발견되었는데, 그중 열 개 정도만 굴릴 수 있는 돌로 입구가 봉인되어 있다.

무덤은 주로 가족묘이기 때문에 안에 여러 개의 방이 있는데, 아리마대 요셉이 자신의 가족묘에 극형을 당한 범죄자를 매장한 행위는 다른 유대인으로부터 대대로 모욕이 될 터였다. 아리마대 요셉은 먼저 니고데모가 이집트에서 가져온 긴 세마포로 예수의 몸을 감싼 후, 니고데모가 가져온 몰약과 알로에를 섞어 만든 향품을 예수의 시신에 정성스럽게 바른 후 중앙 벤치에 바로 뉘었다. 이 시신은 1년이 지나 시신이 모두 분해되면 뼈를 추려 무덤 안 옆쪽의 유골 단지에 보관하게 된다.

왜 복음서는, 특히 〈요한복음〉은 예수가 죽은 뒤 예수의 무덤과 장례에 대해 이렇게 자세히 설명했을까? 아리마대 요셉과 니고데모는 왜 갑자기 등장해서 예수의 마지막 길을 배웅할까? 아리마대 요셉과 니고데모는 자신들의 처지 때문에 비록 공개적으로 예수의 제자가 되지 못했지만, 예수의 마지막을 함께한 숨은 제자들이었다. 이들은 예수를 만난 후 예수가 참다운 메시아임을 깨닫고 자신의 권위와 사회적 위치를 다 버리고 새로운 삶을 택한다.

'하나님 나라'를 보려면 "다시 태어나야 한다"는 예수의 말은 제한된 시공간 안에서의 경험을 통해 주어진 자아로부터 탈출하여, 내 안의 신의 속성을 발견하고 이를 실천해야 한다는 의미다. 예수가 모세의 놋 뱀처럼 들려져 자비의 삶을 살았던 것처럼 우리도 자신만의 새로운 삶을 찾아 나서야 한다. 이 거룩한 여행이 바로 다시 태어나기 위한 연습이다.

11장

너는 나를 보았으므로 믿느냐?

ὅτι ἑώρακάς με πεπίστευκας;

"너는 나를 보았으므로 믿느냐?
나를 보지 않고도 믿는 사람은 복이 있다."
〈요한복음〉 20:29

도마는 의심 많은 제자인가?

그리스도교에서 예수의 제자 도마는 '의심하는 자'로 알려져 있다. 그는 예수가 실제로 부활했는지 알고 싶어 자기 스승의 몸에 난 상처에 손을 집어넣은 자다. 그동안 도마는 그리스도교의 가르침을 '의심 없이' 믿지 못하는 어리석은 제자로 폄하되어왔다. 그러나 시리아와 이집트 그리고 아시아에서의 도마는 예수의 가장 중요한 제자로 기억된다. 그는 예수가 가장 신뢰하는 제자로 예수가 전하고자 하는 말을 그대로 옮기는 예수의 복심(腹心)이다.

그의 이름 '도마'는 아람어로 '타우마(Tawma)', 즉 '쌍둥이'라는 의미다. '타우마'의 원래 의미는 '내적으로 완벽한/온전한'이라는 뜻이다. 성서 히브리어에서는 완벽한 인간을 '온전하고 정직한'이라는 의미를 지닌 '톰 와-야사르(tom wa-yasar)'라는 관용어구로 표현한다. 이는 아브라함과 욥의 별칭이기도 하다. 도마가 기록한 문헌에 의하면 예수는 다른 복음서나 바울의 서신서들에서 증언하는 것처럼 '그리스도' 혹은 '신의 아들'이 아니라 영적인 지혜를 가르치는 현자다.

도마는 고대 시리아어(기원후 5세기부터 시리아 지역에서 사용하기 시작한 아람어의 일종)를 사용한 메소포타미아 상류나 시리아에서는 '유다 도마'로 불렸다. 〈요한복음〉에서는 '디뒤무스(Didymus)'라는 그리스 이름으로 불렸는데, 이 또한 '쌍둥이'라는 의미다. 아마도 도마는 예수와 쌍둥이로 불릴 만큼 각별한 사이였던 듯하다. 이들이 실제 혈육관계여서가 아니라 영적으로나 상징적으로 예수가 한 말의 의미를 가장 잘 파악하고 전달했던 제자라서 붙여진 이름이다.

도마에 대한 이러한 서방 그리스도교와 동방 그리스도교의 상반된 견해에 대한 해석은 1945년 이집트 나그함마디(Nag Hammadi)에서 발견된 〈도마복음〉으로 새로운 국면에 들어선다. 〈도마복음〉은 다른 52개의 영지주의 문서들과 함께 발굴됐다.

알렉산드리아의 교부 아타나시우스는 오늘날 우리가 사용하는 신약성서 27권을 처음으로 정한 인물이다. 그는 기원후 367년에 쓴 한 편지에서 27권의 책만 그리스도교 경전으로 받아들여야 한다고 주장했다.

그 후 382년 교황 다마수스 1세는 아타나시우스가 선별한 27권의 책을 신약성서 경전으로 제정했다. 한편 아타나시우스가 채택한 책 이외의 다른 책들은 이단 문헌으로 규정됐고 여러 문헌들, 특히 영지주의 문헌들은 분서갱유나 박해를 피하기 위해 이집트의 광활한 사막에 묻혔다.

도마는 어떤 인물인가? 서구 그리스도교가 주장하는 것처럼 도마는 그저 의심 많은 제자인가? 〈요한복음〉 20장에서 예수의 고난의 상처를 만져보아야만 예수의 부활을 믿겠다는 도마의 주장은 무슨 의미인가? '의심'이라는 단어는 그리스도교의 신앙 안에서 터부인가? 먼저 우리가 의심할 수 없는 확실한 믿음이 무엇인지부터 살펴보자.

니체의 선언,
의심은 죄가 아니다!

19세기 말, 니체는 현대는 다른 사람들이 전해준 정보나 신념을 무비판적으로 수용하지 않고 자신이 스스로 삶의 주인이 되어 자신의 생각을 말하는 시대라고 말했다. 우리는 자신의 의지와 상관없이 특정한 시간과 공간 안에서 태어나 그 환경 속에서 세계관을 형성한다. 더욱이 전통과 역사라는 이름으로 전해내려 온 정보를 다양한 가능성 가운데 하나라고 생각하지 않고 유일한 진리로 여기는 경우가 흔하다.

니체는 우리가 유전적으로 집착하고 있는 과거의 '진리'라는 세계가 더 이상 새로운 시대정신이 될 수 없음을 절실히 느꼈다. 그는 서양 문화의 근간을 이루는 교조적이며 구태의연한 그리스도교를 비판하고 낡은 가치 체계가 갖는 위선과 환상을 벗겨내기 위해 "신은 죽었다"라고 선언한다. 그는 1882년에 쓴 『즐거운 학문』에서 이렇게 말한다.

신은 죽었다. 신은 죽은 채로 있다. 우리가 신을 죽였다. 우리는 모든 살인자들 중에 가장 지독한 살인자들인 우리를 어떻게 위로할까? 세계가 지금까지 소유했던 가장 거룩하고 강력한 것이 우리의 칼로 죽음을 당했다. 누가 이 피를 우리로부터 씻어낼까? 어떤 물로 우리는 깨끗해질 수 있는가? (…) 이 행위가 우리에게 너무 위대하지 않은가? 우리 스스로가 그럴 만한 가치가 있어보이도록 신이 되어야만 하지 않을까?[1]

니체는 서양사에서 그리스도교가 독점해온 문화와 도덕적인 절대성을 상대주의로 대치하고 그리스도교 성서 주석의 핵심인 구약에 등장하는 사건이나 인물 모두를 그리스도의 십자가 사건에 대한 예표(豫表)로 여기는 방식을 비판한다. 그는 1881년에 저술한 『아침놀』에서 그리스도교가 '의심'을 중요한 죄로 정한 편협성에 대해 다음과 같이 주장한다.

죄로서 의심: 그리스도교는 그 원을 닫기 위해 하지 말아야 할 일을 했다. 심지어 의심을 죄로 선포했다. 사람은 이성의 도움 없이 기적으로 믿음을 지녀야 한다. 그 후로 그 믿음이란 바다에서 가장 선명하고 확실하게 헤엄쳐야 한다. 단순히 육지를 힐끗 보는 것도, 심지어 수영하는 것 이외에 다른 선택이 존재한다는 생각도, 심지어는 우리들이 바다와 육지에서 모두 거주할 수 있다는 약간의 충동도 역시 죄다! 우리는 그리스도교에서 믿음의 기초와 그 기원에 대한 모든 심사숙고가 죄로 치부되어 배제되었다는 사실을 알아야 한다. 그리스도교에서 원

하는 것은 맹목성과 도취 그리고 이성을 삼켜버린 파도에 대한 영원한 노래뿐이다.[2]

니체는 그리스도교가 생명력을 잃은 것은 무엇보다도 '의심'을 죄로 치부해 신도들을 맹목적인 인간으로 만들었기 때문이라고 지적한다.

의심을 삶의 원칙으로 삼은 데카르트

니체보다 200년 앞선 프랑스 철학자 데카르트는 자기 스스로 확신하기 전에는 그 어느 것도 진리로 받아들이지 말라고 주장한다. 신교도와 구교도의 갈등이 빚어졌던 16세기 후반 프랑스에서 태어난 데카르트는 유럽의 최대 종교 전쟁인 동시에 최초의 근대적 영토 정복 전쟁이었던 유럽의 30년 전쟁을 몸소 체험한다. 서구 세계는 전통과 규범을 중시하는 중세에서 개인적인 자율성을 중요시하는 근대로 넘어가는 가파른 언덕길에 서 있었다.

데카르트는 근대 세계의 사유 기반으로 '회의'를 주장한다. 그는 자신이 주체가 되어 세상을 관통하는 시선을 기존 철학자들의 책에서 찾지 않는다. 그는 자신이 속한 세상을 있는 그대로 직시할 수 있는 용기, 그 세상을 아무런 편견 없이 그대로 볼 수 있는 혜안에서 자신만의 시선을 찾았다. 그는 1637년에 출간한 『방법서설』에서 다음과 같이 선언한다.

나는 내가 책이나 학교에서 만난 스승으로부터 해방되는 나이가 되자 학교 공부를 집어치웠다. 그리고 나 자신 속에서 혹은 세상이라는 커다란 책 속에서 발견할 수 있는 학문 외에는 어떤 학문도 찾지 말자고 다짐했다.[3]

데카르트는 자기 자신이 소유할 수 있는 최고의 가치인 자유, 특히 상상하고 생각하는 자유를 최고의 학문으로 여겼다. 그러나 그의 독립적 사유의 대상인 세상은 비극으로 가득 차 있었다. 1618년, 그러니까 그가 22세 되던 해에 시작된 30년 전쟁은 그가 죽기 두 해 전인 1648년에 끝이 났다. 30년 전쟁은 가톨릭과 프로테스탄트의 종교 전쟁처럼 보이지만 실제로는 전통과 자유, 권위와 도전 그리고 교리와 해석의 투쟁이었다. 새로운 세계와 그것의 근간이 되는 세계관은 처절한 투쟁을 통해서만 획득되며, 그 길은 아무도 가지 않은 새로운 길, 근대의 길(via moderna)이다. 데카르트는 아무도 가지 않은 이 근대적 길을 '회의'라는 등불로 한 발짝씩 더듬었다.

데카르트는 바로 이 의심의 원칙을 근대 철학의 기반으로 삼았다. 그는 이 원칙을 통해 어느 것도 믿을 수 없고 그렇게 생각하는 자신에 대한 인식만이 존재한다고 결론지었다. 최근 뇌과학자들에 의해 그의 이론이 이원론에 근거한다는 공격을 당하기도 하지만 그의 의심의 철학은 현대를 사는 우리의 사유에 소중한 기반이 됐다.

자신의 모든 것을 의심하는 것은 지적인 삶을 가능하게 하는 엔

진이다. 우리는 항상 과도한 확신으로 고통을 당한다. 강력한 철학은 항상 내가 가진 생각이 틀릴 수 있다는 가능성을 염두에 두고 묻는 행위다. 데카르트의 의심의 철학은 진리라고 주장하는 모든 것을 의심함으로써 시작한다. 인간의 오감으로 감지된 것들뿐만 아니라 그것들이 사회의 도덕이나 관습 그리고 사상과 종교로 탈바꿈된 문명과 문화의 근간들을 모두 포함한다.

더 나아가 이성적인 생각 그 자체를 의심한다. 만일 이 세상에 대한 특정한 진리가 이 극단적인 의심의 과정을 거친다면 그것은 의심할 수 없는 완벽한 지식이 된다. 다음의 세 가지 방법을 통해 자신이 확신하는 모든 것을 의심하는 진리에 도달할 수 있다.

첫 번째, 세상을 감지하는 기관인 오감의 판단은 틀릴 수도 있다. 이것을 '지각적 착각'이라 한다. 보고, 듣고, 맛보고, 냄새 맡고, 만져보았다고 해서 그 대상을 인지한 것은 아니다. 그것은 그 대상에 대한 인상일 뿐이다. 그러므로 우리가 경험한 세계를 전적으로 신뢰하지 않는 것이 현명하다. 자신도 모르게 습득한 편견과 세계관이라는 렌즈를 통해 선별적으로 세상을 해석할 뿐이다. 최근 뇌과학의 연구에 의하면 우리가 사물을 만질 때의 감촉은 이미 뇌에 저장되어 있는 그 감촉에 대한 느낌을 추측해 특정한 느낌으로 감각화하는 것이라고 한다.

두 번째, 데카르트는 모든 감각 기관의 인지 능력을 근본적으로 의심하는 방법으로 꿈에서의 경험을 탐구한다. 우리가 전날 밤 생생한 꿈을 꾸었다고 가정해보자. 꿈을 꾸는 순간에는 깨어있을 때의 경험과 구분할 수 없다. 즉 우리가 경험한 모든 세계는 우리가 꾼 꿈이나 상상력으로 조작된 허상일 수 있다. 그러나 물질세계와 꿈의 세계와는 달리 수학적인 명제나 자연의 순환은 진리일 가능성이 크다. 예를 들어 '2+2'는 '4'라는 계산은 진리다.

세 번째, 데카르트는 당시 유럽인들이 간직해온 가장 소중한 믿음을 의심한다. 전지전능한 신이라도 그 신이 우리를 속일 수 있다는 것이다. '속이는 신'은 우리로 하여금 그 신에 대한 믿음을 갖도록 종용할 뿐만 아니라 우리가 어떤 것을 믿을 때마다 전지전능한 속임수로 그 순간 세상을 바꿔 우리의 믿음을 거짓으로 만들 수 있다는 가정이다. 그러므로 우리가 믿는 모든 것이 절대적 진리라고 확신할 수 없다.

의심이 가능한 모든 것에 판단을 유보한다면 남는 것은 무엇일까? 나의 오감으로 감지한 정보를 의심하고, 이 세계를 단순히 꿈이라고 여기며, 심지어 전지전능한 신이 내가 믿고자 하는 어떤 명제를 지속적으로 거짓으로 만든다면 정말 확실한 것은 이 세상에 하나도 없을까? 데카르트는 위에서 언급한 세 가지 의심의 조건들을 통과한 한 가지가 있다고 주장한다. 그것은 "나는 생각한다. 그러므로 존재한다(cogito ergo sum)"이다. '나는 존재한다'는 생각이 스스로 떠오를 때마다 이 문장은 필연적으로 옳다. 이 진리는 나의 오감에 의지하거나 물질세계의 현상에 의존하지 않는다. 내가 조직적으로 속임을 당한다고 할지라도 나는 존재할 수밖에 없다. 전지전능한 신이 나를 속이고 내가 존재하지 않는 세상을 만든다 할지라도 적어도 나는 그 순간에 존재한다.

'나는 생각한다. 그러므로 존재한다'는 사고의 행위로부터 그 사고를 하는 주체의 존재를 추론한다. 더 나아가 현실에 대한 직관, 삶의 주인으로서의 의심할 수 없는 의심 불가능성, 스스로 자기인식의 주체가 되는 확실성에 대한 선언이다. 이제 회의는 사라지고 진정한 인간 지식의 조작이 남게 된다. 나 자신이 존재한다는 나의 확신이다. 데카르트는 이 명제로부터 의심할 수 없는 지식을 인식할 수 있다고 말한다. 내가 나 자신이 존재한다는 사실을 안다면, 나는 내가 누구인지 알아야만 한다.

그렇다면 의심하는 나는 누구이며 속임을 당하는 나는 누구인가? 나는 오감으로 인지한 정보와 물질세계를 의심하는 존재이므로 내 육체의 어떤 것도 나 자신을 이해하는 데 결정적이지 않다. 내게 남은 것은 나의 생각 자체이기에 데카르트는 "나는 생각하는 어떤 것이다(sum res cogitans)"라고 정의한다. 다시 말해 나는 속성이 생각인 존재다. 나는 의심하고 생각하고 믿는 생각의 행위를 통해서만 존재한다. 나는 내가 의식적으로 인식하는 사고와 동일하기 때문에, 만일 내가 생각을 멈춘다면 나는 더 이상 존재하지 않게 된다. 데카르트의 생각하는 주체로서의 이러한 인간 모습을 성서의 도마에서 찾아볼 수 있다.

자신의 본성을 깨닫는 직관, '그노시스'

예수의 제자 도마는 영지주의 전통을 토대로 가장 잘 이해할 수 있다. 기원후 1~4세기 그리스도교 경전과 교리가 정해지기 전까지 그리스도교와 영지주의는 하나로 묶을 수 없는 다양한 형태로 등장했다. 그로 인해 영지주의 분파들은 파괴되지 않고 변하지 않으며 상상할 수 없는 영적이고 초월적인 신격은 악과 불행으로 가득한 이 세상의 창조자가 아니라고 여겼다.

그들은 천체물리학의 빅뱅 이론처럼 최초의 제1자로부터 우주를 구성하는 철학적인 원칙들이 등장하며, 이 철학적인 원칙들 중 '소피아(Sopia)'라 불리는 지혜의 신이 타락해 지상으로 내려와 물질세계를 창조했다고 이야기한다.

인간은 물질과 정신의 복합체로 자신의 육체적인 요소를 벗어버리고 영적인 존재로서 제1자와 하나가 되어야 구원을 받을 수 있다. 자신의 본성에 대한 직관적인 앎을 '그노시스(gnosis)'[4]라 한다. 영지주의에서 구원은 그노시스를 통해 자신의 영적인 본성을 찾을 때 가능하다.

〈도마복음〉과 같은 문헌들을 금서로 낙인찍은 교부는 그리스도교 첫 신학자로 알려진 2세기 리옹의 교부 이레나이우스(Irenaeus)였다. 그는 신약성서의 네 개 복음서를 경전으로 수용하고 받아들이면서 이것들과 신학적인 주장을 달리하는 문헌들을 이단으로 몰아 추방했다. 그가 저술한 『이단논박』에서의 영지주의에 대한 주장은 1945년 나그함마디에서 영지주의 문헌이 발견되기까지 그리스도교 안에서 정통으로 수용됐다.

그러나 영지주의 문헌의 발견으로 이 주장은 재고되기 시작했다. 우리는 지난 2,000년 동안 영지주의와 영지주의 문헌을 이들을 이단으로 내몬 『이단논박』을 통해 간접적으로 이해해왔다. 영지주의 문헌의 주장은 전통적인 그리스도교 주장과는 매우 다르다. 초기 그리스도교 교부들은 영지주의자들이 이단으로 정죄되어 그 흔적조차 남아 있기를 원하지 않았다. 만일 영지주의가 이른바 정통 그리스도교의 검열에서 살아남았다면, 그리스도교는 매우 다르게 전개되었을 것이다.

이레나이우스는 〈도마복음〉과 같은 영지주의 문헌들이 "악마가 하는 주해"라며 구원으로 인도하는 바른 길을 방해한다고 주장했다. 로마제국 안에서 아직 확고한 지위를 얻지 못했을 뿐만 아니라 때때로 로마 황제 숭배에 참여하지 않아 '미신'으로 낙인찍힌 그리스도인들은 통일된 교회와 가르침을 원했고, 그 가르침은 영지주의의 가르침이 아니라 신약성서 〈요한복음〉에서 주장하는 교리였다.

이레나이우스의 경전 해석은 정통 그리스도교의 기본 골격이 됐다. 4세기에 콘스탄티누스 황제가 동서 로마제국을 하나로 통일하며 제국의 이데올로기로 그리스도교를 선택했을 때, 그는 이레나이우스와 다른 교부들이 마련한 그리스도교를 그대로 수용하면서 어떤 분파나 이단도 용납하지 않았다.

〈도마복음〉은 이렇게 시작한다.

이것은 살아계신 예수가 가르쳤고 유다 도마 디뒤모스가 기록한 비밀 어록들이다.[5]

〈도마복음〉에는 이 표제 후에 110개의 예수 어록이 담겨 있다. 110개의 어록은 "예수가 말했다"로 시작한다. 이 어록은 만일 우리가 예수가 말한 내용을 이해하고 싶다면 우리 자신을 먼저 이해해야 한다고 말한다. 〈도마복음〉의 어록 3은 다음과 같다.

예수가 말했다. 만일 너희들을 인도하는 자들이 너희들에게 "왕국은 하늘에 있다"라고 말하면, 하늘의 새들이 너희들을 앞설 것이며, 만일 그들이 너희들에게 "왕국은 바다에 있다"라고 말하면 물고기가 너희들을 앞설 것이다. 그러나 왕국은 너희들 안에 있고 너희들 밖에 있다. 너희들이 너희들 자신들을 인식한다면, 너희들은 인정받게 될 것이다. 너희들은 너희 자신들이 살아계신 아버지의 자녀라는 것을 이해할 것이다. 그러나 너희들이 너희들 자신들을 인식하지 못한다면, 너희들은 가난에 처할 것이며 너희들은 가난이 될 것이다.[6]

여기서 "가난"이란 자기 자신의 물질적 존재 안에서 자신을 인식하지 못하는 것을 의미한다. 그노시스란 자신의 신적인 기원을 인식하고 자신이 왕국으로부터 왔다는 사실을 아는 것이다. 여기서 자신을 안다는 것은 무엇을 의미하는가? 자신을 안다는 것은 자기 안에 숨어 있는 영적인 불꽃에 대한 직관을 갖는 것이다. 각자의 영혼은 신적이며 그 영혼은 불멸하다. 반면 육체는 유한하다. 〈도마복음〉에서는 이러한 명제가 강조되어 있다. 인간이 오감으로 경험하는 모든 것은 허상이며 거짓이다. 실제로 존재하는 유일한 것은 신과 동일시되는 신적인 영혼이다.

〈누가복음〉에서는 '하나님의 나라'가 내적인 상태이며 이웃과의 관계라고 이야기한다.

바리새파 사람들이 하나님의 나라가 언제 오느냐고 물으니, 예수께서 말씀하셨다. "하나님의 나라는 눈으로 볼 수 있는 모습으로 오지 않는다. 또 '보아라, 여기에 있다' 또는 '저기에 있다' 하고 말할 수도 없다. 보아라, 하나님의 나라는 너희 가운데 있다."[7]

그러나 〈도마복음〉에서는 '하나님의 나라'는 "너희들 안에 있고 너희들 밖에 있다"고 말한다. 이 문장의 의미는 '하나님의 나라'는 인식의 상태임을 뜻한다. 그것은 인간이 그노시스를 획득하면 도달할 수 있는 어떤 것이다. 이것은 지적인 지식이 아니다. 그것은 경험을 통해 얻는 혜안과 직관이다.

예를 들어 '서울은 대한민국의 수도다'라는 말은 지적인 지식이 아니라 '나는 그 사람을 안다'와 같은 개인적이며 경험적인 지식이다. 반면 그노시스는 자기인식이다. 이것은 한 사람에 대한 이름, 직업, 성향과 같은 일반적인 수준의 정보가 아니라 자기 자신의 본성을 아는 단계다.

그노시스는 자기 자신과 주위를 끊임없이 의심하고 탐구하며 그 본질을 찾아가는 여정이다. 그노시스의 기본은 데카르트가 말한 대로 자신이 누구인가를 깊이 생각하고 탐구하는 정신이다. 나 스스로가 '생각하는 주체'가 되어 자신의 본성에 대한 깊은 묵상과 성찰로 내 안에 숨겨진 신성을 발견하는 것이다.

자신이 누구인지
알 때까지 의심하라

〈요한복음〉에 언급된 도마는 다른 제
자들에게 항상 따돌림을 당한다. 예수가 부활하여 제자들 앞에 나
타났을 때 도마는 그 자리에 없었고, 이 사실을 나중에 알게 된 도
마가 예수의 부활을 의심하기 때문이다.

그러나 〈요한복음〉 11장에 등장하는 도마는 예수를 위해 목숨을
바친 충직한 제자다. 예수는 베다니라는 지역에 사는 사랑하는 친
구 나사로가 죽자 그곳에 가고자 한다. 그러자 제자들은 유대 사람
들이 예수를 신성모독 죄로 돌로 치려고 한다면서 베다니로 돌아가
기를 꺼린다. 그러자 '쌍둥이'로 불리는 도마가 동료 제자들에게 "우
리도 그와 함께 죽으러 가자"라고 말한다. 이 구절을 통해 도마는
예수를 위해 목숨을 바칠 정도의 용기를 지닌 제자라는 사실을 유
추할 수 있다.

〈요한복음〉 14장에서 예수는 자신이 곧 십자가에서 처형당할 것
이라는 사실을 제자들에게 암시하며 "내가 가는 곳으로 가는 길을,
너희가 알고 있다"라고 말한다. 아마도 이 질문의 핵심을 간파한
유일한 제자는 도마일 것이다. 다른 제자들은 예수가 자신의 뜻을
펼치기 위해 스스로 십자가 처형을 당할 것이라는 사실을 알지 못
했고 사실로 받아들이지도 못했다.

도마가 다시 예수에게 "주님, 우리는 주께서 어디로 가시는지도
알지 못하는데, 어떻게 그 길을 알 수 있겠습니까?" 하고 묻자 예수
가 "내가 곧 길이요 진리요 생명이다. 나로 통하지 않고는, 아무도

아버지께로 올 사람이 없다"라고 말한다.

〈누가복음〉 24장에는 예수가 막달라 마리아와 엠마오로 가는 두 제자 앞에 나타난 후, 다른 제자들에게도 자신을 드러냈다고 기록한다.

> 그들이(제자들이) 이러한 이야기를 하고 있을 때에, 예수께서 몸소 그들 가운데 들어서서 "너희에게 평화가 있기를!" 하고 말씀하셨다. 그들은 놀라고, 무서움에 사로잡혀서, 유령을 보고 있는 줄로 생각하였다. 예수께서는 그들에게 말씀하셨다. "어찌하여 너희는 당황하느냐? 어찌하여 마음에 의심을 품느냐? 내 손과 내 발을 보아라. 바로 나다. 나를 만져보아라. 유령은 살과 뼈가 없지만, 너희가 보다시피, 나는 살과 뼈가 있지 않으냐?" 이렇게 말씀하시고, 손과 발을 그들에게 보이셨다.[8]

〈누가복음〉 저자는 제자들이 자신들의 눈앞에 나타난 예수를 처음에는 유령으로 생각했다고 기록한다. 그러자 예수는 자신이 그들이 3년 동안 따라다닌 그 예수라는 사실을 알리기 위해 십자가 처형 때 생긴 손과 발의 상처를 만져보라고 한다. 그 후 제자들은 그 '유령'을 예수로 인정하고 기뻐했지만 마음속으로는 여전히 믿지 못했다. 그러자 예수는 자신이 정말 부활했다는 사실을 증명하기 위해 그들 앞에서 음식을 먹는다.

> 예수께서 "여기에 먹을 것이 좀 있느냐?" 하고 그들에게 말씀하셨다.

그래서 그들이 그에게 구운 물고기 한 토막을 드리니 예수께서 받아서 그들 앞에서 잡수셨다.[9]

〈누가복음〉 저자는 예수가 육체적으로도 부활했다는 사실을 강조하기 위해 예수 사후에 전해내려 오는 이야기를 첨가한 것 같다. 그러나 네 개의 복음서 중 가장 나중에 기록된 〈요한복음〉은 〈누가복음〉과 그 내용이 조금 다르다. 부활한 예수가 제자들에게 자신을 드러냈을 때 무슨 이유인지 도마만 그 특별한 장소에 없었다고 기록한다.

주간의 첫날 저녁에, 제자들은 유대인들이 무서워서, 문을 모두 닫아걸고 있었다. 그때에 예수께서 오시어, 그들 가운데 서서 "너희에게 평화가 있기를!" 하고 인사하셨다. 이 말씀을 하시고, 두 손과 옆구리를 보여주셨다. 제자들은 주를 보고 기뻐하였다.[10]

이 문장에서 특이한 점은 〈누가복음〉에서와 마찬가지로 제자들이 예수를 인식하지 못하다가 예수가 자신의 두 손과 옆구리에 난 상처를 보여주자 비로소 예수라는 사실을 알게 된다는 점이다.

다른 제자들이 그에게 "우리는 주님을 보았소" 하고 말하였으나, 도마는 그들에게 "나는 내 눈으로 그의 손에서 못 자국을 보고 내 손가락을 그 못 자국에 넣어보고 또 내 손을 그의 옆구리에 넣어보지 않고서는, 믿지 못하겠소" 하고 말하였다.[11]

손과 발에 난 상처를 통해 예수인지를 확인하라는 주문은 〈누가복음〉에서는 예수가, 〈요한복음〉에서는 예수 대신 도마가 하고 있다. 〈요한복음〉 저자는 자신을 예수로부터 "사랑받는 제자"라고 말하며 도마를 폄하하려 하지만 역으로 도마는 예수의 복심으로 제자들에게 예수가 없는 세상에서 생존할 새로운 삶의 방식을 알려준다. 7일 후에 예수가 다시 제자들 앞에 등장할 때는 도마도 함께 있었다. 〈요한복음〉은 그 장면을 다음과 같이 소개한다.

문이 잠겨 있었는데, 예수께서 오시어 가운데 서서 "너희에게 평화가 있기를 빈다" 하고 인사하셨다. 그러한 다음에, 도마에게 "네 손가락을 이리 내밀어서 내 손을 만져보고, 네 손을 내 옆구리에 넣어보아라. 그래서 의심을 떨치고 믿음을 가져라" 하고 말씀하셨다.[12]

부활한 예수가 두 번째로 제자들 앞에 등장한 이유는 도마를 만나기 위해서다. 그러자 도마는 예수께 "나의 주님, 나의 하나님" 하고 외친다. 그러나 정말로 도마가 자신의 손을 내밀어 예수의 손을 만져보고 예수의 옆구리에 손을 넣어보았는지에 대한 기록은 없다.

〈누가복음〉 이야기와 〈요한복음〉 이야기에서 부활한 예수, 즉 새로운 형태로 등장한 예수에 대해 확신을 가진 제자는 도마밖에 없다. 예수는 도마와 제자들 그리고 우리에게 묻는다.

"너는 나를 보았으므로 믿느냐? 나를 보지 않고도 믿는 사람은 복이 있다."

사실 예수는 2,000년 전에 사라졌기 때문에 그 후에 본 사람은 아무도 없다. '예수를 보지 않고도 믿는 사람'은 어떤 사람인가? 한 종교인이 말하는 예수를 스스로 확인하지도 않고 믿는다는 것이 과연 지적인 삶인가? 그 종교인이 전한 예수가 본받을 만하며 성서가 전한 예수의 참모습이라고 어떻게 확신할 수 있는가?

그리스도교가 현대사회에서 살아남기 위해서는 '의심' 혹은 '회의'라는 도마의 신앙을 재발견해야 한다. 니체의 진단대로 그리스도교 역사에서 많은 실수들 중 하나는 의심을 죄로 폄하했다는 사실이다. 데카르트의 말대로 나 스스로 생각과 사고의 주체가 될 때 자신만의 새로운 신앙을 시작할 수 있다. 〈도마복음〉 어록은 다음과 같이 말한다.

삶의 의미와 자신이 누구인지 알려고 추구하는 자는 그것을 발견할 때까지 그 탐구를 멈추지 말아야 한다. 만일 그것을 발견하게 되면, 그것이 자신이 알고 지내온 것과는 전혀 달라 혼동에 빠질 것이다. 그 혼동의 과정을 통해 그는 새로운 것을 발견해 놀라운 경이로움을 경험할 것이다. 그러면 그 발견한 경이로움을 통해 모든 것을 다스리는 지배자가 될 것이다.[13]

예수는 우리에게 자신을 깊이 인식하고 새로운 것을 발견해 스스로 삶의 지배자가 되라고 말한다.

12장

여인아, 왜 울고 있느냐?
누구를 찾느냐?

γύναι, τί κλαίεις; τίνα ζητεῖς;

예수께서 마리아에게 말씀하셨다.
"여인아, 왜 울고 있느냐? 누구를 찾느냐?"
마리아는 그가 동산지기인 줄로 알고
"여보세요, 당신이 그분을 옮겨 갔거든,
어디에다 두셨는지를 말해주십시오.
내가 그분을 모시겠습니다" 하고 말하였다.
〈요한복음〉 20:15

그리스도교는
어떻게 변해왔는가?

그리스도교는 2,000년 전 시작될 당시에는 서양 문화의 정체성을 형성하는 근간이 되었으나 19세기 말부터는 시대를 선도하기보다 시대에 끌려 다니기 시작하더니, 20세기 들어서면서는 급기야 그 영향력을 잃기 시작했다. 1859년 찰스 다윈의 『종의 기원』과 당시 시작된 고고학, 특히 고대 근동 지방에서 이전까지 알려지지 않았던 고대 이집트, 메소포타미아, 히타이트 등의 고대 문자들이 판독되자 그때까지 그리스도교만이 독점했던 지적 특권과 그것이 가져다주는 사회적 영향력을 포기해야만 했다.

그 특권이란 절대 신이 우주와 인간을 창조했으며, 인간의 타락을 구원하고자 그의 아들을 세상에 보냈으니 그를 믿는 것이 사후 세계로 들어가는 필요충분조건이라는 주장이었다. 또한 성서가 가장 오래된 책이며 동시에 과학적이고 역사적인 사실만을 기록한 거룩한 책이라고 믿었다.

그러나 21세기 현대인들에게는 다윈의 진화론과 진화생물학자들의 생명에 대한 설명과 물리학자들의 우주 기원에 관한 빅뱅 이론이나 그와 관련한 다양한 이론이 훨씬 더 설득력 있고 감동적이다. 인간은 밤하늘의 별과 달을 보고 신비함과 경외심을 느끼며, 그 우주의 신비에 대해 알고 싶어 하고 탐구하고 싶어 한다. 그 탐구가 바로 우리에게 지적인 환희를 가져다주기 때문이다. 과학자들의 이러한 설명과 노력은 〈창세기〉에 등장하는 우주 창조나 인간 창조 이야기보다 훨씬 압도적으로 우리 마음을 사로잡는다. 우리가 성서에 대해 매력을 느끼지 못하는 이유는 무엇인가?

성서에 담긴 이야기는 과학적인 사실이나 역사적인 사실이기보다 저자가 속한 신앙 공동체에 정체성을 주기 위한 신앙 고백이다. 그렇기 때문에 성서의 배경이 되는 시대의 사회 경제적인 상황을 면밀히 살펴야 그 의미를 파악할 수 있다. 과학과 고고학의 등장으로 성서가 이전의 위상을 잃게 되자 일부 그리스도인들은 '근본주의'로 무장해 성서 내용을 자신들처럼 축자적으로 믿지 않는 다른 그리스도인들을 '이단'으로 낙인찍는 어처구니없는 일이 발생했다. 그러고는 자신들만이 유일하고 바르게 신을 믿는 사람들이라는 시대착오적인 발상으로 자신들만의 담을 쌓고 우물 안의 개구리처럼 그 안에서 살아간다.

오늘날 이 '근본주의'라는 이데올로기를 설교하고 배운 종교인들은 자신들이 무엇을 믿는지, 자신들에게 설교한 종교인들의 의도가 무엇인지 묻지 않는다. 종교 구성원들 스스로가 자신이 신봉하는 진리를 깊이 묵상할 능력이 없다는 이유로 그 사회의 당면한 문제를 해결하지 않는다면, 그들이 속한 종교는 도태될 뿐만 아니라 사라질 위기에 봉착한다. 그리스도교가 21세기에 적합한 새로운 패러다임을 스스로 제시하고자 한다면, 극복해야 할 여러 문제들 중 하나가 바로 '여성의 지위'에 관한 것이다.

종교 단체의 특성 중 하나는 권력 지향적이라는 점이다. 기성 종교는 바로 인간의 권력에 대한 욕심이 가장 잘 보존된 집단이다. 오늘날 거의 모든 종교의 수장들은 절대다수가 남성이다. 아무리 뛰어난 여성이라 해도 대부분의 종교에서 일정 지위 이상 오르지 못한다. 특히 유일신 종교인 유대교, 그리스도교, 이슬람교에서 여성이 랍비나, 추기경, 이맘이 되기란 거의 불가능하다. 이 종교들은 극단적인 남성중심주의적 사회에서 발생했다. 더욱이 이 종교들을 유지하기 위한 교리는 남성들에 관한, 남성들에 의한, 남성들을 위한 내용들이다.

1세기 그리스도교가 발생할 당시에도 이러한 갈등은 있었다. 예수의 행적을 담은 네 가지 복음서에는 예수가 십자가에서 처형당할 당시의 사도권에 대한 미묘한 투쟁이 있었다. 예수는 시몬의 이름을 '반석'이라는 의미의 '베드로'로 개명하면서 수제자로 임명했다. 그러나 예수의 삶에 있어서 가장 긴박하고 중요했던 십자가 처형 과정과 부활의 현장에는, 베드로를 비롯한 모든 남자 제자들이 아닌 한 여인이 혜성처럼 등장했다. 그 여인이 바로 '막달라 마리아'다. 복음서가 남성주의적 문헌임에도 불구하고 막달라 마리아는 예수의 숨어 있는 수제자로 스스로 빛을 발한다.

막달라 마리아로
둔갑한 여인들

예수의 제자들 중 막달라 마리아만큼 독립적이며, 강인하고, 무엇보다도 예수의 삶의 목적을 분명하게 이해한 제자는 없었다. 막달라 마리아에 대한 우리의 선입견은 복음서를 자기 나름대로 해석한 초기 그리스도교 교부들과 그들이 제정한 교리에 근거한다. 막달라 마리아에 관한 초기 기록들을 살펴보면, 그녀에 대한 이미지와 평가가 매우 다양하다는 것을 확인할 수 있다. 그러므로 우리가 어떤 기록을 살펴보느냐에 따라 그녀에 관한 이해도 달라질 것이다.

서구 그리스도교 전통에서 막달라 마리아는 마르다와 나사로의 한 형제자매로 자신의 죄를 뉘우치면서 예수의 발을 눈물로 씻고 값비싼 향유로 바른 죄 많은 여인으로 해석되어왔다. 예수는 이러한 극진한 대우를 받고 그녀가 범한 용서받을 수 없는 일곱 개의 죄, 성서에서는 "일곱 귀신"이라고 표현한 그 죄를 몸에서 내쫓고 용서한다.

예수를 간절히 사랑했던 막달라 마리아는 예수가 십자가에서 처형당하는 순간 그 옆에서 울고 있었다. 이 중요한 순간에 그를 3년간 따라다니던 '남자' 제자들은 모두 무서워 잠적하고 없었으나 막달라 마리아는 그 끔찍한 장소에서 예수의 마지막을 지켜보았다. 이때 막달라 마리아 옆에는 마리아(예수의 어머니), 살로메 마리아(요한의 어머니), 글로바 마리아(야고보의 어머니)도 함께 있었다.

막달라 마리아는 그녀의 동료들과 함께 예수의 시신이 천으로 감겨 무덤에 안치되고 그 무덤의 입구가 커다란 돌로 닫히는 과정을 모두 지켜보았다.

이들은 예수를 따라다니며 그를 보살피던 자들이다. 여기서 '보살피다'라는 표현은 예수를 위해 음식을 제공하고, 쉴 장소를 제공하고, 필요한 생필품을 제공하는 등의 물리적, 정신적 제공을 의미한다. 이들은 예수의 장례를 완성하기 위해 향료를 들고 그의 무덤으로 갔다. 그러나 그들은 무덤 입구를 막아놓은 바위가 열려 있고 그 안에 있어야 할 예수의 시신이 사라진 것을 발견한다. 이때 어떤 자가 나타나 이 여인들에게 이렇게 말한다.

"놀라지 마십시오. 그대들은 십자가에 못 박힌 나사렛 사람 예수를 찾고 있습니다만, 그는 살아나셨습니다. 그는 여기에 계시지 않습니다. 보십시오, 그를 안장했던 곳입니다. 그러니 그대들은 가서, 그의 제자들과 베드로에게 이르십시오. 그는 그들보다 앞서서 갈릴리로 가십니다. 그가 그들에게 말씀하신 대로, 그들은 거기에서 그를 볼 것이라고 하십시오."[1]

만일 그리스도의 기원이 예수의 부활에서 시작된다면, 그 부활의 복음은 예수의 공식적인 제자들이 아닌 바로 이 여인들에게 제일 먼저 전달됐다. 그리고 예수의 제자들과 베드로는 이 여인들의 소식을 전달받는 자들이다.

〈마가복음〉은 이 여인들 중 막달라 마리아를 부각시킨다. 예수가 부활한 후 맨 처음으로 막달라 마리아 앞에 나타났고, 막달라 마리아는 바로 예수가 직접 '일곱 귀신'을 내쫓아준 여인이었다. 그녀가 자신들의 신분이 드러날까 봐 골방에 숨어 있는 제자들을 찾아가 예수의 부활과 그를 목격한 사실을 알리지만 그들은 여인의 말을 믿지 않는다. 이것이 우리가 일반적으로 알고 있는 내용이다.

우리가 알고 있는 막달라 마리아는 중세 시대 여러 전설과 네 개의 복음서에 등장하는 서로 다른 이야기를 하나로 만드는 과정에서 만들어진 인물이다.

먼저 막달라 마리아는 '마르다의 여동생'과 같은 인물이다. 〈요한복음〉 저자는 마르다의 동생 마리아를 다음과 같이 묘사한다.

주께 향유를 붓고, 자기의 머리털로 주의 발을 씻은 여자요, 병든 나사로는 그의 오빠이다.[2]

한편 〈누가복음〉에는 한 죄 많은 여인에 관한 기록이 등장한다.

동네에 죄인인 한 여자가 살고 있었는데, 예수께서 바리새파 사람의 집에서 음식을 잡숫고 계신 것을 알고, 향유가 담긴 옥합을 가지고 와서, 예수의 등 뒤로 발 곁에 서더니, 울면서, 눈물로 그의 발을 적시기 시작하였다. 그리고 머리카락으로 닦고, 그 발에 입을 맞추고, 향유를 발랐다.[3]

중세 초기에 이미 막달라 마리아는 〈요한복음〉에 등장하는 '마르다의 여동생'과 〈누가복음〉에 등장하는 '죄 많은 여인'과 동일한 인물이 됐다. 또한 〈누가복음〉 8장 2절에 등장하는 "일곱 귀신이 떨어져나간 막달라라고 하는 마리아"와도 같은 인물이 되었으며, 〈마태복음〉에 등장하는 예수가 로마 군인들에 의해 체포되기 전, 그의 머리에 "향유를 부은 여인"과도 동일시됐다.

한 여자가 매우 값진 향유 한 옥합을 가지고 예수께 다가와서는, 예수께서 음식을 잡수시고 계시는데, 그 머리에 부었다.[4]

제자들이 이것을 보고 분개하자 예수는 이 여인을 두둔하며 "이 여자가 내 몸에 향유를 부은 것은, 내 장례를 치르려고 한 것이다. 내가 진정으로 너희에게 말한다. 온 세상 어디든지, 이 복음이 전파되는 곳마다, 이 여자가 한 일도 전해져서, 그를 기억하게 될 것이다"라고 말한다. 말하자면 막달라 마리아는 "일곱 귀신이 떨어져나간" 마르다의 동생일 뿐만 아니라 예수의 머리에 향유를 부은 "죄 많은" 여인이 된 것이다. 더 나아가 막달라 마리아는 성적으로 문란한 여인, 더 나아가 창녀가 된다. 〈요한복음〉에는 사마리아 여인에 관한 내용이 등장하는데, 예수는 사마리아 여인에게 다음과 같이 말한다.

"너에게는 남편이 다섯이나 있었고, 지금 같이 살고 있는 남자도 네 남편이 아니다."[5]

그뿐만 아니라 〈요한복음〉 8장에 등장하는 "간음하다 잡힌 여자"

와 같은 여인으로 해석한다. 이러한 막달라 마리아 상을 고정시킨 인물은 바로 교황 그레고리 1세다. 그는 『교황 그레고리 1세의 40개의 설교집』 33번에서 다음과 같이 말한다.

"막달라 마리아는 누가가 죄인이라 부르고 요한은 마리아로 부른 여인입니다. 마가는 그녀를 일곱 귀신이 나간 여인으로 묘사합니다. 이 일곱 귀신은 죄가 아니고 무엇이겠습니까? 형제 여러분! 이 여인은 금지된 성적인 행위를 위해, 자신의 몸에 향수를 뿌리기 위해 이 향유를 사용해왔습니다. 그녀가 부끄럽게 자신을 치장하기 위해 사용한 것을 이제 칭찬받을 만한 방식으로 하나님께 바치고 있습니다. 그녀는 세상의 눈으로 욕망의 삶을 살아왔지만 이제는 고해성사와 회개로 세상 욕심이 눈물로 사라졌습니다. 그녀는 자신의 머리카락을 얼굴을 내보이기 위해 치장했지만, 이제는 자신의 머리카락으로 눈물을 닦습니다. 그녀는 입으로 자신을 자랑하였지만, 이제는 주님의 발에 입 맞추고 자신의 입을 대속자의 발위에 갖다 댑니다. 그녀는 모든 쾌락을 자신을 위해 사용했지만, 이제는 자신 스스로 불태웁니다. 그녀는 수많은 죄를 덕으로 바꿔 하나님을 고해성사로 회개하고 섬깁니다."[6]

막달라 마리아는 오늘날까지 예수를 사랑함으로써 용서받은 창녀 이미지로 강하게 남아 있다. 사실 중세 그리스도교의 가장 중요한 신학 교리는 '고해성사'였고, 막달라 마리아는 고해성사를 통해 새로운 인물이 된다.

사도들의 사도,
위대한 마리아

중세 초기 그레고리 1세가 재구성한 막달라 마리아의 모습은 정당하다. 니코스 카잔차키스의 원작을 바탕으로 만든 마틴 스콜세지의 〈그리스도 최후의 유혹〉이나 멜 깁슨의 〈패션 오브 크라이스트〉와 같은 영화들, 그리고 〈지저스 크라이스트 슈퍼스타〉와 같은 뮤지컬에서는 오랫동안 그리스도교 전통이 만들어낸 막달라 마리아를 묘사해왔다.

그렇다면 복음서에 등장한 막달라 마리아의 모습은 어떤가? 복음서의 내용을 면밀히 살펴보면 막달라 마리아는 우리의 예상과 달리 예수가 가장 신뢰하고 예수의 염원을 가장 잘 이해한 수제자다. 그녀는 그리스도교에서 예수의 어머니 마리아 다음으로 중요한 여인이다. 어쩌면 그리스도교 역사에서 가장 중요한 여인일지도 모른다.

막달라 마리아는 예수가 활동했을 당시 예수의 다른 제자들과 함께 그를 따라다니던 제자였다. 무엇보다도 복음서에서 그의 이름은 열두 번이나 언급될 만큼 예수의 다른 어떤 제자들보다 많이 등장한다. 막달라 마리아의 행동은 1세기 가부장적인 팔레스타인의 유목 문화를 감안하면 더욱 충격적이다.

막달라 마리아는 예수의 삶 중에서 가장 중요한 순간마다 있었다. 그녀는 예수가 처형당할 때도 곁에서 그 순간을 지켜보았고, 또한 예수의 부활을 처음으로 목격하기도 했다. 그녀에 대한 복음서의 이러한 기록은 남성중심주의적인 그리스도교 역사에서 볼 때 이해하기 힘든 대목이다.

막달라 마리아가 예수의 부활을 알리자 자괴감에 빠져 있던 제자들은 그녀의 말을 믿지 않았다. 그들은 예수를 메시아로 여기고 3년 동안 가족도 버리고 따라다녔다. 예수가 십자가형으로 처형될 것을 예언하자 그들은 예수에게 십자가를 지지 말라고 회유했다. 그들이 원한 것은 로마제국을 물리치고 자신들과 함께 승리의 기쁨을 누릴 메시아였다.

특히 예수의 마음을 완전히 곡해한 제자는 베드로다. 베드로는 예수의 죽음 예언에 강하게 반발했다. 그러자 예수가 그에게 "사탄아, 내 뒤로 물러가라. 너는 나에게 걸림돌이다. 너는 하나님의 일을 생각하지 않고, 사람의 일만 생각하는구나!'"라고 말한다. 예수는 자신이 수제자라고 선택한 베드로를 '사탄'이라 불렀다. 물론 여기서의 '사탄'은 '악마'라기보다 '예수의 미션을 방해하는 자'라는 의미다.

복음서 중 가장 나중인 기원후 110년경에 기록된 〈요한복음〉에는 다른 복음서와 달리 예수의 무덤을 방문한 자가 오직 막달라 마리아뿐이라고 쓰여 있다. 복음서만 잘 살펴보아도 막달라 마리아는 예수의 제자들 중 으뜸으로 불릴 만하다.

1세기 팔레스타인은 남성만이 인간으로 대접받던 시절이다. 여자나 어린아이뿐만 아니라 이방인이나 노예도 물건으로 취급받던 시절에 여성인 막달라 마리아가 중요한 인물로 언급된 것은 이례적이다.

특히 2~3세기를 거쳐 신약성서를 그리스도교 경전으로 확정하는 사람들이 모두 남성 교부라는 사실을 감안하면 더더욱 그렇다. 남성 교부들도 그 내용을 삭제할 수 없을 만큼 예수에게 막달라 마리아가 매우 중요한 인물이라는 점을 추측할 수 있다. 4세기 그리스도교 최고의 신학자인 아우구스티누스는 막달라 마리아를 "사도들의 사도"라 칭했다.

네 개의 복음서에서 막달라 마리아는 다른 '마리아'라는 이름의 여인들과 구분하기 위해 '막달라'라는 칭호를 붙였다. 헤롯 왕의 부인 이름이 '마리암네'였기에 1세기 팔레스타인에서는 왕비의 이름을 따르는 전통에 따라 마리아가 가장 흔한 여인의 이름으로 불렸다. 막달라라는 칭호가 갈릴리 바다 해변 마을 이름에서 왔다는 주장도 있으나 히브리어 '미그달(migdal)', 아람어 '마그달라(magdalah)'에 '요새/성벽' 혹은 '위대함/훌륭함'이라는 의미가 있으므로 이를 영어로 번역하면 'Mary the Great', 즉 '위대한 마리아'다.

마리아 막달라는 팔레스타인의 가장 흔한 이름 '마리아'로 출발해 '위대한 마리아'가 됐다. 어떤 사건이 그녀를 위대한 여인으로 만들었을까?

예수의 시신을 찾아 헤맨 막달라 마리아

네 개의 복음서에서 막달라 마리아는 예수가 십자가에 매달리기 전까지는 언급되지 않는다. 그 유일한 예외가 〈누가복음〉 8장 1~3절이다.

그 뒤에 예수께서 성과 마을을 두루 다니시면서, 하나님의 나라를 선포하며, 그것을 복음으로 전하셨다. 열두 제자도 예수와 동행하였다. 또한 악령과 질병에서 고침을 받은 몇몇 여자도 동행하였는데, 일곱 귀신이 떨어져나간 막달라라고 하는 마리아와 헤롯의 청지기인 구사의 아내 요안나와 수산나와 그 밖에 여러 다른 여자였다. 그들은 자기들의 재산으로 예수의 일행을 섬겼다.[8]

〈누가복음〉 저자는 예수가 막달라 마리아로부터 "일곱 귀신"을 내보냈다고 기록한다. 여기서 일곱 귀신은 죄를 의미하는 것이 아니라 여러 가지 병을 의미한다.

막달라 마리아는 다른 여인들과 함께 열두 제자들 틈에 있었다. 그녀들이 하는 일은 예수가 복음을 전하러 다닐 때 이들이 먹고 자는 문제를 물리적으로 도와주는 일이었다. 예수를 따라다니던 열두 명의 제자는 요즘 식으로 말하면 실업자들이었기 때문에 경제적인 능력이 전혀 없는 자들이었다.

막달라 마리아는 예수의 죽음과 부활의 시간에 섬광처럼 등장해 모든 사건을 진두지휘한다. 그녀는 예수의 삶과 그리스도교 발생에 있어서 가장 중요한 세 장면, 즉 예수의 십자가 처형, 예수의 장례 그리고 예수의 부활의 순간을 모두 목격한 유일한 여인이다. 여기서 주목할 점은 그때까지 따라다니던 예수의 제자들이 자취를 감추었다는 점이다.

제자들의 부재는 '막달라 마리아'의 등장으로 대치된다. 네 개의 복음서 가운데 〈누가복음〉만 그녀의 이름 대신 "갈릴리에서 그를 따라온 여인들"이라고 칭한다. 그 후 요셉이 예수를 매장하는 장면을 목격한 두 여인은 바로 막달라 마리아와 또 다른 마리아인 야고보의 어머니다. 이 대목에서 〈누가복음〉은 다시 예수의 십자가 처형 장면 때 사용한 어구인 "갈릴리에서 그를 따라온 여인들"이라고 표현한다. 〈요한복음〉은 다른 복음서들과 달리 막달라 마리아 혼자 빈 무덤을 발견했다고 기록한다.

주간의 첫날 이른 새벽에 막달라 사람 마리아가 무덤에 가서 보니, 무덤 문을 막은 돌이 이미 옮겨져 있었다. 그러므로 그 여자는 뛰어서, 시몬 베드로와 예수께서 사랑하시던 그 다른 제자에게로 가서 '누가 주님을 무덤에서 가져갔습니다. 어디에 두었는지 모르겠습니다' 하고 말하였다. 베드로와 그 다른 제자가 나와서, 무덤으로 갔다. 둘이 함께 뛰었는데, 그 다른 제자가 베드로보다 빨리 뛰어서, 먼저 무덤에 이르렀다. 그는 몸을 굽혀서 고운 베가 놓여 있는 것을 보았으나, 안으로 들어가지는 않았다. 시몬 베드로가 그를 뒤따라와서, 무덤 안으로 들어가 보니, 고운 베가 놓여 있었고, 예수의 머리를 쌌던 수건은 그 고운 베와 함께 놓여 있지 않고, 한 곳에 따로 개켜 있었다. 그제야 먼저 무덤에 다다른 그 다른 제자도 들어가서, 보고 믿었다. 아직도 그들은, 예수께서 죽은 사람들 가운데서 반드시 살아나야 한다는 성경 말씀을 깨닫지 못하고 있었다. 그 제자들은, 자기들이 있던 곳으로 다시 돌아갔다.[9]

제자들은 예수의 빈 무덤을 보고도 예수가 부활한지 모른 채 다시 일상으로 돌아갔다. 예수의 사라진 시신을 찾으려고 끝까지 애쓴 사람은 막달라 마리아뿐이었다. 예수가 제자들에게 누누이 자신의 죽음과 부활에 대해 일러주었지만, 제자들은 이해하지 못했다. 이 시점에서 인간의 이해를 넘어선 신비를 알리고 노력한 유일한 제자가 바로 막달라 마리아다. 그녀는 무덤 밖에 서서 처절하게 울었다.

그녀는 울다가 다시 몸을 굽혀 무덤 속을 들여다보았다. 그러자 그 안에 흰 옷을 입은 두 천사가 앉아 있는 것이 보였다. 한 천사는 예수의 시신이 놓여 있던 자리의 머리맡에 있었고, 또 한 천사는 발쪽에 있었다. 막달라 마리아가 발견한 이 천사들이 누구인지는 알 수 없다.

성서에는 종종 천사들이 등장하지만 그들을 천사로 인식하지 못하는 경우가 있다. 구약성서 〈창세기〉 18장에 보면 아브라함 앞에 세 명의 천사가 나타나지만, 아브라함의 눈에는 그저 세 명의 나그네로 보일 뿐이다. 아브라함은 이들이 떠날 때까지 천사인지 알아차리지 못한다.

마찬가지로 막달라 마리아도 이들을 천사로 인식하지 못하고 무덤을 지키는 동산지기로 생각했다. 〈요한복음〉 저자는 이들이 천사였으며, 막달라 마리아는 그들이 천사라는 것을 인식하지 못했다고 기록한다.

두 천사가 막달라 마리아에게 묻는다. "여인아, 왜 우느냐?" 이 '여인'이란 명칭은 예수가 가나에서 혼인 잔치를 열었을 때, 그리고 십자가 처형 직전에 자신의 어머니 마리아를 부르던 호칭이다. 영문을 모르던 막달라 마리아는 두 천사에게 다시 묻는다.

"누가 우리 주님을 가져갔습니다. 어디에 두었는지 모르겠습니다."[10]

막달라 마리아가 이렇게 말하고 두 천사에게서 돌아서자 두 명의 천사가 한 명의 예수가 되었으나 그 한 명이 예수인지 인식하지 못했다고 기록한다. 그러자 예수가 마리아에게 말한다.

"여인아, 왜 울고 있느냐? 누구를 찾느냐?"[11]

막달라 마리아는 그가 동산지기인 줄로만 알고 화를 낸다.

"여보세요, 당신이 그분을 옮겨갔거든, 어디에다 두셨는지를 말해주십시오. 내가 그분을 모시겠습니다."[12]

예수는 도대체 어떤 모습을 하고 있었기에 3년 동안 그를 따라다니며 온갖 수발을 든 그녀가 알아보지 못했을까? 도저히 이해할 수 없는 이 장면을 그린 위대한 화가가 있다. 이 화가의 도움으로 그 이유를 찾아보자.

티치아노의 그림에 담긴 사랑의 의미

수많은 화가들이 예수의 부활을 의미하는 이 결정적인 순간을 화폭에 담았다. 특히 르네상스 시대 이탈리아 베네치아 공화국 출신인 화가 티치아노(Vecellio Tiziano)는 이 순간의 핵심을 포착한다. 일생 동안 예수를 따라다녔던 막달라 마리아는 실의에 차 예수의 무덤으로 갔지만 예수의 시신이 무덤으로부터 없어진 것을 확인하고 절망과 고뇌에 빠진다. 그녀는 옆에 서 있는 낯선 사람을 무덤을 관리하는 정원사로 착각한다. 티치아노는 이 그림에 〈놀리 메 탄게레(Noli me Tangere)〉라는 라틴어 제목을 붙였다. 번역하자면 '내게 손을 대지 마라!'이다.

티치아노는 〈요한복음〉에 등장하는 대부분의 내용을 생략한다. 그의 그림에는 무덤도, 천사도, 후광도 그리고 부활한 예수의 흔적인 손이나 발에 못자국도 없다. 성서의 장면을 유추할 수 있는 물건은 예수의 손에 들린 곡괭이와 막달라 마리아의 손에 있는 향유뿐이다. 곡괭이를 든 예수가 "마리아야!"라고 부르자 막달라 마리아는 깜짝 놀라 소리친다. 막달라 마리아는 눈이 아니라 귀로 예수를 인식한다. 그녀가 본 사람은 무덤을 관리하는 정원사였으나, 예수의 목소리를 듣고서야 그녀는 그 정원사가 바로 예수라는 사실을 깨닫는다. 막달라 마리아는 이 장면이 꿈인지 생시인지 확인하고 싶어 예수를 만지려 손을 뻗는다. 그러자 예수가 말한다.

"나를 만지지 마라. 내가 아직 내 아버지에게 올라가지 않았다. 너는 나의 형제들에게 가서, 내 아버지 곧 너희의 아버지, 내 하나님 곧 너희의 하나님께로, 내가 올라간다고 말하여라."[13]

티치아노는 이 성서 이야기에 살과 뼈를 붙여 자기 나름대로 새

티치아노, 〈놀리 메 탄게레〉, 1514

롭게 해석한다. 그는 그림의 배경을 1세기 팔레스타인이 아닌 이탈리아 북부 베네치아의 평화로운 교외로 선정했다. 티치아노는 막달라 마리아를 당시 베니스의 최고 귀족 여인처럼 머리 장식을 하고 하얀색 실크 상의와 그 위에 붉은색 드레스를 입혔다.

티치아노는 예수가 막달라 마리아에게 "나에게 손대지 마라"라고 말하는 순간을 포착한다. 막달라 마리아는 예수의 시신에 바를 향유병을 들고 왔다. 그러자 그녀 앞에 상상할 수도 없는 일이 일어난다. 죽음을 초월한 예수가 나타난 것이다. 그의 몸은 창백하고 그의 손과 발에는 십자가 처형의 흔적이 남아 있다. 그는 빛나는 흰색 천으로 만든 옷을 감고 있다. 이 옷은 그의 부활의 상징이다. 그는 막달라 마리아가 알던 과거의 예수가 아니다.

예수는 막달라 마리아를 책망과 연민이 섞인 얼굴로 내려다본다. 막달라 마리아가 뻗은 손을 피하려 그의 몸은 활처럼 휘어졌다. 그러면서도 그의 상체는 그녀에게로 다가간다. 이제 예수는 그녀가 자신의 눈물과 머리카락으로 그를 씻기던 육체적인 사랑의 대상이 아니다. 그는 전혀 새로운 영적 사랑의 대상이다. 그녀는 이제부터 영적인 사랑의 대상으로 예수를 받아들여야 한다.

막달라 마리아의 손에는 이러한 이중적인 모습이 극적으로 담겨 있다. 예수를 만지기 위해 뻗은 손이 더 나가지 못하고 멈춰 있다. 이들은 마치 발레를 하는 것처럼 상대방의 움직임에 몸으로 반응한다. 티치아노는 인간적인 사랑과 신적인 사랑을 절묘하게 그려낸다.

이들의 이야기는 그들 뒤에 펼쳐져 있는 배경으로 그 깊이를 한층 더한다. 막달라 마리아 쪽의 배경은 인간의 삶이 배어 있다. 땅에 무릎을 꿇은 마리아의 등선은 가운데 서 있는 나무로 이어진다. 그 나무의 오른편이 인간 세계다. 그녀의 몸 뒤쪽에는 농가가 있고 한 농부가 개와 함께 좁은 길을 내려오고 있다. 막달라 마리아의 눈은 예수가 서 있는 영적인 세계를 갈망하고 있다.

예수 쪽의 배경은 사뭇 다르다. 뒤쪽의 목초지는 양으로 가득 차 성스럽고 목가적인 이상향으로 묘사되어 있다. 예수는 이들을 위해 자신의 목숨을 내놓은 선한 목자다. 그 뒤로는 하늘보다 더 파란 바다가 굽이굽이 펼쳐진다. 예수는 자신의 희생으로 하늘보다 더 하늘같은 천국을 지상으로 내렸다. 예수의 몸은 바다와 농가가 만나는 선으로 이어진다. 티치아노는 일상의 공간과 영적인 공간이 서로 융합된 신비한 세계를 그려냈다.

티치아노는 이 그림을 통해 막달라 마리아가 예수에게 가졌던 인간적인 사랑이 신적인 사랑, 즉 영적인 사랑으로 바뀌는 순간을 표현한다. 그는 다른 화가들과 달리 인간의 육체적인 사랑이 영적인 사랑과 함께 존재하며 그것이 그리스도교의 본질이라고 주장한다. 티치아노의 이 그림은 그리스도교에게 묻는다. 육체적인 사랑과 영적인 사랑이 분리될 수 있는가?

"내게 손을 대지 마라!"

이 결정적인 순간을 풀어줄 또 다른 단서는 〈요한복음〉에 등장하는 "내게 손을 대지 마라"를 그리스 원전에서 새롭게 해석한 것이다. 라틴어 번역 '놀리 메 탄게레'에는 이 장면이 의도한 심오한 의미가 담겨 있지 않다. 그리스 원전에서의 이 구절은 "메 무 하프투(me mou haptou)"다. 〈요한복음〉 저자는 이 그리스 문장을 통해 여러 가지 의미를 전달한다.

먼저 동사 '하프투(haptou)'는 그 대상이 진짜인지 가짜인지를 알아보기 위해 손가락으로 '만지는' 행위가 아니다. 하프투는 '휘어잡다/쥐다'라는 의미로 대상을 자신의 소유로 만들기 위해 손으로 적극적으로 휘어잡는 행위다. 하프투는 '하프토'라는 동사의 특별한 명령형이다.

고전 그리스어 동사형에는 두 가지 명령형이 존재한다. 하나는 단순명령형으로 '지금 이 순간에 금지하는' 명령형이다. 예를 들어 수업 시간에 떠드는 학생에게 선생님이 "떠들지 마"라고 한다면 이는 지금 이 순간에 금지시키는 명령이다. 그러나 고전 그리스어에는 또 다른 명령형이 있다. 이 명령형은 지속적인 명령형이다. 예를 들어 "거짓말하지 마라!"와 같은 것으로 이는 우리가 지속적으로 결심을 통해 지켜야 할 명령이다. 성서의 십계명은 모두 이 지속적인 명령형이다.

〈요한복음〉 저자는 바로 이 지속적인 명령형 '하프투'를 사용했다. 막달라 마리아는 예수를 단순히 떨리는 손으로 살짝 만진 것이 아니라 온 힘을 다해 붙잡고 놔주지 않았다. 그래서 예수는 그녀에게 자신의 부활을 확인하도록 허락했지만 그녀가 온 힘을 다해 붙잡자 더 이상 "나에게 손을 대지 마라!"라고 말한 것이다.

'메 무 하프투'는 예수와 막달라 마리아와의 특별한 관계를 전달한다. 막달라 마리아의 위상은 100년 전부터 발견되기 시작한 이른바 영지주의 문서들, 특히 〈막달라 마리아 복음서〉와 〈빌립 복음서〉에서 더욱 확연히 드러난다. 이 영지주의 복음서들에서 수제자는 막달라 마리아다. 그녀는 오히려 베드로와 다른 제자들에게 '하늘나라'의 비밀을 가르치는 수제자다.

'메 무 하프투'는 자신이 소중하게 생각했던 과거의 집착으로부터 벗어나라는 요구다. 복음서 저자는 부활한 예수가 손으로 만질 수 있는 구체적인 대상이 아닐뿐더러 자신들에게 익숙한 과거의 모습도 아니라고 말한다. 그 기억이 아무리 훌륭하고 감동적이었다 하더라도 집착하는 순간 진부해지기 때문이다. 막달라 마리아에게 자신을 드러낸 예수는 인간의 상상을 뛰어넘는 새로운 모습이라는 점을 시사한다.

13장

그것이 나와 무슨 상관이 있느냐?

τί ἐμοὶ καὶ σοί, γύναι;
οὔπω ἥκει ἡ ὥρα μου.

사흘째 되는 날에, 갈릴리 가나에서 혼인 잔치가 있었다.
예수의 어머니가 거기에 계셨고,
예수와 그의 제자들도 그 잔치에 초대를 받았다.
그러한데 포도주가 떨어지니, 예수의 어머니가
예수에게 말하기를 "포도주가 떨어졌다" 하였다.
예수께서 어머니에게 말씀하셨다.
"여자여, 그것이 나에게 무슨 상관이 있습니까?
아직도 나의 때가 오지 않았습니다."
〈요한복음〉 2:1~4

마리아와
예수

　　　　　　어린아이에게 정서적으로 가장 큰 역할을 하는 사람은 '어머니'다. 다른 동물들과 달리 털 없는 벌거숭이 인간 종(種)은 어미의 자궁을 통과할 수 있도록 뇌가 아직 완성되지 않은 미성숙한 상태로 태어났다. 인간이 태어나서 걷기까지 1년 정도 걸리니, 그만큼 너무 빨리 태어났다고도 생각할 수 있다.

　갓 태어난 아기는 어미의 젖을 먹으며 생존한다. 어미는 아이의 성장을 위해 본능적으로 자신의 모든 것을 희생한다. 아이는 이 세상에 태어나 자신을 위해 목숨까지 바치는 존재가 있다는 것을 어렴풋이 확인한다. 아이는 이 존재를 어머니라 부르며, 모든 인간은 태어나자마자 어머니를 통해 인류 최고의 가치인 사랑을 배운다.

　예수의 어머니로서 마리아는 어떤 존재였을까? 우리는 예수나 마리아를 그리스도교가 자신의 신앙 공동체를 마련하고 강화하기 위해 만든 '교리'라는 렌즈를 통해 이해한다. 예수와 마리아의 원초적인 어머니 – 아들의 관계를 볼 수 있는 기록은 복음서에 등장하는 몇몇 구절뿐이다.

예수의 활동을 기록한 네 권의 복음서 중 예수의 탄생이나 어린 시절을 기록한 복음서는 〈마태복음〉과 〈누가복음〉이다. 〈마태복음〉과 〈누가복음〉은 복음서 중 가장 먼저 기록된 〈마가복음〉(기원후 60년경)을 참고해 자신들이 속한 신앙 공동체의 신앙 고백에 맞게 예수의 생애를 기록했다. 가장 나중에 기록된 〈요한복음〉은 그리스 철학을 원용해 예수를 '로고스(logos)'로 해석했기 때문에, 인간적인 예수에는 도무지 관심이 없다.

한 가지 흥미로운 점은 〈마가복음〉에는 예수의 탄생 기록이 없다는 사실이다. 이를 통해 우리는 무엇을 유추할 수 있는가? 사실 예수가 30세가 되어 세례 요한의 회개 운동에 참여하고 사막에서 40일간 영적인 수련 과정을 거쳐 공생애를 시작하기 전까지 팔레스타인에서 예수의 존재를 알던 사람은 거의 없었을 것이다.

〈마태복음〉과 〈누가복음〉에 등장하는 동방박사들은 페르시아에서 아후라마즈다를 신봉하는 조로아스터교의 사제들이다. 이들이 별을 따라 베들레헴까지 찾아온 이야기는 분명 후대 예수를 신격화하는 과정에서 첨가된 내용일지도 모른다. 초기 그리스도교의 복음서 저자들과 교부들은 예수를 단순히 인간이 아닌 '하나님의 아들', 더 나아가 '하나님'으로 만드는 중요한 신학적인 미화 과정을 거쳤다.

콘스탄티누스 황제의 등극

콘스탄티누스는 324년, 동방을 점령하고 로마제국의 유일한 황제가 됐다. 그가 권력을 잡기까지 로마는 이미 디오클레티아누스 황제 때부터 제정에서 벗어나 왕정으로 복귀하려는 움직임을 보였다.

디오클레티아누스는 과거 로마 왕조 시대를 그리워하며 자신의 황제권을 지키려 새로운 제도를 도입했다. 그 시작은 양두 체제였다. 양두 체제란 동등한 지위를 지닌 황제를 한 명 더 두어 공동으로 다스리는 체제다. 그는 285년 자신의 친구인 막시미아누스를 처음에는 부황제인 '카이사르'라는 칭호로 임명하고, 다음 해인 286년에는 자신과 동등한 지위인 '아우구스투스', 즉 황제로 승격시킨다.

디오클레티아누스는 293년에 행정과 군사적인 문제를 효과적으로 다루기 위해 황제의 지위를 획득한 자신과 막시미아누스 아래 한 명의 부황제인 '카이사르'를 두었다. 이렇게 두 명의 황제와 두 명의 부황제로 이루어진 네 명이 공동으로 로마제국을 치리했다. 자신 밑에는 갈레리우스, 막시미아누스 밑에는 콘스탄티누스 클로루스(후에 등장하는 콘스탄티누스 황제의 아버지)를 임명했다.

디오클레티아누스는 자신의 권력을 다지기 위해 부황제인 갈레리우스를 자신의 딸과 결혼시키고, 또 다른 부황제인 콘스탄티누스 클로루스를 헬레네와 이혼시키고 막시미아누스의 딸 테오도라와 결혼시킨다. 콘스탄티누스 클로루스는 헬레나와의 사이에 아들 콘스탄티누스가 있었다. 당시 콘스탄티누스는 약관 20세의 나이로 자신이 권력을 잡을 날만을 기다리고 있었다. 305년, 디오클레티아누스와 막시미아누스가 나이가 들어 황제 지위에서 물러나자 동로마의 갈레리우스와 서로마의 콘스탄티누스 클로루스만 남게 된다. 이들은 다시 두 명의 부황제, 즉 세베루스 2세와 갈레리우스 2세를 선임하고 4황제 체제를 계승한다.

306년, 콘스탄티누스 클로루스가 죽고 아들 콘스탄티누스가 황제가 된 후 로마제국은 혼란스러운 정치의 소용돌이에 빠진다. 여섯 명의 황제가 저마다 자신의 권력을 주장했기 때문이다. 동로마에는 갈레리우스 2세, 리키니우스, 막시미아누스가 있었고, 서로마에는 막시미아누스 2세, 그의 아들 막켄티우스, 콘스탄티누스가 있었다. 그 후 서로마에서 막켄티우스가 자신의 아버지인 막시미아누스 2세를 몰아내고 콘스탄티누스는 로마 근처 밀비안 다리 전투에서 막켄티우스를 물리친다. 동로마에서는 갈레리우스 2세와 막시미아누스가 죽은 후 리키니우스가 유일한 황제로 등극한다.

콘스탄티누스는 밀비안 다리 전투 전에 계시를 보았다고 전한다. 하늘에서 십자가 모형의 환시를 보았으며 "이 기호로 너는 승리할 것이다!"라는 음성을 듣는다. 이 일이 실제로 일어난 것인지 아니면 자신이 황제로 등극하기 위한 새로운 이데올로기로 그리스도교를 도입한 것인지는 알 수 없다.

그 후 323년 콘스탄티누스는 동로마의 리키니우스를 살해하고 통일된 로마제국의 유일한 황제가 된다. 그는 그리스 도시 비잔티움을 새로운 로마의 수도로 선택하고 330년 '비잔티움'을 콘스탄티노플, 즉 '콘스탄티누스의 도시'로 개명한다.

콘스탄티누스 황제의 등극과 함께 그리스도인들의 위상도 급격히 변화했다. 그리스도교는 로마제국의 미신을 조장하는 사교에서 로마 황실이 선호하는 '허용된 종교들' 중 하나가 되었을 뿐만 아니라 거의 유일한 종교가 됐다. 이전까지 그리스도인들은 300년 동안 박해의 시대를 살고 있었다. 특히 302~304년에 디오클레티아누스는 로마의 국가 행사인 '렐리기오(religio)'에 참여하기를 거부하는 그리스도인들을 제국의 기반을 미혹에 빠지게 하는 미신 집단으로 간주했다. 디오클레티아누스는 성서를 몰수하고 교회 건물을 파괴했다. 디오클레티아누스에 이어 황제가 된 갈레리우스도 그리스도교 박해 정책을 지속했으나, 오히려 순교를 각오한 그리스도인들의 내적 단결을 강화시킬 뿐 이렇다 할 효과를 거두지 못하자 311년에 관용 칙령을 내린다.

예수는 신인가?
인간인가?

초기 그리스도교가 그리스·로마 철학과 견주어 사상적인 체계를 구축하는 데 중요시한 문제 중 하나는 예수의 본성에 관한 것이었다. 한마디로 '예수는 인간인가, 신인가? 혹은 신이며 동시에 인간인가?'라는 질문이다. 우리가 보기에 다소 황당한 질문 같지만, 이 문제는 4세기 그리스도교가 로마제국의 공인 종교가 되면서 고민한 가장 중요한 난제였다.

댄 브라운의 소설 『다빈치 코드』는 예수의 본성에 관한 문제를 충격적이면서도 쉽게 설명한다. 2,000년 전에 일어났던 일에 대해 허구와 사실을 논의하는 것이 부질없는 일이긴 하겠으나 소설이나 영화 등의 매체가 우리의 세계관을 형성하고 결정하는 데 중요한 역할을 하고 있는 오늘날, 브라운의 묘사에 대해 언급하는 일도 나름의 가치가 있다고 생각한다. 브라운은 『다빈치 코드』에서 로마 황제 콘스탄티누스가 예수의 신성을 발명했고, 325년에 그 유명한 '니케아 종교회의'의 막상막하의 표 대결에서 직권 상정했다고 설교한다.

그러나 이는 사실과는 다르다. 사실 예수의 신성 문제는 복음서, 특히 〈요한복음〉에 등장하는 것처럼 예수 사후 그의 제자들 간에 가장 중요한 토의 주제였다. 그리고 니케아 종교회의에서 예수의 신성은 316대 2로, 거의 모든 종교와 감독들의 승인 아래 그리스도교의 핵심 교리가 됐다. 왜 이 교리가 중요할까? 이 교리가 그리스도교의 뿌리로 자리하는 과정을 흥미진진하게 보여준 대결이 있다. 바로 알렉산드리아의 아타나시우스(Athanasius)와 아리우스(Arius)의 신학적인 진검승부다.

알렉산더의 사제였던 아리우스는 318년경에 예수 그리스도는 신이 아니라고 가르치기 시작한다. 아리우스를 반박한 아타나시우스는 자신의 저서 『아리아 추종자들에 대한 네 가지 논설』에서 아리우스가 말한 내용을 그대로 인용한다. 아리우스는 아버지와 아들이 다르다는 점을 다음과 같이 설명한다.

신 자신은 어떤 용어로도 설명할 수 없는 분입니다.

그에겐 동등한 존재가 없습니다. 누구하고도 비슷하지(homoios) 않으며 그 누구도 그의 영광을 가진 자가 없습니다.

우리는 그(아버지)를 '태어나지 않은 분'이라고 부릅니다.

그와는 달리 우리는 그(아들)를 '태어난 분'이라고 부릅니다.

우리는 그(아버지)를 '시작이 없으신 분'으로 찬양합니다.

그와는 달리 그(아들)는 '시작이 있는 분'입니다.

우리는 그(아버지)를 '영원한 분'으로 경배합니다.

그와는 달리 우리는 그(아들)를 '존재한 시간이 있었던 분'으로 경배합니다.

시작이 없으신 그는 피조물의 시작으로 아들을 만드셨습니다.

그는 그를 자신을 위한 아들로 만드시고 그를 태어나게 만드셨습니다.

그(아들)는 신이 지니고 있는 존재의 독특한 특징을 지니고 있지 않습니다.

왜냐하면 그에겐 동등한 존재가 없고,

그는 그(아버지)처럼 동일한 존재(homoousios)가 아니기 때문입니다.[1]

아리우스의 주장을 간단히 설명하면, 예수는 신의 '아들'이기 때문에 영원하지 않으며 신에 의해 창조된 피조물에 불과하다는 것이다. 예수는 신과는 본질적으로 다르며 신에 의해 아들로 인정받은 자다. 고대 기록에 의하면 아리우스는 기골이 장대하고 연설에 능하며 사람들은 그의 카리스마에 열광했다고 전한다. 그의 주장은 특히 그리스 철학에 익숙한 그리스도교 지식인들 사이에 유행이 됐다. 복음서에 묘사된 예수에 대한 신성을 정면으로 도전한 아리우스는 당시 이집트와 리비아의 그리스도교 지도자들, 특히 감독들에게 골칫거리였다. 그들은 아리우스로부터 사제 권한을 박탈하고 출교시킨다. 아리우스는 자신이 마녀 사냥을 당했다고 생각하고 팔레스타인으로 도망쳐 자신의 세를 규합한다. 그곳의 예루살렘과 안디옥에는 자신의 의견을 동의하는 지식인들이 많았다.

'교리'는 황제가 주제하는 여러 차례의 종교 회의를 거쳐 만들어졌다. 초기 그리스도교에서 예수를 정의하는 신학적인 용어는 '호모우시아(homoousia)'였다. 콘스탄티누스 황제가 주제한 니케아 종교회의(325년)는 아버지 하나님과 아들 예수가 본질적으로 다르다고 주장하는 알렉산드리아의 사제 아리우스를 이단으로 정죄하고 아들 예수가 본질적으로 아버지 하나님과 동일하다는 '호모우시아'를 교리로 수용한다.

그러나 많은 동방 그리스도교 사제들에게 이 용어는 이전 사모사타 출신의 바울이 사용해 이단으로 금기한 용어였다. 그 후에 콘스탄티누스 2세와 발렌스 황제가 다시 아리아스주의(Arianism)를 선호하자 교부들은 아리아스주의와 하나님과 예수가 본질적으로 동일하다는 호모우시아를 절충해 '호모이우시아(homoiousia)', 즉 아버지 하나님과 아들 예수가 본질에 있어서 동일하지만 존재에 있어서 유사하다는 교리를 만든다. 이것을 기초로 테오도시우스 1세는 콘스탄티노플 회의(381년)에서 삼위일체를 완성하고 그리스도교를 로마제국의 종교로 선포한다.

예수가 삼위일체 안에서 완벽한 인성과 완벽한 신성을 지닌 존재로 수용되자 예수의 본성에 관한 문제가 다시 야기된다. 황제 테오

도시우스 2세는 소아시아 에베소에서 제3차 공의회(431년)를 소집한다. 논쟁의 초점은 예수의 본성에 대한 교리 확정이었다. 이 문제는 사실 예수와 하나님의 관계 안에서만 해결될 수 있는 문제가 아니었다. 예수의 신성을 보장하기 위해서는 그의 어머니 마리아의 본성 문제를 간과할 수 없었다.

이 공의회는 알렉산드리아의 대주교 시릴(Cyril)과 콘스탄티노플의 대주교 네스토리우스(Nestorius)의 신학적 입장을 판단하는 회의였다. 두 사람 모두 그리스도가 참으로 하나님이며 삼위일체 중 한 명이라는 사실에는 동의했지만, 그리스도의 본성에 대한 의견은 달랐다.

안디옥 학파의 사상적인 세례를 받은 네스토리우스는 그리스도 안에서 신성과 인성은 한 위격을 지닌 것이 아니라 공존하는 두 위격을 지녔다고 주장한다. 반면에 시릴은 그리스도의 신성과 인성은 하나로 융합된 위격으로 해석했다. 지금 보면 터무니없는 말장난 같지만 그리스·로마 사상과 견주어 견고한 신학적 기반을 구축하고자 하는 교부들의 숭고한 노력이었다.

네스토리우스는 그리스도의 인성을 바로 예수의 어머니 마리아로부터 물려받은 본성이라고 주장한다. 그러므로 그리스도교는 인간 예수 안에 '로고스'로서 내재한다고 보았다. 네스토리우스는 마리아가 그리스도의 신성의 어머니가 아니라 인성의 어머니이므로 '사람의 어머니(Anthropotokos)' 혹은 '그리스도를 잉태한 자(크리스토코스, Christokos)'라 했다.

반면 시릴은 그리스도의 인성과 신성이 하나의 위격으로 존재하기 때문에 마리아를 '신을 잉태한 자(테오토코스, Theotokos)'라 했다. 왜냐하면 마리아의 아들 예수는 신이자 동시에 인간이기 때문에 '신을 잉태한 자'가 더 적절한 용어라는 주장이다. 시릴은 자신이 쓴 한 편지에서 이렇게 말한다.

나는 아직도 거룩한 처녀를 테오토코스라 불리는 것에 대해 의심하는 자들이 있다는 사실에 경악한다. 만일 우리 주 예수 그리스도교 하나님이라면, 그를 잉태한 거룩한 처녀는 테오토코스가 아니겠는가?

'테오토코스'라는 용어는 사실 마리아의 위상보다는 예수의 위상을 다지기 위한 전력이었다. 네스토리우스는 에베소 공의회에서 교리 논쟁에 휩싸인 후 451년 칼케돈 공의회에서 이단으로 몰렸다. 네스토리우스파는 독자적인 그리스도교 전통을 이어가기 위해 페르시아, 인도 그리고 아라비아로 이주해 급기야는 비단길을 따라 중국까지 이르렀다. 선교사 알로펜(Alopen)을 중심으로 한 네스토리우스파의 선교단이 '경교(景敎)'라는 이름으로 중국에 도착한 것은 635년 당태종 때였다.

마리아는 신적인 지위를
어떻게 얻었는가?

테오토코스, 즉 신모(神母)가 된 마리아는 단순히 그리스도의 신성을 보장해주는 역할에서 스스로 신적인 지위를 획득하기 시작했다. 마리아는 예수를 임신했을 때 그 아이가 인류를 구원할 메시아라고 확신했을까? 1세기 후반에 기록된 복음서, 특히 〈누가복음〉에는 마리아에 대한 기록이 등장한다.

테오토코스로서 마리아에게 가장 중요한 특징은 바로 순결성이다. 마리아가 이 순결의 상징으로 등장하는 데 신학적인 논거를 제시해준 가장 중요한 중세 학자는 프랑스 클레르보의 베르나르 (Bernard)였다. 그는 마리아가 예수를 잉태하기 전이나 후, 심지어 예수를 잉태하는 순간에도 처녀성을 유지했다고 주장한다.

그는 〈누가복음〉 1장 27절에 등장하는 "그 처녀의 이름은 마리아였다"라는 문장에서 '마리아'를 '바다의 별'을 의미하는 은유로 설명한다. 별이 자신을 해치지 않고 빛을 내보내듯이 처녀 역시 자신을 해치지 않고 아들을 내보낸다는 주장이다. 즉 별이 빛을 발하듯이 마리아도 편안하게 예수를 잉태했으며 자신의 처녀성을 유지했고, 예수는 그 처녀로부터 태어났기 때문에 흠 없이 완벽하다는 것이다.

오늘날 그리스도교 교리는 인류의 조상인 아담과 이브가 신의 명령을 거역하고 에덴동산에서 선과 악을 알게 하는 지식의 나무의 열매를 따먹었기 때문에 그 원죄(原罪)가 후대에게 이어져 모든 인간은 원죄가 있다고 주장한다.

예수가 원죄 없이 태어나기 위해서는 또 하나의 신학적인 장치가 필요했다. 그것은 마리아 또한 흠 없이 태어나야만 하는 것이었다. 마리아가 다른 보통의 인간들처럼 태어났다면 어떻게 자신의 순결성을 유지할 수 있었겠는가? 그러므로 마리아도 원죄의 영향을 받지 않고 태어났다는 그녀만의 교리가 필요했다. 이를 '무염시태(無染始胎)'라 하며, 이 교리는 동방 정통교회에서는 8세기에, 그리고 서방 가톨릭교회에서는 11세기에 영국에 등장해 유럽 전역에 퍼졌다. 마리아의 '무염시태' 교리는 '모든 어머니들의 어머니'라는 의미를 지닌 '마테르 마트레스(mater matres)'인 마리아 숭배의 핵심적인 가르침이다.

마리아의 어머니는 복음서에 등장하지 않기 때문에 당시 그리스도인들은 그리스도교 정경인 신약성서 안에 포함되지 않은 문헌들을 조사하기 시작했다. 이들은 2세기 중반의 문헌으로 예수의 어린 시절 기록이 담겨 있는 〈야고보의 원복음서〉를 참조했다. 이 복음서는 신약성서에서 예수의 동생으로 묘사된 '야고보'가 직접 썼다고 전해진다.

〈야고보의 원복음서〉는 다른 초기 그리스도교 교부의 문헌들과 달리 마리아를 자세히 기록하고 있다. 마리아의 부모는 '요아킴'과 '안나'다. 이들은 원래 불임이었는데 기적적으로 마리아를 임신해 예루살렘에 있는 성전에 마리아를 봉헌했다. 마리아가 결혼할 시기가 다가오자 그녀의 부모는 마리아를 위해 나이가 지긋한 홀아비 요셉과 맺어준다.

요셉은 마리아의 처녀성을 인정하고 보호하며 그녀가 임신했을 때 그녀의 편을 들어줄 사람이었다. 살로메라는 여인이 마리아의 처녀성을 확인하겠다고 하자 그녀의 손에 불이 붙는 기적이 일어난다. 마리아는 이 중요한 2세기 문헌에서 이미 순결의 극치이며 자신의 어머니 안나에 의해 기적적으로 태어난 처녀-어머니였다.

신약성서의 몇몇 구절에는 예수의 형제들이 언급되어 있다. 그렇다면 이를 두고 마리아의 영원한 처녀성에 문제를 제기할 수도 있다. 예수에게 동생들이 있었다면 과연 마리아의 영원한 순결성을 주장할 수 있는가?

파리의 주교였던 피터 롬바드(Peter Lombard)는 자신의 저서 『선언(Sententiarum)』에서 예수의 동생들은 나이 든 요셉의 전처 자식이거나 마리아의 사촌들이라고 주장한다. 14세기에 들어서면서 '안나'를 예수와 마리아 가계의 시점으로 만들기 시작하는데, 안나는 예수의 할머니일 뿐만 아니라 야고보와 〈요한복음〉의 저자인 요한의 할머니로 굳어졌다. 안나의 자손들이 예수 형제들의 어머니가 되고, 이들은 안나의 세 번의 다른 결혼으로 생긴 결과다.

안나가 맨 처음 요아킴과 결혼해 기적적으로 임신을 해서 낳은 자가 바로 마리다. 안나는 요하킴이 죽은 뒤 유대인들의 형사취수(兄死娶嫂) 풍습에 따라 그의 동생인 글로바에게 시집간다. 안나와 글로바는 딸을 잉태하고 마리아와 구별하기 위해 '글로바의 마리아'라 불렀다. 그 후에 글로바가 죽자 다시 유대 관습에 따라 요아킴의 다른 동생인 살로메에게 시집간다. 안나와 살로메 사이에 세 번째 딸을 낳고 이전의 두 명의 마리아와 구분하기 위해 '살로메의 마리아'라 이름 지었다.

안나는 중세 시대의 성서 해석에 의하면 '거룩한 세 번의 결혼'이라는 의미를 지닌 '트리누비움(trinubium)'에 따라 세 명의 마리아를 잉태했다. 안나의 딸들은 예수의 삶에 있어서 매우 중요한 인물의 어머니들이다. 성모 마리아는 성령으로 무염시태를 통해 예수를 낳았고, 마리아 글로바는 '주님의 동생'인 야고보의 어머니이며, 마리아 살로메는 바로 〈요한복음〉의 저자인 요한의 어머니다.

　물론 무염시태 교리에 대한 반론도 있었다. 스콜라 철학의 창시자로 캔터베리 대주교를 지낸 안셀무스(Anselmus)는 마리아도 다른 인간처럼 원죄를 지녔다고 주장했다. 로마가톨릭교회의 가장 뛰어난 철학자이며 신학자인 토마스 아퀴나스도 마리아가 다른 여인들처럼 아이를 가졌지만 임신 중에 영적으로 정화되었다고 말한다. 이 교리는 도미니크 수도회와 프란체스코 수도회가 수용해 가톨릭교회의 중요한 사상으로 자리매김됐다.

은총을 입은 여인, 마리아

　　　　　　　이탈리아 피렌체의 우피치 미술관에는 마리아의 수태고지 장면을 선명하게 보여주는 그림이 있다. 시모네 마르티니(Simone Martini)가 1333년 자신의 시동생 리포 멤미(Lippo Memmi)와 함께 그린 〈두 명의 성자가 있는 수태고지〉라는 제단화다.[2] 이 그림은 그리스도교 탄생에 관한 신학적으로 가장 중요한 사건을 다루었을 뿐만 아니라 당시 영국이나 프랑스에서는 찾을 수 없는 중세의 독특한 고딕 양식을 표현했다.

　대천사 가브리엘이 하늘에서 막 내려와 땅에 착지하고 있다. 그의 날개는 아직 접히지 않고 하늘로 치켜져 있으며 그의 겉옷 또한 바람에 흩날리고 있을 만큼 긴급한 상황이다. 마르티니는 수태고지

시모네 마르티니, 〈두 명의 성자가 있는 수태고지〉, 1333

의 순간을 가브리엘의 펄럭이는 겉옷과 기도문이 된 그의 인사말, 그리고 마리아의 거룩한 당황스러움과 불쾌감의 표정으로 표현하고 있다.

가브리엘과 마리아 사이에는 네 개의 흰 백합이 담긴 금색 꽃병이 놓여 있다. 흰 백합은 유럽이 십자군 전쟁을 통해 아시아로부터 들여온 꽃이다. 또한 그리스 신화에서 백합은 헤라 여신의 젖이다. 헤라의 젖이 하늘로 올라가 은하수가 되었고 땅에 떨어지면 백합이 됐다. 백합은 바로 신의 거룩한 씨앗을 의미한다. 마르티니는 백합을 마리아의 순결과 처녀의 상징으로 삼았다.

가브리엘은 왼손에 올리브나무 가지를 들고 있으며, 머리에도 올리브 잎사귀로 만든 관을 쓰고 있다. 올리브는 구약성서 '노아의 방주' 이야기에 등장하는 것처럼 구원과 희망의 상징이다. 노아는 방주에서 비둘기를 내보내 홍수로 인한 물이 빠졌는지 확인한다. 비둘기는 한참 후에 올리브 잎을 물고 온다. 올리브 잎은 물이 빠졌을 뿐만 아니라 이제 방주에서 하선해도 된다는 표시다. 마르티니는 올리브 잎을 통해 새로 태어날 아이가 인류의 구원자이며 희망을 가져다줄 메시아라는 소식을 전한다. 그의 입은 마치 최초의 인간 아담을 창조하고 그의 코에 생명의 기운을 불어넣는 것처럼 마리아의 귀를 향해 인사를 불어넣는다. "평화가 있기를! 은총이 넘치는 자여, 주님께서 당신과 함께 하시기를(Ave gratia plena Dominus tecum)!"

가브리엘의 오른손을 살펴보면 검지가 위쪽을 향하고 있으며, 천사들이 원을 이루고 있다. 그 안에 비둘기가 있는데, 비둘기 역시 부리를 열어 바람을 보내고 있다. 가브리엘의 바람과 비둘기의 바람이 마리아의 코에서 만난다. 비둘기는 노아의 홍수 사건에서의 희망의 상징일 뿐만 아니라 신약성서에서 예수가 세례를 받을 때는 성령의 상징이기도 하다.

이 제단화의 위쪽에는 네 명의 예언자들이 두루마리 성경을 펼쳐 들고 있다. 이들은 왼쪽부터 예레미야, 에스겔, 이사야, 다니엘이다. 이들의 공통점은 모두 메시아의 탄생을 예언한 자들이라는 점이다.

마리아는 갑자기 등장한 가브리엘의 모습에 놀라 자신의 겉옷을 오른손으로 여미어 쥔 채 얼굴을 비스듬히 돌리고 있다. 순박한 소녀 같은 반응이다. 마리아의 왼손은 책을 감싸고 있고 엄지는 책 사이에 끼워져 있다. 그녀는 경전을 묵상하다가 가브리엘의 갑작스런 등장으로 독서를 잠시 멈춘 듯하다. 마리아의 얼굴은 4분의 3 정도만이 가브리엘 쪽을 향하고 있는데, 마르티니는 아마도 〈누가복음〉 1장 28절~29절의 내용을 염두에 두고 그린 듯하다.

천사가 안으로 들어가서, 마리아에게 말하였다. "은혜를 입은 사람아, 기뻐하여라. 주께서 너와 함께 계신다." 마리아는 이 말을 듣고 몹시 놀라 '이 인사말이 대체 무슨 뜻일까' 하고 생각하였다.

마리아는 가브리엘이 한 말의 뜻을 생각하고 있는 듯하다. 그녀는 혼돈에 빠진 것처럼 눈을 가늘게 뜨고 있고, 눈썹과 코가 만나는 지점에 그림자가 생긴 것으로 보아 고민에 빠진 모습이 역력하다.

그림 양쪽으로는 시에나 대성당과 연관된 인물이 그려져 있다.

바로 시에나의 성인인 성 안사누스와 그의 대모인 성녀 막시마다. 왼편의 성 안사누스는 수많은 사람들에게 복음을 전했지만 디오클 레티아누스 황제의 박해 때 20세의 젊은 나이로 순교했다. 그의 손 에는 순교를 상징하는 종려나무 가지와 부활을 의미하는 깃발이 들 려 있다. 오른편에는 성 안사누스의 대모인 성녀 막시마가 서 있다. 그녀 또한 디오클레티아누스 황제의 박해 때 순교했다.

〈두 명의 성자가 있는 수태고지〉에는 인간으로서 놀란 마리아의 모습이 담겨 있다. 그 모습은 '테오토코스'로서의 마리아가 아니라 우 리가 흔히 만날 수 있는 처녀의 모습이다. 가브리엘이 마리아에게 전 한 인사말은 '은총이 넘치는 여인'이 아니라 '은총을 많이 입은 여인' 이다. 마리아는 원래부터 은총이 넘치는 신의 경지에 도달한 여인 이 아니라 마음이 비어 있고 가난해서 신의 은총을 듬뿍 받을 수 있 는 여인이었다.

'은총'이라는 라틴어 '그라티아(gratia)'의 본래 의미는 '모양, 균형, 움직임 혹은 표현의 아름다움/매력적인 특성이나 태도'다. 그라티 아는 지속적인 자기수련을 통해 몸과 행동에 배어 있는 자기만의 매력이다. 이 라틴어는 신약성서의 언어인 그리스어 '카리스(charis)' 를 번역한 것이다. 그리스 문화에서 좋은 와인이나 언변의 우아함 을 지칭할 때 카리스라는 단어를 사용하는데, 특히 어떤 이가 섬세 하고 지혜로우며 예술적이라면 카리스를 소유한 자라고 말한다.

카리스는 그리스 문화에서 기본적으로 미적인 의미를 갖지만, 윤 리적인 의미로도 사용된다. 신약성서 저자들은 미적인 의미보다는 이 윤리적인 의미에 집중한다. 카리스는 '친절/ 관대함'이라는 의미다. 또한 '매력과 같은 힘'이라는 뜻도 내포한다. 고대 그리스 비극 작가 에우리피데스는 카리스를 죽은 영웅이 자신의 추종자들에게 요구하는 지하세계로부터 오는 마력이라고 정의한다.

신약성서에서 카리스는 하나님의 권능이 되어 부활한 예수와 함께 새로운 삶을 살도록 만드는 힘이 됐다. 카리스의 외적인 의미와 내적인 의미는 일맥상통한다. 육체적으로 아름답고 용기 넘치며 지혜롭고 우아하고 효과적인 언어를 구사할 수 있는 사람은 친절하고 관대하며 언제나 다른 사람을 도우려는 마음씨의 소유자이므로 영향력이 있는 사람이다. 특히 이러한 카리스를 신으로부터 부여받았을 때는 더욱 그렇다.

복음서 저자들은 이 카리스에 심오하고 신학적이며 영적인 차원을 덧붙인다. 인간은 스스로 카리스를 획득할 수 없다. 신이 자신이 원하는 사람에게 느닷없이 무작위로 주는 선물이기 때문이다. 〈요한복음〉 1장에는 신이 인간과 함께 살려고 이 땅에 내려와 인간을 위해 죽었다고 기록되어 있다. 이것을 '대속(代贖)'이라 한다. 내가 빚을 졌는데 누군가 나타나 그 빚을 대신 갚아 청산해준다는 뜻이기도 한 대속에는 그 은총을 베푸는 자의 희생이 따른다. 그러한 희생에도 불구하고 그 은총을 수용자의 자격과 상관없이 마치 크리스마스 선물처럼 선사한다. 유대인들은 바로 이러한 선물과 같은 대속을 히브리어로 '거울라(gaulla)'라 한다. '거울라'는 '가알(gaala)'이라는 동사에서 파생한 명사로, 고대 이스라엘의 종교법과 관습에서 노예를 해방시키거나 다른 사람의 빚이나 의무를 대가없이 지불해주는 행위를 뜻한다.

1세기 랍비 유대교에서 대속의 개념은 세상의 마지막에 올 메시아와 연결된다. 메시아가 와서 이스라엘 사람들을 과거 이집트의 노예 생활에서 해방시킨 것처럼, 자신들을 영적으로 해방시킬 것이라고 믿었다. 복음서 저자들은 나사렛 예수를 바로 대속자로 여겼다. 예수는 바로 이스라엘이 그렇게 기다리던 메시아이며, 신으로부터 떨어져나간 인류를 자신의 죽음을 통해 회복시킬 자다.

〈누가복음〉 1장에는 가브리엘 천사가 마리아를 방문하는 장면이 아름답게 묘사되어 있다. 천사는 마리아에게 이렇게 말한다.

"두려워하지 말라. 마리아야, 너는 하나님의 은혜를 입었다. 보아라, 네가 잉태하여 아들을 낳을 것이니, 너는 그의 이름을 예수라고 하여라. 그는 위대하게 되고, 가장 높으신 분의 아들이라고 불릴 것이다. 주 하나님께서 그에게 그의 조상 다윗의 왕위를 주실 것이다. 그는 영원히 야곱의 집을 다스리고, 그의 나라는 무궁할 것이다."[3]

마리아는 천사에게 이렇게 묻는다. "나는 남자를 알지 못하는데, 어떻게 임신하여 아이를 잉태할 수 있습니까? 유대 율법에 의하면 결혼이 아닌 방법으로 임신한 사실이 발각이 되면 마을 한가운데에서 돌에 맞아 죽는다는 사실을 알고 계십니까?" 어느 여인도 이러한 상황에서 침착할 수는 없을 것이다. 아무리 태어날 아이가 거룩한 하나님의 아들이라고 말해도, 당시의 종교 입장에서 보면 황당하기 그지없는 요구다.

〈누가복음〉 저자는 이 당혹스러운 상황에서 마리아가 천사의 말을 겸손하게 수용했다고 전한다. "저는 주의 여종입니다. 천사님의 말씀대로 나에게서 이루어지기를 바랍니다." 마리아의 입장에서 보면 "은혜를 입었다"는 천사의 말은 자신을 사회에서 추방당하게 만들고 심지어 죽음으로 내모는 저주일 수도 있다. 사실 이 천사가 정말 강림했는지 아니면 예수의 탄생에 관해 〈누가복음〉 저자가 꾸며낸 이야기인지는 알 수 없으나 마리아는 미천한 자신을 통해 일어날 신비를 노래한다.

"내 마음이 주님을 찬양하며 내 영혼이 내 구주 하나님을 높임은 주께서 이 여종의 비천함을 돌보셨기 때문입니다."[4]

요한복음에 숨겨진 메타포

〈요한복음〉은 예수를 인간이 아닌 '로고스'로 보았다. 태초에 로고스가 있어서 세상을 창조했고 그 로고스가 인간의 모습으로 이 세상에 태어나며 그가 바로 예수라고 해석한다. 플라톤 철학에서 로고스나 이데아와 같은 원형은 저 너머 피안의 세계에만 존재하며, 이 세상에 존재하는 것들은 그 원형의 그림자거나 원형을 흉내 낸 것들일 뿐이다. 플라톤의 제자 아리스토텔레스는 스승인 플라톤의 이 같은 철학을 버리고 피안의 원형이 이 세상 안에서 구현될 수 있다는 철학을 주장한다. 그 주장으로 구현된 사상이 바로 로고스다. 〈요한복음〉의 저자는 바로 예수를 로

고스로 여겼고, 그가 로고스라는 사실을 증명하기 위해 '기적'이라는 주제를 사용한다.

그런데 예수가 자신이 로고스임을 증명하기 위해 왜 '가나'라는 지역의 한 혼인 잔치를 선택했는지는 알 수 없다. 다만 우리는 유대 전통과 구약성서에 등장하는 여러 가지 메타포를 통해 그 의미를 찾아볼 수 있다. 혹자는 가나의 혼인 잔치가 사도 요한의 결혼과 관련이 있다고 주장하기도 한다. 예수와 그의 제자들이 초청되었기 때문이다. 요한의 어머니 살로메는 아마도 예수의 어머니인 마리아의 동생일 것이다. 이렇게 가정한다면 예수와 요한은 사촌 간이다. 당시 유대의 혼인 잔치는 일가친척들이 원근 각지에서 모여 7일 동안 거행되는 가장 중요한 집안 행사다. 신랑과 신부는 잔치 기간 내내 음식과 포도주를 제공해야 하며, 음식이나 포도주가 떨어지는 것은 그 잔치를 벌인 주인의 치명적인 실수로 여겼다.

〈요한복음〉의 가나의 혼인 잔치는 "사흘째 되는 날에"라고 시작한다. 이 구절은 축자적으로 해석할 수도 있지만 '사흘'이라는 숫자는 예수의 죽음과 부활에 깊은 관련이 있다.

사촌이자 제자인 요한의 결혼식인 이 잔치에는 어머니 마리아와 모든 제자들이 참석했다. 〈요한복음〉 저자는 잔치에 대한 묘사를 모두 생략하고 바로 "포도주가 떨어졌다"라고 기록한다. 포도주가 떨어지자 손님들이 불평을 하기 시작했다. 이러한 실수는 마리아 집안에 큰 오명이 될 것이다. 요한의 어머니 살로메가 자신의 사촌언니인 마리아에게 찾아와 이 사실을 알린다. 마리아는 종들을 시켜 포도주를 사오게 하지 않고 예수에게 다가간다.

이때 〈요한복음〉 저자는 마리아라는 이름 대신 그녀를 "예수의 어머니"라고 칭한다. 예수의 어머니는 예수에게 "애야, 포도주가 떨어졌다"라고 말한다.

이 말의 의미를 축자적으로만 해석한다면 도저히 이해하기 어렵다. 잔칫집에 술이 떨어진 것과 예수가 무슨 상관이 있다는 말인가? 마리아는 이제 막 제자들을 몰고 다니며 새로운 생각을 전파하는 아들에게 무슨 의도로 이러한 말을 했을까? 포도주는 예수의 죽음과 부활을 통해 얻어지는 성령이며 신의 새로운 말씀을 의미한다. 또한 구약성서에서 혼인 잔치는 종종 종말에 행해지는 심판을 의미한다.

어머니 마리아의 말에 예수의 대답이 다소 충격적이다.

"여자여, 그것이 나에게 무슨 상관이 있습니까? 아직도 나의 때가 오지 않았습니다."

그 누구라도 자신의 어머니를 다른 사람들 앞에서 "여자여!"라고 부르지 못할 것이다. 1세기 그리스도교가 유대인들과 로마제국에 의해 박해를 받은 이유가 바로 사회의 구심점인 가족을 인정하지 않는다는 점이었다. 그리스도인들은 집에 있는 분이 아닌 "하늘에 계신" 분을 아버지라 부르고, 어머니를 "여인"으로 부르고, 선행을 하는 자들을 "형제-자매"라 불렀다. 지금 우리 사회의 상식으로는 다소 이해하기 힘들다. 〈요한복음〉 저자는 "여자여!"라는 단어를 예수가 십자가에 못 박혀 있을 때에도 사용한다.

예수의 십자가 곁에는 예수의 어머니와 이모와 글로바의 아내 마리아
와 막달라 사람 마리아가 서 있었다. 예수께서는 자기 어머니를 보시
고, 또 그 곁에 자기가 사랑하는 제자가 서 있는 것을 보시고, 어머니
에게 "여자여, 이 사람이 어머니의 아들입니다" 하고 말씀하시고, 그
다음에 제자에게는 "자, 이분이 네 어머니시다" 하고 말씀하셨다. 그
때로부터 그 제자는 그분을 자기 집으로 모셨다.[5]

예수는 이 절박한 상황에서 어머니를 다시 한 번 "여자여"라고
호칭한다. 〈요한복음〉에서 예수는 마리아와 얼굴을 맞대고 대화하
는데 이 두 장면에서 모두 어머니를 "여자"로 부른다. 여기서 '여자'
라는 의미는 구약성서 〈창세기〉 2장 23절에 등장하는 모든 인간의
어머니인 '이브'를 상징한다. 아담이 새로 창조된 여인을 '여자'라
불렀으며, 이 이야기에서 예수는 새로운 아담이며 마리아는 새로운
이브가 된다.

예수는 어머니 마리아에게 "아직 나의 때가 오지 않았습니다"라
고 대답한다. 이제 새로운 깨달음으로 제자들과 시작하는 3년간의
공생애는 바로 이 '때'를 맞이하는 과정이다. 마리아는 예수의 카리
스를 위한 여정에 묵묵히 동행한 여인이다. 마리아는 십자가에서
숨을 거둔 예수의 시신을 받아들고서야 가브리엘이 자신에게 했던
카리스와 자신의 아들이 죽음을 통해 보여주려 했던 카리스의 의미
를 이해하게 된다.

14장

천국은 어디에 있는가?

πῶς ὁμοιώσωμεν τὴν
βασιλείαν τοῦ θεοῦ ἢ ἐν τίνι αὐτὴν
παραβολῇ θῶμεν;

"우리가 하나님의 나라를 어떻게 비길까?
또는 무슨 비유로 그것을 나타낼까?"
〈마가복음〉 4:30

천국이란
무엇인가?

천국은 아무도 가본 적이 없는 곳이기에 인간의 상상 속에 존재한다. 하버드 대학교에서 신경외과 의사로 일했던 세계적인 뇌신경학자 이븐 알렉산더(Eben Alexander)는 사후 세계를 경험한 뒤 『나는 천국을 보았다』라는 책을 출간했다.

알렉산더 박사는 원인을 알 수 없는 박테리아성 수막염으로 인해 혼수상태에 빠져 뇌 부위가 완전히 정지된 채 생물학적으로 죽을 날만 기다리고 있었다. 그는 혼수상태에 빠져 있는 동안 자신의 신체는 모든 기능이 마비되었지만 오히려 정신은 말짱했으며 7일째 되는 날에 기적적으로 다시 눈을 떴다고 이야기한다.

그 기간 동안 그는 푹신푹신한 구름 위로 날아가 "투명하고 빛나는 존재들"을 만났고, 한 천상의 여성이 인도해 시간이 없는 세계로 여행을 했다고 기록한다. 그는 천국을 "그곳은 광활하게 공허하고 칠흑과 같으며 무한하게 편안한 공간"이라고 묘사한다.

저세상에 다녀온 경험을 그렇지 않은 사람들에게 설명하기란 쉬운 일이 아닐 것이다. 알렉산더 박사의 서술은 이전에 출판된 다른 임사 체험의 책들과 유사하다. 1981년 국제임사체험협회는 미국 내에서만 1,500만 명이 사후 세계를 경험했다고 주장한다. 심리학자 레이먼드 무디(Raymond A. Moddy)의 『삶 이후의 삶(Life after life)』이라는 책은 수천 명이 아픔이 없고 신비롭고 특별한 빛으로 가득한 세계인 천국을 아름답지만 만질 수 없는 안내자의 인도로 경험했다고 전한다.

알렉산더 박사의 천국 묘사는 4세기 신학자 아우구스티누스의 『신국론』과 단테의 『신곡』 그리고 존 밀턴의 『실락원』에 등장하는 천국에 대한 묘사와도 유사하다. 우리는 이들의 유사성으로부터 다음과 같은 가정을 할 수 있다.

첫째, 이렇게 많은 사람들이 고백했다는 것은 분명 천국이 있다는 증거라는 가정이다. 그 여행의 구체적인 내용은 다르지만, 많은 사람들이 임사 체험을 통해 사후 세계를 목격했다는 사실을 기초로 천국의 존재를 인정할 수도 있다. 둘째, 이들은 모두 혼수상태에서 자신의 특수하고도 충격적인 경험을 기록했다는 가정이다.

죽음은 인간이 피할 수 없는 마지막 종착점이다. 그렇기에 그 너머의 세계는 문명, 철학, 종교를 넘어서는 인간의 궁극적인 관심사다. 대부분의 종교에서 말하는 천국, 파라다이스, 니르바나, 잔나는 인간의 언어와 상상을 넘어서는 어떤 것이라고 가르쳐왔다.

단테는 천국에서 아름답고 파란 눈을 한 여인의 인도를 받는다. 그는 어릴 적 친구이며 완벽한 여성상인 베아트리체의 인도로 천상을 구경한다. 그러나 단테는 알렉산더 박사와 달리 천국에 홀로 남겨졌을 때 그것을 형용하지 못했다. 단테의 『신곡』에 삽화를 그려 넣었던 보티첼리는 그 마지막 장을 빈 공간으로 남겨두었다. 그 빈 공간이 천국의 증거라고 주장한 알렉산더의 책보다 더 강력하다.

"천국은 어디에 있는가?"라는 질문은 단순히 '천국'이라는 물질적인 공간의 행방에 관한 것이 아니다. 이 질문은 "신은 어디에 있는가?" 혹은 "신은 누구이며 어떤 존재인가?"라는 탐구와 직결된다. 현대인들에게 이 근본적인 질문을 함으로써 기존 신학계와 종교계를 당황하게 만든 인물이 있다. 바로 영국의 성공회 감독이었던 존 로빈슨(John Robinson)이다. 그는 1963년 『신에게 솔직히』라는 책을 출판해 D. H. 로렌스의 『채털리 부인의 연인』만큼이나 영국 사회와 서구 그리스도교에 물의를 일으켰다.

이 책은 단번에 열일곱 개의 언어로 번역되어 세계적인 베스트셀러가 됐다. 로빈슨은 수년 전 『채털리 부인의 연인』이라는 책을 판금하는 재판에서, 섹스는 일종의 "성례 전 행위"라고 말해 물의를 일으킨 바 있다. 그는 그리스도인들이 형상화하는 천국이나 신에 대한 관념을 버려야 한다고 주장했다. 우리는 '여기' 지상에 살고 있고 신은 '저기' 구름 위에서 우리를 지켜본다는 생각은 버려야 한다는 것이다.

우리는 르네상스 시대에 이미 지구는 천체의 일부로 태양 주위를 돈다는 사실을 발견했다. 지구는 태양 주위를 공전하고, 태양계 역시 은하수 중심으로 거대한 원을 그리며 한없이 운동하기에 거기에는 '위아래'가 없다. 그럼에도 그리스도교는 이 단순한 과학적인 사실을 받아들이지 않고 느닷없이 인류를 심판하러 위에서 내려오는 재림 예수를 기다린다.

독일 신학자 디트리히 본회퍼(Dietrich Bonhoeffer)는 종교에서 말하는 혜택을 "싸구려 은총(cheap grace)"이라 한다. 그는 그리스도교 스스로가 퇴락과 자멸의 길로 들어선 이유는, 이 '싸구려 은총'을 바라는 신자들이 많고 지도자들 또한 이것을 대폭 할인해 마구잡이로 그리스도교의 핵심인 양 팔고 있기 때문이라고 진단한다.

사람들은 2,000년 전에 예수가 목숨을 담보로 그 죗값을 지불했기 때문에 더 이상 고통을 감내할 필요가 없다고 착각한다. 이 싸구려 은총은 교리로서, 기관으로서, 겉모양으로서 종교라는 은총이다. 이는 근본적인 삶의 변화 없이 앵무새처럼 죄를 고백하면 용서받는 체계다. 신을 믿으면 천국에 갈 수 있다는 맹목적인 믿음 역시 삶을 절대 변화시키지 못한다.

존 로빈슨은 신이나 천국이 '저 구름 위'에 계신 것이 아니라 인간의 삶에서 새롭게 해석되고 발견되어야 한다고 말한다.

천국이라는 개념의 탄생

아브라함 종교에서 말하는 천국의 개념은 어떻게 생겨난 것일까? 천국은 중동의 사막 환경에서 등장한 독특한 개념이다. 오늘날의 이라크 남부 지역에 인류 최초의 문명을 일으킨 수메르인에게는 특별한 정원이 있었다. 그 정원을 수메르어로 '에딘(edin)'이라 한다. '에딘'은 계곡 사이에 위치한 초목 지대를 이르는 용어다. 척박한 환경에서 지내던 수메르인에게 에딘은 천국이나 다름없었다. 수메르어 '에딘'은 기원전 2000년경 수메르를 정복한 바빌로니아(고대 바빌로니아)인에게 차용되었고, 바빌로니아인은 이를 자신들이 사용하는 아카드어 '에딘나(edinna)'로 불렀다.

이 중요한 문화 차용어는 후에 구약성서로 흘러들어간다. 기원전 586년경 바빌로니아(신바빌로니아)의 포로로 잡혀온 유대인들은 바빌론의 찬란한 문명을 보았다. 특히 그들은 느부갓네살 2세가 자신의 아내를 위해 만든 공중 정원과 하늘을 향해 높이 솟아 있는 92미터 높이의 신전인 지구라트를 보고 감탄했다. 이것은 후에 성서의 바벨탑 이야기에 결정적인 역할을 하게 된다.[1]

이후에 '에딘나'라는 단어는 〈창세기〉에 히브리어 '에덴(eden)'으로 차용되어 등장한다. 'J' 저자는 〈창세기〉 2장에서 에덴을 아담과 이브가 거주한 장소이자 신과 인간이 하나가 되어 자유롭게 소통하는 공간으로 묘사한다. 또한 에덴은 지명으로도 사용됐다. 에덴의 위치는 비손 강, 기혼 강, 티그리스 강 그리고 유프라테스 강 사이라고 기록되어 있다. 에덴의 히브리어가 원래 셈족어로 '기쁨과 풍요가 넘치는 장소'라는 의미를 지녔다고 주장하기도 한다. 〈창세기〉 2장에 등장하는 이상적인 장소를 '에덴에 위치한 동산', 즉 줄여서 '에덴동산'이라 불렀다.

'에덴동산'이라는 단어에서 '동산'은 셈족어 어근 '*jann-'에서 유래했다. 셈족어 '*jann-'은 히브리어로는 '간(gan)'이며, 아랍어로는 '잔나툰(jannatun)'으로 표현된다. 아랍어 '잔나툰'은 지상의 정원인 '하디카툰(hadiqatun)'과는 다른 '천상의 정원/하늘나라'를 의미한다. 기원전 3세기가 되자 '동산'이라는 의미를 지닌 히브리어 '간'은 그리스어 '파라데이소스(paradeisos)'로 번역된다. 이 단어는 그리스 지리학자 크세노폰(Xenophon)이 처음 쓰기 시작했다.

크세노폰은 그리스-페르시아 전쟁 당시 용병으로 참전했다가 페르시아제국의 창시자 키루스(Cyrus)가 파사르가데(Pasargadae)에 만든 정원을 보았다. 키루스는 파사르가데에 수도를 정하면서 자기가 정복한 나라에서 구한 진귀한 동물과 식물을 한곳에 모아놓고, 이를 '파이리다에자(pairidaeza)'라 불렀다. 이는 고대 페르시아어로 '사방이 나무로 둘러싸인 장소'를 의미한다. 크세노폰은 이 단어를 차용해 그리스어로 '파라데이소스'라 했고, 훗날 라틴어로는 '파라디수스(paradisus)', 영어로는 '파라다이스(paradise)'가 됐다.

신과 인간이 하나가 되는 이상적인 공간을 구약성서에서 '에덴동산'이라 불렀다면, 신약성서에서는 '하늘나라' 혹은 '하나님의 나라'라 불렀다. 갈릴리에서 예수가 말씀을 선포한 사건을 두고 성서는 '하늘나라'의 복음을 선포했다고 전한다. '하늘나라'와 '하나님의 나라'는 공관복음서에서 100번 정도 등장할 만큼 중요한 용어다. 그러나 공관복음서 그 어느 곳에서도 이 왕국이 어떤 왕국인지 확실히 정의하지 않는다. 아마도 예수가 '하늘나라'를 선포할 때, 청중들은 이 개념이 너무 익숙해서 설명할 필요가 없었는지도 모른다.

또 하나의 궁금한 점은 예수가 '신'을 한 번도 '왕'으로 지칭하지 않고, 신이 계신 곳을 '왕국'으로 언급하지 않았다는 점이다. 그렇다면 '하늘나라'는 무엇을 의미하는가? 성서학자들은 예수가 '하늘나라'를 미래의 현상으로 보았는지 혹은 현재 이루어진 현실로 보았는지에 주로 관심을 가져왔다.

성서에는 '하늘나라'를 앞으로 이루어질 현상으로 보는 구절들이 많다. 예를 들어 주기도문에서 "아버지의 나라가 오게 하시며"(〈마태복음〉 6:10)[2]와 예수가 몇몇 제자들에게 "하나님의 나라가 미래에 올 것이라고 말씀하신다"(〈마가복음〉 9:1)가 그 예다.[3] 미래에 다가올 '하늘나라'는 최후의 만찬 사건에서 가장 잘 드러난다. 예수는 최후의 만찬에서 다음과 같이 말한다.

> "잘 들어두어라. 이제부터 나는 아버지의 나라에서 너희와 함께 새 포도주를 마실 그날까지 결코 포도로 빚은 것을 마시지 않겠다" 하고 말씀하셨다.(〈마태복음〉 26:29)[4]

반면에 '하늘나라'가 현재 이루어진 현실을 지칭하는 구절들도 있다. 예수가 광야에서 유혹을 받은 후 공생애를 시작하며 했던 이야기에서도 그 예를 찾을 수 있다.

> "때가 다 되어 하나님의 나라가 다가왔다. 회개하고 이 복음을 믿어라."[5]

예수가 선포한 말의 핵심 중 하나는 바로 '하늘나라'가 이미 도래했으며 예수의 말과 선교 행위를 통해 활동을 개시했다는 사실이다. '하늘나라'의 완전한 승리와 완성은 예수의 말을 믿고 행함으로써 이루어진다. 예수가 한 대부분의 말은 개개인이 '하늘나라'에 들어가기 위해 행해야 할 종교적이며 도덕적인 가르침이다.

우리는 천국이나 '하늘나라' 혹은 '하나님의 나라'가 우리가 거주하고 있는 이곳이 아니므로 알 수도 없고 갈 수도 없으며, 임사 체험이나 특별한 신비 경험을 통해 인식하는 장소라고 생각한다. '천국'을 영어로 '킹덤 오브 헤븐(kingdom of heaven)'이라 하는데, 이 영어 구절 역시 그 의미가 애매하기는 마찬가지다. '킹덤'은 흔히 '왕국'으로 번역하지만 영어에서 'dom'의 어미는 앞에 붙는 명사나 형용사를 추상명사로 만든다. 그러므로 '킹덤'의 원래 의미는 '왕이 다스리는 상태' 혹은 '왕권'이라는 의미다.

복음서에서 예수는 종종 천국을 언급하지만 그것이 구체적으로 무엇을 의미하는지 말하지 않는다. 어쩌면 1세기 유대 사회에서는 이미 잘 알려져 있는 개념이라 더 이상 설명할 필요가 없었는지도 모른다.

〈마태복음〉에서는 천국이 '하나님의 나라'와 같은 의미를 지닌 표현으로 등장한다. 신약성서는 그리스어의 한 형태인 '코이네 그리스어(Koine Greek)'로 기록됐다. 흔히 '민중 그리스어'라 불리는 코이네 그리스어는 기원전 3세기 알렉산더가 등장하면서 점차 사용하게 되었으며, 이전 그리스 철학자들이 사용하던 고전 그리스어(Classical Greek)와 구별되는 방언이다. 구약성서를 그리스어로 번역한 '칠십인역' 성서와 신약성서가 이 방언으로 기록되어 있다.

천국은 그리스어로 '바실레이아 톤 후라논(basileia ton houranon)'이다. 이 구절에서 '바실레이아'는 '왕이 다스리는 영토', 즉 '왕국'의 의미보다는 '왕권/통치'라는 의미다. '바실레이아 톤 후라논'은 장소가 아니다. '하늘의 뜻이 이루어지는 상태/이상적인 원칙이 통하는 상태'를 말한다.

기원후 5세기 제롬은 그리스 신약성서를 라틴어로 번역할 때 '바실레이아 톤 후라논'을 '레그눔 카일로룸(regnum caelorum)'으로 번역한다. 라틴어 '레그눔' 역시 '통치'라는 의미로 장소를 뜻하지 않는다. 예수가 신약성서에서 천국을 말할 때 사후 세계로 언급한 구절도 있다. 그러나 그러한 구절들은 후대 예수의 어록을 기록한 제자들의 해석이 아닐까 한다.

예수는 분명 구약성서에 고전 히브리어로 언급되어 있는 '천국'이라는 단어를 잘 알고 있었을 것이다. 이 단어를 고전 히브리어로 재구성해보면 '말쿠스 샤마임(malkuth shamayyim)'이다. 이 구절의 '말쿠스' 역시 추상명사로 '왕권/통치'라는 의미다.

'천국'이란 죽음을 인식하고 사는 유일한 동물인 인간이 사후 세계를 지칭하는 단어로서 시공간의 개념을 넘어서는 어떤 것이 아닐까? 예수는 그러한 천국을 어떻게 정의했을까?

성서에 비유가 많은 이유

인간의 경험을 넘어서기에 언어로는 표현할 수 없는 천국과 같은 주제를 설명하기 위한 문학적 장치가 비유다. '비유'라는 뜻의 히브리어 '마샬(mashal)'의 축자적 의미는 '비교'다. 그러나 문장의 장치로서의 마샬은 구체적이며 실질적인 사건을 이용해 이상적이며 영적인 혹은 천상의 의미를 유추하려는 과정이기도 하다.

구약성서에 비유는 딱 다섯 번 등장한다. 그러나 유대인들의 『탈무드』와 『미드라시』에서는 많은 수의 비유가 등장한다. 유대 랍비들은 비유를 교육의 수단이자 유대 율법의 진위를 가리고 올바른 이해에 도달하는 중요한 수단으로 여겼다. 『탈무드』와 『미드라시』에서는 모든 종교적 개념, 도덕적 가르침 그리고 윤리적 강령을 항상 비유를 통해 설명한다.

신약성서에도 비유가 많이 등장하는데, 『탈무드』의 경우처럼 그 비유를 이해할 수 있는 특별한 '귀'를 요구한다. 예수가 비유로써 말한 뒤 "들을 귀가 있는 사람은 들어라"라고 말하는 구절이 종종 등장한다. 예수가 피안의 세계를 설명하는 유일한 방법은 인간의 언어와 문자다. 그 안에 숨어 있는 의미를 발견하기 위해서는 육신의 귀가 아니라 영적인 귀가 필요하다. 이 영적인 귀는 훈련을 통해서만 서서히 생겨난다. 그것은 마치 외국어를 배우지 않은 사람에게는 그 언어가 아무런 의미가 없지만, 오랫동안 공부를 하면 비로소 그 언어를 이해할 수 있는 귀를 갖게 되는 것과 같다.

사람들은 예수의 비유를 처음에는 이해하지 못했다. 예수를 열심히 쫓아다니던 그의 측근들과 열두 제자들이 예수에게 와서 묻는다. "선생님, 우리가 도저히 이 비유를 이해하지 못하겠습니다. 이 비유가 무슨 뜻인지 알려주십시오." 그러자 예수는 이렇게 말한다.

"너희에게는 하나님 나라의 비밀을 맡겨주셨다. 그러나 저 바깥사람

들에게는 모든 것이 수수께끼로 들린다. 그것은 '그들이 보기는 보아
도 알지 못하고, 듣기는 들어도 깨닫지 못하게 하셔서, 그들이 돌이켜
용서를 받지 못하게 하시려는' 것이다."[7]

예수는 제자들과 외부인들의 차이점을 시력과 청력에서 찾는다.
외부인들은 같은 것을 보아도 알지 못하고 같은 것을 들어도 이해
하지 못한다. 예를 들어 어떤 사람이 오랫동안 시간과 정성을 투자
해 이탈리아어를 배웠다고 가정하자. 그가 단테의 『신곡』을 원전
으로 읽을 때의 느낌은 그 언어를 알지 못하는 일반인과는 전혀 다
른 것과 마찬가지다. 신은 우주의 비밀을 지속적으로 인간에게 알
려주는데, 인간은 그것을 판독할 수 있는 영적인 눈이 없다. 영적
인 눈과 귀는 자신의 마음을 깊이 보는 묵상의 연습을 통해 얻을 수
있다.

밭에 감춰진 보화를 찾아라

예수는 우리에게 "우리가 하나님의 나
라를 어떻게 비길까? 또는 무슨 비유로 그것을 나타낼까?"[8]라고 질
문한다. 그렇다면 성서에서는 천국을 어떻게 표현하고 있을까? 〈마
태복음〉 13장에 천국에 대한 비유가 등장한다.

"하늘나라는 마치 밭에 숨겨놓은 보물과 같다."[9]

우리는 천국을 특별한 장소, 찬란한 빛이 가득한 천사들이 찬송을 부르고 악기를 연주하는 한없이 아름다운 장소라고 생각하는데 예수는 천국을 사후 세계가 아니라 '밭'에서 찾을 수 있다고 말한다.

예수가 생각하는 천국의 첫 번째 특징은 '밭'이다. 밭은 도시에서 떨어진 외진 땅이다. 농부에게 밭은 시절을 좇아 땅을 개간하고 씨를 뿌리고 거름을 주어 가을이 되면 추수를 하는 삶의 터전이다. 밭은 겨울이 되어 눈이 쌓이면 죽은 것처럼 보이다가도 봄이 되면 다시 싹을 틔워내는 신비한 곳이다.

농부는 밭을 통해 생계를 유지할 뿐만 아니라 자연의 위대함과 신비함을 배운다. 예수는 천국을 당시 가장 위대한 도시인 예루살렘이나 로마라고 말하지 않는다. 혹은 훌륭하게 건축한 종교 건물이라고 언급하지도 않는다. 이러한 건물에는 신을 공간에 가두고자 하는 인간의 욕망이 들어 있기 때문이다.

예수는 인류 최고의 가치가 자기를 내어주는 사랑이라고 깨닫고 생의 마지막을 예루살렘에서 보낸다. 그가 예루살렘에 입성한 후, 가장 먼저 한 일은 거대한 예루살렘 성전으로 들어가 그곳을 뒤엎는 일이었다. 그리고 "'내 집은 만민이 기도하는 집이라고 불릴 것이다' 하지 않았느냐? 그러한데 너희는 그곳을 '강도들의 소굴'로 만들어버렸다"[10]라고 외친다. 예루살렘 성전은 자신을 돌아보고 신의 뜻을 알기 위해 깊이 묵상하는 장소이나 인간의 욕망이 들끓는 곳, 인간의 욕망을 신에게 요구하고 욕망의 도구이자 방패로 삼는 강도들의 소굴로 전락했다.

인간은 종교라는 이름으로 자신들의 욕망이 투사된 신을 만들어 숭배한다. 다시 말해 자기 자신을 예배한다. 그러고는 자신이 이해하지 못하는 다른 신을 '이단'이라고 손가락질한다. 자신이 이해하는 신만이 참된 신이라고 착각하는 것이다. 이러한 종교인들에게 예수는 경종을 울린다.

천국의 두 번째 특징은 '은닉성(隱匿性)'이다. 구약시대 에스겔이 경험한 것처럼 천국은 "섬세한 침묵의 소리"로 자신의 모습을 드러낸다. 일상에 숨어 있는 천국을 어떻게 하면 발견할 수 있을까? 밭에 묻혀 있는 천국을 캐내는 유일한 방법은 그 일상을 일상으로 대하는 것이 아니라 거룩하게, 큰 손님을 모시듯, 더 나아가 신처럼 대하는 것이다. 그러면 그 일상이 천국으로서의 자신의 본 모습을 드러낼 것이다.

구약성서에 보면, 아브라함이 더운 여름에 사막을 지나는 세 명의 여행자를 정성스럽게 모시자 그 나그네들이 신이 되었다는 이야기가 등장한다. 신은 원래부터 독립적으로 존재하지 않고 인간의 자비가 그 대상에게 전해질 때, 바로 그 대상이 신이라는 사실을 전한다.

천국의 세 번째 특징은 '보화'다. 성서는 "사람이 그것을(보물을) 발견하면, 제자리에 숨겨두고, 기뻐하면서 집에 돌아가서는, 가진 것을 다 팔아서 그 밭을 산다""고 기록한다. 그 드넓은 밭에서 보화를 발견하는 장소는 한 곳이다. 그 보화는 매력적이고도 압도적이어서 다른 것들은 보이지 않는다. 예수는 이 보화를 다시 '극히 값진 진주' 하나와 비교한다. 천국은 보화 자체라기보다는 보화를 찾는 과정이다. 예수는 말한다.

"하늘나라는 좋은 진주를 구하는 상인과 같다. (…) 또 하늘나라는 바다에 그물을 던져서, 온갖 고기를 잡아 올리는 것과 같다."[12]

예수는 어떤 것이 우리 각자의 삶에 가장 중요한 진주인지 찾아 나서는 것을 천국이라 정의한다. 보화를 찾는 것은 끝없이 탐구하는 과정이며, 이 과정은 바다에 그물을 치고 그물에 걸린 각종 물고기 중 좋은 것을 선별하는 행위다. 천국은 그러한 삶의 우선순위를 아는 지혜이며 그것을 위해 최선을 다하는 것이다. 예수는 이것이 곧 보화라고 말한다.

천국은
겨자씨와 같은 것

예수는 또한 천국을 겨자씨며 누룩이라고 말한다. 겨자씨는 유대인들이 키우기를 꺼려 할 정도로 주변의 풀들을 잡초로 만들어버리는 유해한 식물이다. 예수는 하필이면 왜 천국을 이와 같은 겨자씨에 비유했을까?

실제로 1세기 유대인 율법에 의하면 정원에 겨자씨를 파종하는 것은 불법이었다. 유대인들은 겨자씨가 자라면 주위 식물이나 야채들을 휘감아 정원 전체를 망친다는 사실을 잘 알고 있었다. 만일 정원에 겨자씨를 심는다면 얼마 지나지 않아 정원 전체에 겨자나무만 남게 될 것이다.

예수는 그를 추종하는 유대인들에게 "하늘나라는 겨자씨와 같다."[13]라고 말했다. 그러자 그들은 수군거리며 얼굴을 찌푸렸다. 이때 예수가 나서서 "조용하십시오!"라고 하자 제자들 중 한 명이 말한다. "예수님! 당신이 우리가 가장 소중하게 생각하는 하나님의 나라를 겨자씨에 비유한다면, 당신 목숨이 위태로워질 것입니다."

예수가 만약에 21세기 현대인들에게 '하나님의 나라'를 비유한다면 "하나님의 나라는 악성 컴퓨터 바이러스와 같다"라고 말했을지도 모른다. 당신이 이러한 비유를 들었다면 어떻게 반응하겠는가? 예수는 겨자씨의 비유를 통해 무엇을 말하려고 했을까? '하나님의 나라' 혹은 '천국'은 겨자씨처럼 미미한 것에서 시작한다. 그것은 정원의 잡초처럼 보잘것없는 존재였다가 곧 널리 퍼져나가 그것에 닿는 모든 것들을 잡초로 만든다. 사람들이 잡초를 뽑으려고 하면 할수록 잡초는 더 빨리 퍼져나간다. 예수는 '하나님의 나라'를 위한 자기혁명은 겨자씨와 같아야 한다고 주장한다. 자신의 삶을 통해 상대방이 천국을 느끼지 못한다면 그는 천국을 경험한 자가 아니다. 예수는 말한다.

"겨자씨는 어떤 씨보다 더 작은 것이지만, 자라면 어떤 풀보다 더 커져서 나무가 되며, 공중의 새들이 와서, 그 가지에 깃들인다."[14]

또한 예수는 다음과 같이 말한다.

"하늘나라는 누룩과 같다. 어떤 여자가 그것을 가져다가, 가루 서 말 속에 섞어 넣었더니, 마침내 온통 부풀어 올랐다."[15]

예수는 유대인 가정에서 매일 먹는 밀가루 빵을 들어 '하늘나라'를 설명하고자 한다. 그는 누룩의 비유를 통해 무엇을 의도하는가? 누룩은 겨자씨와 마찬가지로 육안으로 볼 수 없을 정도로 미세하다. 하지만 누룩에 밀가루 반죽이 더해져 시간이 지나면 전체가 부풀어 오른다. '하늘나라'를 갈망하는 마음도 인간의 삶에 더해진다면 누룩 스스로가 변화하듯이 삶 전체가 변화할 것이다.

이것은 곧 삶 속에서의 '자기혁명'이라 할 수 있다. 그 혁명은 일상을 비범하게 보고 듣는 연습에서 시작한다. 남다르게 볼 수 있고 남다르게 들을 수 있는 지혜로 숨겨진 보물을 찾아가는 여정이다. 그 여정은 그물과도 같아서 내 삶에 있어서 정말 소중한 것을 찾아 건져내는 행위이며, 세상에서 가장 소중한 진주를 찾아 나서는 비즈니스와도 같다. 예수는 천국을 찾는 모험을 감행하라고 촉구한다. 그것은 마치 겨자씨와도 같아서 나를 변화시키는 것은 물론 나를 만나는 모든 사람들을 변화시키는 강력한 바이러스다.

1세기 팔레스타인 유대교의 한 분파였던 바리새인들은 청년 예수에게, 천국이 어디며 언제 오는지에 대해 반복적으로 질문한다. 그러자 예수는 천국은 인간이 볼 수 있는 장소도 아니고 인간이 존재하는 시간도 아니라고 말한다. 그는 "하나님의 나라는 너희 가운데 있다"라고 말한다.

천국은 죽은 뒤에 가는 곳이 아니라 지금 내가 존재하고 있는 바로 이곳이다. 오늘을 인생의 마지막 날인 것처럼 살며, 가족과 이웃과 심지어 원수까지 이해하고, 있는 그대로를 받아들이면 바로 여기가 천국이다.

에필로그

너의 옆에 동행하는
낯선 자는 누구인가?

οὐχὶ ταῦτα ἔδει παθεῖν τὸν χριστὸν
καὶ εἰσελθεῖν εἰς τὴν δόξαν αὐτοῦ;

"그리스도가 반드시 이러한 고난을 겪고서,
자기 영광에 들어가야 하지 않겠습니까?"
〈누가복음〉 24:26

제3의 인물과
황무지

고대 그리스에 문자를 통해 문명을 가져다준 두 명의 시인이 있다. 한 명은 『일리아스』와 『오디세이아』를 쓴 호메로스이며, 다른 한 명은 호메로스와 동시대 사람으로 농부이며 목동이었던 헤시오도스다.

헤시오도스는 자신이 경험한 일상의 의미를 찬양하는 『신들의 계보』와 『일들과 날들』 등의 시를 지었다. 그는 자신이 그리스 중부에 위치한 헬리콘 산비탈에서 양을 치고 있었는데, 음악의 신인 '뮤즈'가 와서는 자신에게 입김으로 신의 목소리를 불어넣었다고 전한다. 과학을 종교처럼 신봉하는 현대인들에게는 이러한 신비한 장면이 도무지 믿기지 않을 것이다. 하지만 많은 위대한 예술가와 작가 그리고 고대 이스라엘의 예언자들은 보통 사람들이 감지할 수 없는 영적인 장면을 목격하거나 신비한 소리를 들었으며, 자신들은 이들의 이야기를 전달하는 '통로'라고 주장한다.

오늘날에도 이 뮤즈와 같은 존재를 목격했다는 보고가 종종 나오고 있다. 오늘날의 뮤즈는 자기표현의 방식이 아니라 생존의 위협에 처했을 때 등장한다. 비행기 조종사, 산악인 그리고 극한 스포츠를 즐기는 운동선수들은 위험에 처하거나 죽음에 직면했을 때 이 신비한 존재를 만났다고 증언한다. 그들은 이 뮤즈의 목소리를 통해 살아날 수 있다는 확신과 용기를 얻었다고 말한다.

어니스트 섀클턴(Ernest Shackleton)은 1914년부터 1917년까지 남극을 탐험했다. 1916년, 그가 탄 배는 남극을 눈앞에 두고 엄청난 크기의 유빙괴(流氷塊)에 갇혀버리고 만다. 섀클턴은 영하 50도의 칼바람을 온몸으로 맞으며 칠흑 같은 남극의 겨울 속에 결빙된다.

그와 동료 탐험가 두 명은 배를 버리고 36시간 동안 로프와 피켈만으로 죽음과의 사투를 벌인다. 섀클턴은 심신이 극도로 피폐해진 상태에서도 반드시 살아남겠다는 희망의 끈을 놓지 않았다. 그들은 36시간 동안 겪은 삶과 죽음의 경계에서 신비한 사건을 체험한다. 그는 이 특별한 순간에 대해 다음과 같이 말한다.

나는 이 길고 뼈를 깎는 듯한 고통이 수반된 행군에서 신비한 현상을 경험했습니다. 나에게 우리는 세 명이 아니라 네 명이 함께 걷는 것 같았습니다.

정신이 혼미하고 신체가 얼어붙어 지칠 대로 지친 세 명의 탐험가 옆에 제3의 인물이 등장해 함께 걸었다니, 대체 이 존재는 누구란 말인가?

'제3의 인물'이란 개념은 모더니즘 시인 T. S. 엘리엇이 1922년에 출간한 434줄의 시 「황무지」에서도 중요한 모티브로 등장한다. 이 시는 현대문학의 탄생을 알리는 시금석이 됐다. 그는 인간의 기술 혁명이 만들어낸 가공할 파괴력을 지닌 무기들이 난사되던 제1차 세계대전을 목격했다. 3,500만 명의 목숨을 앗아간 죽음의 문명을 목격한 엘리엇에게 세상은 더 이상 생명의 싹이 틀 수 있는 평원이 아니라 황무지 그 자체였다. 엘리엇은 이 황무지가 과거를 유기하고 현대로 진입하기 위한 장례식과 같은 통과의례라고 말한다.

4월은 유대교와 그리스도교에서 가장 중요한 절기인 유월절과 부활절이라는 의례를 치르는 달이다. 과거 세상인 이집트를 떠나 미지의 길에 들어선 부랑자들은 "온갖 잡족"이었지만 40년간의 자기정화 시간을 통해 신의 백성이라는 자의식을 획득하게 된다. 이것이 유월절이다. 마찬가지로 예수가 비참하게 죽음으로 우리 모두에게 삶의 의미를 새로 부여하는 의식이 그리스도교의 부활절이다. 인류학자 제임스 조지 프레이저의 『황금가지』와 제시 웨스턴의 『제식으로부터 로망스로』는 이 통과의례 과정을 원시사회의 공통된 축제로 묘사한다.

엘리엇은 '제3의 인물'의 모티브를 〈누가복음〉 24장에 등장하는 엠마오로 걸어가는 두 제자에게 나타난 제3의 인물에서 얻는다. 예수의 십자가 처형으로 실의에 찬 두 명의 제자가 엠마오라는 마을로 향해가는데 제3의 인물이 등장해 말을 나눈다. 이들은 제3의 인물을 통해 과거를 파괴하고 새로운 삶을 구축한다.

당신 옆에서 항상 동행하는 그 세 번째 사람은 누구입니까? 내가 세어 보면, 거기에는 당신과 나뿐입니다. 그러나 내가 눈을 들어 그 하얀 도로를 올려다보면, 거기에는 당신 옆에 또 다른 사람이 걷고 있습니다. 갈색 겉옷을 걸치고 두건을 쓴 존재가 있습니다. 저는 그 사람이 남자인지 여자인지 모릅니다. 그러나 당신 맞은편에 누군가 있는데, 그 사람은 누구입니까?(359~365행)[1]

엠마오로 가는 제3의 인물은 르네상스 시대 화가들이 그리고 싶어 하는 중요한 대상이었다. 그들은 낡은 중세를 극복하는 모티브를 엠마오로 가는 두 제자 이야기에서 찾았다.

찰나를 포착한
카라바조

엠마오로 내려가는 길에 제3자를 만난 예수의 두 제자는 그를 저녁식사에 초대한다. 그가 식전 기도를 드리자 두 제자는 자신들이 초대한 제3자가 부활한 예수라는 사실을 깨닫는다. 〈누가복음〉은 두 명 중 한 명의 이름을 글로바라고 언급했지만 다른 한 명은 누구인지 밝히지 않았다. 이 중요한 장면을 그린 화가들이 꽤 있다. 그중 카라바조의 그림이 단연 돋보인다.

카라바조(Michelangelo da Caravaggio)는 정서불안과 우울증과 폭음, 거기에 다혈질적인 성격으로 잦은 싸움과 살인, 투옥과 탈출, 도망으로 이어진 비극적인 삶을 살았으나 천부적인 재능을 압도적인 표현 방법으로 승화시킨 17세기의 가장 위대한 화가다.

카라바조는 1601년경에 〈엠마오의 저녁식사〉를 완성한다. 31세가 된 카라바조는 강력하면서도 극적인 그림을 그리는 사람으로 명성을 얻었지만 그의 삶은 불안정하기만 했다. 그는 1600년 10월에 거리에서 폭행에 휘말려 체포당하는가 하면, 1601년 2월에는 한 군인을 공격해 손에 깊은 상처를 남겼다. 그의 불안정한 삶은 그의 그림에 고스란히 담겼다.

그는 종교화를 그릴 때에도 로마 뒷골목의 삶을 그대로 표현했다. 〈엠마오의 저녁식사〉도 마찬가지다. 카라바조는 두 제자 앞에 나타난 제3자를 부활한 예수로 인식하는 그 순간을 포착했다. 그는 이 찰나의 순간을 영원한 순간으로 만들어놓는다.

카라바조가 누구를 위해 이 그림을 그렸는지는 알 수 없으나, 이 그림은 1601년경 로마에 가톨릭 개혁 운동이 정점에 치달았을 무렵 완성된다. 로마가톨릭교회는 1563년 트렌트 공의회에서 종교 개혁과 개신교의 등장에 맞서고자 성서 내용을 일반인들에게 쉽게 전달하기 위해 그림을 적극적으로 사용하기 시작한다. 성서의 내용을 어려운 라틴어나 의례를 통해서가 아니라 그림으로 직접 전달할 필요를 감지한 것이다.

이 일을 가장 잘 수행할 화가가 바로 카라바조였다. 그의 직선적이고 즉흥적인 표현 방식은 당시 유행하던 미술 양식인 매너리즘에서 벗어나 있다. 고도의 교육을 받은 사회의 상류층들만이 감상하고 이해하는 매너리즘 그림과는 달리, 카라바조는 당시 로마가톨릭이 요구하는 대중을 위한 그림을 그렸다.

미켈란젤로 다 카라바조, 〈엠마오의 저녁식사〉, 1601

카라바조는 의도된 인물이나 사물의 입체감과 거리감을 표현하기 위해 명암을 단계적으로 변화시킨 키아로스쿠로(chiaroscuro) 기법을 사용한다. 당시 르네상스 화가들의 주요 관심사는 거리감과 선형적인 시각에 대한 표현 방식이었다. 그들에게 캔버스는 그림과 현실과의 경계를 표시한다. 현실은 캔버스 바깥쪽에 존재하고, 캔버스 안쪽에는 르네상스 성인과 제자들이 묘사되어 우리가 관찰할 수 있도록 자신들의 이야기를 표현한다. 이들은 결코 우리가 있는 현실세계로 들어오지 않는다. 캔버스는 그 누구도 넘을 수 없는 황무지와 같은 경계다.

카라바조는 이 경계를 넘으려 도전한다. 그는 그림에서 거리라는 개념을 생략하고 자신이 의도한 인물들을 거의 한 장면으로 묘사한다. 인물을 선명하고 구분된 공간에 배치하지 않고 한곳에 몰아놓음으로써 그 인물들이 캔버스라는 경계를 넘어 관찰자의 눈으로 들어오게 만든다. 그의 그림 속 인물들은 우리의 공간을 침입한다.

그림의 오른쪽에 양손을 뻗은 예수의 제자를 보라. 그의 왼손은 캔버스를 바라보는 우리의 멱살을 잡아 안으로 들어오라고 손짓하는 것만 같다. 왼편에 앉은 다른 제자의 팔꿈치는 터져나가 우리의 사적인 공간을 침범한다. 식탁 위에 있는 과일바구니도 마찬가지다. 위험하게 식탁 모서리에 걸쳐진 이 과일바구니는 금방이라도 떨어져 우리 앞으로 쏟아질 것만 같다.

이 그림의 특이한 점 중 하나는 마루가 없다는 것이다. 다시 말해 우리 공간에 있는 마루가 곧 이 그림의 마루다. 카라바조의 그림은 실제와 그림의 전통적인 공간이 파괴되어 과거의 공간과 사건은 곧 지금 우리의 눈앞에서 일어나고 있는 공간과 사건이 된다. 로마가 톨릭교회는 실제인 것처럼 착시를 일으키는 카라바조의 '트롱프 뢰유(trompe l'oeil)' 기법에 환호했다.

당시 가톨릭 개혁 운동의 불씨를 지핀 로욜라의 이냐시오(Ignacio)는 성서의 말씀을 묵상하기 위해 인간의 오감을 자극하는 영신 수련을 제안했다. 신도들은 종교화에 그려진 이야기를 단순히 수동적으로 배울 뿐만 아니라 이 이야기 안으로 들어가 성서 인물의 경험을 공유해야 한다. 카라바조는 이 그림을 통해 당시 가톨릭 개혁 운동의 영성을 가장 잘 표현했다.

하지만 모든 사람들이 카라바조의 그림을 좋아한 것은 아니다. 일부 사제들은 두 제자들이 위엄 없는 촌부 같고, 부활한 예수는 수염이 없는 청년이며, 이들을 대접하는 여관 주인이 불경스럽게 모자를 벗지 않고 시중을 드는 모습 등에 불쾌감을 드러냈다. 특히 식탁에 올라 있는 포도와 무화과 그리고 석류는 부활절 계절인 봄 과일이 아니라며 제철에 맞지 않는 가을 과일을 그린 것을 지적했다.

그러나 이 과일들은 매우 정교하게 선택된 것이다. 우선 검은 반점이 있는 사과는 〈창세기〉에 등장하는 뱀의 유혹과 인간의 타락을 의미한다. 부활한 예수는 성모 마리아의 상징인 투명한 물병을 통과해 식탁보에 비친 광선이다. 식탁 위의 빵은 예수의 몸이며 예수의 십자가 희생은 색이 바랜 포도다. 포도는 와인의 재료이며 로마 가톨릭교회 성만찬에 사용되는 예수의 피의 상징이다. 그러므로 식탁 위의 과일들은 제철이 지난 것이 아니라 예수의 삶을 상징한다.

카라바조는 그를 후원했던 델 몬테 추기경의 고급문화와 자신이 속한 로마의 길거리 문화 사이의 문지방에서 고민하는 예술가였다. 그의 그림은 당시 로마가톨릭교회의 개혁 정신을 승화시켜 대중들을 교화시키는 역할을 실행함과 동시에 로마의 지급문화를 동원해 표현함으로써 많은 오해와 미움을 초래했다. 그는 〈동정녀 마리아의 죽음〉에서 길거리에서 죽어 몸이 퉁퉁 부어오른 창녀를 성모 마리아의 모델로 표현하기도 했다.

카라바조는 〈엠마오의 저녁식사〉를 통해 엘리엇과 유사하게 성과 속, 귀족문화와 평민문화, 신과 인간의 경계를 자신만의 기법으로 무너뜨린다. 그는 그림을 보는 사람에게 자신의 그림 안으로 들어와 우리가 길에서 만난 '사람의 아들'이 바로 부활한 예수라는 사실을 확인하라고 말한다.

두 제자와
낯선 자

다시 〈누가복음〉의 엠마오로 가는 두 제자에 관한 이야기를 들여다보자. 예수가 부활한 후 막달라 마리아 앞에, 그리고 엠마오로 가는 두 제자 앞에 나타나는 이야기는 〈마가복음〉에도 다음과 같이 등장한다.

그 뒤에 그들 가운데 두 사람이 걸어서 시골로 내려가는데, 예수께서는 다른 모습으로 그들에게 나타나셨다. 그들은 다른 제자들에게 되돌아가서 알렸으나, 제자들은 그들의 말도 믿지 않았다.[2]

〈마가복음〉 저자는 두 사람의 정체에 관해서는 구체적으로 언급하지 않는다. 그들이 가는 시골이 어디인지도 말하지 않는다. 예수는 그들에게 "다른 모습"으로 나타났고 그들은 이 사실을 제자들이 모인 장소로 돌아가 알렸지만, 아무도 그들의 말을 믿지 않았다고 말한다. 왜 예수는 다른 제자들에게는 나타나지 않고 시골로 가는 두 제자들에게만 나타났는가? 한 가지 분명한 사실은 부활한 예수는 보통 우리가 인식하는 그러한 모습이 아니라 시간과 공간의 개념을 뛰어넘는 어떤 다른 존재의 형태를 취했다는 사실이다.

〈누가복음〉 24장은, 〈마가복음〉 16장에 2절로 간단하게 언급된 무명의 두 제자 이야기에 새로운 이야기를 첨부해 확대 설명한다. 먼저 〈마가복음〉에서 언급하지 않은 장소가 등장하는데, 그곳은 바로 '엠마오'다. 성서의 다른 지명들도 그 역사성을 밝히기 힘들 듯이 이 지명도 마찬가지다. 엠마오에 대한 해석은 다음 두 가지다.

첫 번째 해석에서 엠마오는 역사적인 장소다. 예루살렘에서 북서쪽으로 11킬로미터 정도 떨어진 험한 산길로 이루어진 마을이다. 학자들은 이 마을의 실제 장소로 여러 곳을 제안했는데 그곳들 가운데 엠마오 니코폴리스(Emmaus Nicopolis)가 가장 유력하다. 엠마오 니코폴리스는 오늘날 예루살렘과 텔아비브 중간에 위치한 임와스(Imwas)라는 팔레스타인의 아랍 마을이다. '엠마오'라는 지명의 의미는 히브리어로 '온천'이라는 뜻이다.

엠마오는 북서쪽에서 예루살렘으로 진격할 수 있다는 전략적인 위치 때문에 유대 역사를 통해 행정, 군사, 경제의 요충지가 됐다. 엠마오는 〈누가복음〉에 언급되기 전에 그리스도교 외경(外經)에 속하는 〈마카베오 1서〉에도 등장한다. 이곳은 유대 혁명가 유다 마카베오가 그리스에 대항해 반란을 일으킨 장소다. 유대 역사가 요세푸스 플라비우스(Josephus Flavius)는 자신의 글에서 엠마오를 여러 번 언급한다. 그는 특히 기원전 4년에 엠마오가 로마군의 침공으로 파괴되었다고 기록한다. 엠마오는 메시아를 기다리며 유대 독립을 꿈꾸는 혁명가들의 고향이었다.

두 번째 해석에서 엠마오는 가공의 장소다. 우리가 아는 복음서의 원전은 없다. 다른 경전들 역시 여러 가지 판본만이 존재할 뿐이다. 예를 들어 우리가 〈누가복음〉 원전이라고 말한 그리스 원전은 사실 적어도 수십 개 이상의 서로 다른 판본들의 공통적인 부분을 추려내고 상이한 부분에서는 '이성적인 추측'을 동원해 그 원본을 만든 것이다. 수학적으로 말하면 우리가 아는 성경의 원본은 수많은 판본의 최소공배수인 셈이다.

〈누가복음〉의 내용이 담겨 있던 가장 오래된 판본 중 하나는 '베자 사본(Codex Bezae)'이다. '베자 사본'에서 '엠마오'라는 지명은 언급되지 않는다. 대신 '울람마우스(Ulammauth)'라는 다른 지명이 등장한다. '울람마우스'라는 지명은 기원전 2세기에 구약성서를 그리스어로 번역한 '칠십인역'에서 '루쯔(Ruz)'라는 히브리어를 번역한 가상의 장소다. 루쯔는 히브리어 '베델'의 가나안 명칭으로 야곱이 사다리 꿈을 꾸고 신을 만난 장소다. 몇몇 학자들은 이 연결고리를 이용해 〈누가복음〉의 엠마오로 가는 두 제자 이야기가 야곱이 신을 만난 이야기를 원용한 것이라고 주장하기도 한다.

엠마오의
저녁식사

　　　　　두 명의 제자가 자신들의 고향인 엠
마오로 걸어가고 있다. 한 명의 이름은 글로바이며, 다른 한 명은 그
이름을 밝히지 않은 것으로 미루어 어쩌면 여자일 가능성도 있다.

　이들은 3년 전 자신들의 삶에 희망과 용기를 불어넣어준 예수라
는 청년을 만났다. 그들은 그를 메시아로 믿고 따르며 그가 유대
의 새로운 왕으로 등극해 독립하게 될 것이라는 꿈을 키웠다. 그러
나 예수는 이들의 예상과 달리 비참하게 십자가 처형을 당하고 말
았다.

　이들은 예수가 자신들에게 전달하려는 핵심을 서로 다르게 해석
하고 있었다. 글로바는 예수가 혁명가로서 유대인들의 힘을 규합해
이스라엘에서 로마 군인들을 몰아냈어야 한다고 주장하고, 다른 무
명의 제자는 예수의 행위에는 심오한 의미가 담겨 있다고 주장한
다. 이 무명의 제자는 예수가 자신들이 알던 윤리와 도덕을 포용하
면서도 이를 초월하는 새로운 삶의 태도와 방식을 몸소 보여주기
위해 죽었다고 말한다.

　엠마오로 걸어가는 길에 이들은 또 다른 걱정에 매몰된다. 3년
동안 예수를 따라다니며 실업자 생활을 한 터라 앞으로 어떻게 생
계를 유지해야 할지 막막했다.

　더군다나 3년 전 엠마오를 떠나올 때 일가친척들에게 예수를 도
와 로마로부터 유대를 독립시키고 적어도 자신들은 엠마오의 고위
관직이 되어 돌아올 것이라고 장담했는데, 자신들에게 남은 것이

라곤 패배와 절망, 창피함과 자괴감뿐이었다. 자신들을 비웃을 친구들을 생각하니 엠마오로 돌아가는 한걸음 한걸음이 너무도 무거웠다.

그렇게 산길을 걷고 있는 그들 앞에 순간 '제3자'가 나타났다. 〈누가복음〉 24장 16절에는 부활한 예수가 나타나 그들과 동행하기 시작했지만 "그들의 눈은 (부활한) 예수를 알지 못하도록 무엇인가 다른 것에 사로잡혀 있는 상태였다"라고 기록되어 있다.[3]

두 제자는 3년 동안 예수를 따라다녔으나 예수를 자신들의 욕망의 대상으로 여기며 자신들이 원하는 메시아 상을 투영해 그것만을 찾으려 했기에 예수가 곁에서 동행을 해도 그 실체를 전혀 인식하지 못했다. 옆에서 이 두 제자들이 토론하는 내용을 듣고 있던 제3자가 그들에게 말을 건넨다.

"무슨 토론을 그렇게 열렬히 하십니까?"[4]

그들은 제3자의 물음에 고개를 돌려 침통한 표정을 짓는다. 그리고 걸음을 멈춘다. 두 제자는 한심하다는 표정을 짓고는 그를 비웃는다. 화가 치민 글로바가 이렇게 말한다.

"당신은 예루살렘에서 머물러 있으면서, 이 며칠 동안 거기에서 일어난 일을 정말 모른단 말입니까?"[5]

제3자가 다시 묻는다.

"저는 정말 모릅니다. 무슨 일이 일어났습니까?"[6]

그들은 제3자에게 이렇게 말한다.

"그것은 나사렛 출신 예수라는 한 청년에 관한 사건입니다. 당신은 잘 모르시겠지만, 그는 말과 행동이 일치하는 카리스마가 있는 예언자셨습니다."[7]

두 제자는 이 제3자에게 예수가 카리스마 넘치는 예언자가 된 것은 언행일치(言行一致)의 삶이 있었기에 가능한 일이라고 말한다. 그러고는 예수가 십자가에 못 박혀 죽었으나 그를 추종하는 제자들 가운데 몇몇 여인들이 천사의 환상을 보았는데 그 천사들이 예수가 살아 있다는 말을 해주었다는 사실을 이야기한다. 그러자 제3자가 예수에 대해 아주 잘 아는 것처럼 말한다.

"당신들은 명색이 제자라 하면서도 참 어리석습니다. 예언자들이 말한 모든 것을 믿는 마음이 참 무딥니다. 그 자신이 반드시 이러한 고난을 겪는다고 말하지 않았습니까?"[8]

그러면서 그는 두 제자에게 모세와 모든 예언자로부터 시작해 성서 전체의 핵심을 쉽게 설명해준다. 한참 산길을 지나 저 멀리 엠마오 동네가 보였다. 이제 글로바와 무명의 제자는 마을 입구 성문으로 들어갈 참이었고, 제3자는 자신의 갈 길로 향했다.

이때 두 제자가 저 멀리 떠나는 제3자에게 달려가 엠마오에 있는 자신들의 집에서 묵고 갈 것을 권한다. 제3자가 자신은 할 일이 태산 같고 날도 어두워지니 길을 재촉해야 한다고 말하자, 두 제자는 예수를 가지 못하게 붙잡으며 이렇게 말한다.

"저녁때가 되고, 날이 이미 저물었으니, 우리 집에 묵으십시오."[9]

두 제자는 처음 보는 사람에게 비이성적일 만큼 호의를 베푼다. 생면부지의 사람을 자신의 집에 들이는 행위는 고대 유목 사회에서는 있을 수 없는 금기다. 아마도 이들은 이 제3자와 이야기하면서 예수가 자신의 삶을 통해 보여주려 했던 원칙들을 깨닫기 시작했는지도 모른다. 그들에게 어떤 심경의 변화가 일어났는지는 알 수 없으나 이들의 마음은 서서히 자기중심적인 이기심에서 벗어나 타인과 주변, 특히 옆에 있는 나그네의 처지를 생각하기 시작한다.

예수는 그들의 집에 묵기로 하고 그들과 함께 저녁식사를 한다. 〈누가복음〉에서는 이 제3자가 빵을 들어 기도한 뒤 그것을 떼어 그들에게 주었다고 기록하지만, 이 구절은 후대 성만찬 의식을 유념해 첨가한 내용 같다. 중요한 사실은 실의에 찬 두 제자가 이 낯선 자에게 분에 넘치는 호의를 베풀어 식사 대접을 했다는 사실이다. 그러자 놀라운 기적이 일어난다.

그제서야 그들의 눈이 열려서, 예수를 알아보았다. 그러나 그 순간 예수께서는 그들에게서 사라지셨다.[10]

제자들이 예수를 인식하게 된 유일한 통로는 낯선 자에게 호의와 자비를 베푼 행동이다. 이제서야 그들은 낯선 자가 예수임을 깨닫는다.

부활한 예수가 다시 그들의 눈앞에서 사라진 이유는 무엇인가? 이 두 제자는 자신들 앞에 나타난 이 낯선 자가 '진짜' 예수라고 사칭하며 종교 장사를 할 가능성이 다분하기 때문이다. 〈누가복음〉 저자는 예수는 바로 우리가 일상 속에서 매일매일 만나는 '낯선 자'라고 증언한다. 우리와 생각이 다른 낯선 자를 회피하거나 차별하고 우리 스스로 변화하지 않는다면 우리는 결코 신을 만날 수 없다. 우리는 '자아'라는 무식에서 벗어나 '무아'로 신을 대면하기 위해 '다름'을 수용하고 우리의 삶을 적극적으로 변화시켜야 한다.

우리와는 사뭇 다른 어떤 존재를 우리는 신이라 부른다. 신의 특징은 바로 '낯섦'과 '다름'이다. 유대교, 그리스도교, 이슬람교가 속한 이른바 '아브라함 종교 전통'에서 '거룩'을 뜻하는 히브리어 '코데쉬(qodesh)'와 아랍어 '쿠드스(quds)'는 모두 '구별/다름'이라는 의미를 지닌다. 인간이 세상에 태어나 자신에게 주어진 제한된 경험을 통해 형성된 파편적이고 편견적인 세계관에서 벗어나 자신과 완벽하게 다른 존재와 만나는 것이 바로 종교다.

나와 다른 이데올로기와 종교, 세계관을 가진 자들의 이야기를 경청하고, 그들을 통해 스스로 변화하고자 노력하지 않는다면 우리는 결코 신을 만날 수 없다. 그 낯섦과 다름을 수용하고, 그 다름을 참아주는 것이 아니라 소중히 여기며 대접할 때 신은 비로소 우리에게 자신의 참모습을 드러낼 것이다.

주석

프롤로그

1 〈마태복음〉16:13.
2 〈마태복음〉16:14.
3 Michel Foucault, *L'archéologie du savoir*(Gallimard, 1969); *The Archaeology of Knowledge*(Harper and Row, 1972).
4 Harvey Cox, *The Future of Faith*(HarperOne, 2010).
5 A. Einstein, "Religion and Scinece," *New York Times Magazine*, 9 November 1930, section 5, pp.1~4.
6 Rudolf Otto, *The Idea of the Holy*(OUP, 1923).

1장

1 〈마태복음〉3:14.
2 〈마태복음〉3:17.
3 라틴어 'contemplatio'는 'contemplari'라는 동사에서 유래했는데, 그 본래 의미는 '가만히 보다/관찰하기 위해 공간을 표시하다'이다. 'contemplari'는 '~과 함께'라는 의미의 'con-'과 '점을 치기 위한 장소'라는 의미의 'templum'의 합성어다. '신전'이란 의미를 지닌 'temple'에서 유래한 라틴어 'templum'은 '하늘을 나는 새의 모양을 보고 길흉화복의 점을 치는 장소'라는 뜻이다.
4 〈마태복음〉6:28~29.

2장

1 구약성서 〈요나서〉에 등장하는 요나 역시 신의 명령을 거부하고 자신의 뜻대로 배를 타고 도망간다. 풍랑을 맞은 선원들은 누군가가 희생해야만 파도가 잠잠해 질 것이라 믿고 제비뽑기를 통해 낙점된 요나를 흉흉한 바다에 던진다. 이때 커다란 물고기가 등장한다. 『노인과 바다』의 청새치처럼 큰 물고기가 바다에 떨어진 요나를 한 입에 집어삼킨다. 요나는 3일 밤낮을 이 물고기 뱃속에서 자신을 돌아보며 신의 말씀을 거역한 도망자 요나에서 목숨을 걸고 신의 말씀을 선포하는 위대한 예언자로 탈바꿈한다.

2 〈누가복음〉 4:18~19.

3 〈누가복음〉 4:21.

4 '시몬'이라는 이름은 원래 히브리어 '심온(shimon)'에서 유래했다. 심온은 '듣다/순종하다'라는 의미를 가진 '샤마(shama)'라는 동사의 현재분사형으로 '듣는 사람' 혹은 '순종하는 사람'이라는 뜻이다.

5 〈누가복음〉 5:4.

6 〈누가복음〉 5:4의 영어 원문 "Launch out into the deep, and let down your nets for a draught."

7 〈누가복음〉 5:4의 라틴어 원문 "Duc in altum."

8 〈누가복음〉 5:4의 그리스어 원문 "epanagage eis to bathos."

9 이에 해당하는 라틴어 '알툼(altum)'도 육안으로 볼 수 없는 깊음 그 자체다. 이 단어는 히브리어로 '에멕(emeq)', 아람어로 '암카(amqah)'다. 이 단어들의 기본적인 의미는 '심연/알 수 없는 미지의 세계'다.

10 〈누가복음〉 5:5.

11 〈누가복음〉 5:6~7.

12 〈누가복음〉 5:8.

13 〈누가복음〉 5:10.

3장

1 공자, 『논어』 「안연(顏淵)편」 제2장.

2 호메로스는 『일리아스』와 『오디세이아』라는 위대한 서사시를 기록한 것으로 유명하지만 그의 위대함은 '그리스 알파벳'을 창제했다는 데 있다. 호메로스는 당시 페니키아에서 온 상인들과 접촉하게 되면서 그들의 알파벳에 매료된다. 그는 자

음으로만 이루어진 페니키아 알파벳을 변형시켜 시험적으로 그리스 알파벳을 만든다.

3 『일리아스』 24.437~442.

4 『일리아스』 24.477~483.

5 『일리아스』 24.485~506.

6 〈누가복음〉 10:25, 저자 번역. "선생님, 내가 무엇을 해야 영생을 얻겠습니까?"(표준새번역)

7 〈누가복음〉 10:26, 저자 번역. "율법에 무엇이라고 기록하였으며, 너는 그것을 어떻게 이해하고 있느냐?"(표준새번역)

8 〈누가복음〉 10:27.

9 〈누가복음〉 10:30~35.

10 〈누가복음〉 10:36~37, 저자 번역. "너는 이 세 사람 가운데서, 누가 강도 만난 사람에게 이웃이 되어주었다고 생각하느냐?" 그가 대답하였다. "그에게 자비를 베푼 사람입니다." 예수께서 그에게 말씀하셨다. "가서, 너도 그와 같이 하여라."(표준새번역)

11 〈누가복음〉 6:31, 저자 번역. "그러므로 너희는 무엇이든지, 남에게 대접을 받고자 하는 대로, 너희도 남을 대접하여라."(표준새번역)

4장

1 〈누가복음〉 15:12~13.

2 〈누가복음〉 15:14~16.

3 〈누가복음〉 15:17~19.

4 〈누가복음〉 15:20~21.

5 〈누가복음〉 15:22~23.

6 〈누가복음〉 18:10~14.

7 〈누가복음〉 15:29.

8 〈누가복음〉 15:31~32.

5장

1 〈마태복음〉 14:8.

2 〈마태복음〉 3:11.

3 〈누가복음〉 9:12, 저자 번역. "무리를 흩어 보내서, 주위의 마을과 농가로 찾아가서 잠자리도 구하고 먹을 것도 구하게 하십시오. 우리가 있는 여기는 빈 들입니다."(표준새번역)

4 〈마태복음〉 14:16.

5 〈마태복음〉 14:20~21.

6 〈마태복음〉 14:26.

7 〈마태복음〉 14:27.

8 〈마태복음〉 14:28~30.

6장

1 『미쉬나(Mishnah)』는 크게 6개의 '세다림(Sedarim, 순서)'에 의해 정리된 방대한 율법적 결정사항이다. 『미쉬나』는 '제라임(Zeraim, 씨앗)', '모에드(Moed, 축제)', '나쉼(Nashim, 여성)', '네지킨(nezikin, 손해)', '코데쉼(Qodeshim, 성스러운 것들)', '토호롯(Tohoroth, 정결규칙)'으로 구분되고, 이것은 다시 63개의 소주제로 나뉜다.

2 Charles Taylor, *Sayings of the Jewish Fathers: Pirqe Aboth* (BiblioBazaar, 2009), p.105.

3 여기서 '받았다'라는 히브리어/아람어 동사는 '끼벨(qibbel)'이다. '끼벨'은 '수용하다/받다'라는 '까발(qabal)'의 강세형 동사로 신이 인간에게 특별한 물건을 건넬 때 사용하는 단어다. 유대인들에게 '까발'이란 단어는 자신들의 경전은 여느 책과 달리 신이 직접 전달해준 책이라는 뜻이 담겨 있다.

4 〈요한복음〉 8:4~5.

5 〈요한복음〉 8:7~9.

6 〈요한복음〉 8:7.

7 〈요한복음〉 8:10.

7장

1 〈요한복음〉 6:70~71.

2 〈요한복음〉 13:25.

3 〈요한복음〉 13:26.

4 〈요한복음〉 13:27.

5 *The Gospel of Judah*, eds. Rodolphe Kasser, Marvin Meyer, Gregor Wurst (National Geographical Society, 2006).

6 Houston S. Chamberlain, *Foundations of the Nineteenth Century: With an introduction by Lord Redesdle Vol.1*(Adamant Media Corporation, 2003), pp.213~220.

8장

1 〈요한복음〉 18:28.

2 〈요한복음〉 18:29, 저자 번역. "이 사람을 무슨 일로 고소하는 거요?"(표준새번역)

3 〈요한복음〉 18:30.

4 〈요한복음〉 18:31.

5 〈요한복음〉 18:31, 저자 번역. "우리는 사람을 죽일 권한이 없습니다."(표준새번역)

6 〈요한복음〉 18:33.

7 〈요한복음〉 18:34.

8 〈요한복음〉 18:35, 저자 번역. "내가 유대인이란 말이냐? 네 동족과 대제사장들이 너를 내게 넘겼다. 너는 무슨 일을 저질렀느냐?"(표준새번역)

9 〈요한복음〉 18:36.

10 〈요한복음〉 18:37.

11 〈누가복음〉 23:3.

12 〈요한복음〉 18:37, 저자 번역. "나는 진리를 증언하려고 태어났으며, 진리를 증언하려고 세상에 왔다. 진리에 속한 사람은, 누구나 내가 하는 말을 듣는다."(표준새번역)

10장

1 〈마가복음〉 15:43.

2 〈이사야서〉 53:9.

3 〈요한복음〉 19:38.

4 〈마가복음〉 15:44~45.

5 〈요한복음〉 11:44.

6 〈요한복음〉 3:1.

7 〈요한복음〉 3:2.

8 〈요한복음〉 3:3, 저자 번역. "내가 진정으로 진정으로 너에게 말한다. 누구든지 다시 나지 않으면, 하나님 나라를 볼 수 없다."(표준새번역)

9 〈요한복음〉 3:4.

10 〈요한복음〉 3:5~10.

11 히브리어의 '루아흐(ruah)'라는 단어는 '영'을 의미하기도 하고 '바람'을 의미하 기도 한다.

12 〈요한복음〉 3:10~12.

13 〈요한복음〉 3:13~14.

14 〈요한복음〉 19:39.

11장

1 Friedrich Nietzsche, *The Gay Science: With a Prelude in Rhymes and an Appendix of Songs* (Vintage, 1974), p.181.

2 Friedrich Nietzsche, *The Dawn of the Day* (The MacMillan Company, 1911), pp.90~91.

3 Rene Descartes, *Discourse on the Method and the Meditations* (Cosimo, 2008), p.10.

4 고대 그리스 말기에 나타난 종교에서의 신(神)에 대한 인식. 초감각적인 신과의 융합을 체험하게 하는 신비적 직관이나 종교적 인식을 이르는 말이다.

5 Marvin Meyer, *The Gospel of Thomas: The Hidden Sayings of Jesus* (HarperSanFrancisco, 1992), p.23.

6 Marvin Meyer, *The Gospel of Thomas: The Hidden Sayings of Jesus* (HarperSanFrancisco, 1992), p.22.

7 〈누가복음〉 17:20~21.

8 〈누가복음〉 24:36~40.

9 〈누가복음〉 24:41~42.

10 〈요한복음〉 20:19~20.

11 〈요한복음〉 20:25.

12 〈요한복음〉 20:26~27.

13 Marvin Meyer, *The Gospel of Thomas: The Hidden Sayings of Jesus* (HarperSanFrancisco, 1992), p.22.

12장

1 〈마가복음〉 16:6~7.

2 〈요한복음〉 11:2.

3 〈누가복음〉 7:37.

4 〈마태복음〉 26:7.

5 〈요한복음〉 4:18.

6 Pope Gregory, *Gregory the Great Forty Gospel Homilies*(Gorgias Press LLC, 2009), pp.268~269.

7 〈마태복음〉 16:23.

8 〈누가복음〉 8:1~3.

9 〈요한복음〉 20:1~10.

10 〈요한복음〉 20:13.

11 〈요한복음〉 20:15.

12 〈요한복음〉 20:15.

13 〈요한복음〉 20:17, 저자 번역. "내게 손을 대지 말아라. 내가 아직 아버지께로 올라가지 않았다. 이제 너는 내 형제들에게로 가서, 내 아버지 곧 너희의 아버지, 내 하나님 곧 너희의 하나님께로, 내가 올라간다고 말하여라."(표준새번역)

13장

1 Athanasius, *Four Discourses Against the Arians*(Amazon Digital Services, 2010).

2 이 그림 밑에 다음과 같은 라틴어 비문이 적혀 있다. "SYMON MARTINI ET LIPPVS MEMMI DE SENIS ME PINXERVNT ANNO DOMINI MCCCXXXIII", 즉 '시에나 출신 시몬 마르티니와 리포 멤미가 1333년에 나를 그렸다'라는 뜻 이다.

3 〈누가복음〉 1:30~33.

4 〈누가복음〉 1:47~48.

5 〈요한복음〉 19:25~27.

14장

1 최근 고고학자들은 예루살렘 근처 라맛 라헬(Ramat Rachel)에서 기원전 7~4세

기로 추정되는 궁원(宮園)을 발견했다. 라맛 라헬 정원의 특징은 사막으로부터 물을 끌어온 정교한 수로 시설이다. 이 정원이 발견되기 전까지 인공 수로로 만든 정원의 기원은 바빌로니아의 공중 정원이었다. 라맛 라헬 정원에는 물이 흘러갈 수 있는 개수로와 폐수로 그리고 돌로 만든 배수로와 정교한 인공 폭포가 있다. 기원전 7세기에 정원이 갑자기 등장한 이유는 앗시리아제국으로부터 정원 문화를 도입했기 때문이다. 고고학적 발굴을 통해 정원의 모양과 크기가 드러났다. 또한 정원 수로의 회반죽 바닥에 남아 있는 화석화된 꽃가루를 분석해 라맛 라헬 궁원에 어떤 나무와 식물 그리고 어떤 동물들이 사육되었는지도 알아냈다. 무화과나무와 포도나무뿐만 아니라 레몬나무와 페르시아 호두나무도 심어져 있었다.

2 〈마태복음〉 6:10, 저자 번역. "나라가 임하게 하시오며"(표준새번역)

3 〈마가복음〉 9:1, 저자 번역. "여기에 서 있는 사람들 가운데는, 죽기 전에 하나님의 나라가 권능으로 오는 것을 볼 사람들도 있다."(표준새번역)

4 〈마태복음〉 26:29, 저자 번역. "내가 너희에게 말한다. 이제부터 내가 나의 아버지의 나라에서 너희와 함께 새것을 마실 그날까지, 나는 포도나무 열매로 빚은 것을 절대로 마시지 않을 것이다."(표준새번역)

5 〈마가복음〉 1:15, 저자 번역. "때가 찼다. 하나님의 나라가 가까이 왔다. 회개하여라. 복음을 믿어라."(표준새번역)

6 〈마가복음〉 4:9.

7 〈마가복음〉 4:11~12.

8 〈마가복음〉 4:30.

9 〈마태복음〉 13:44.

10 〈마가복음〉 11:17.

11 〈마태복음〉 13:44.

12 〈마태복음〉 13:45~47.

13 〈마태복음〉 13:31.

14 〈마태복음〉 13:31.

15 〈마태복음〉 13:33.

에필로그

1 T.S. Eliot. The Waste Land and Other Poems(Broadview Press, 2010), pp.79~80.

2 〈마가복음〉 16:12~13.

3 여기에서 그들의 '눈이 무엇인가 다른 것에 사로잡혀 있다'의 그리스 표현은 '에크라툰토(ekratunto)'다. 이 동사는 '영향력을 행사하다/다스리다'라는 의미를 가진 그리스어 '카라테오(krateo)' 동사의 3인칭 복수 미완료수동형이다. 그리스 시제에서 미완료 시제는 연속된 상태다.

4 〈누가복음〉 24:17, 저자 번역. "두 분이 걸어가면서 서로 주고받는 이 말들은 무슨 이야기입니까?"(표준새번역)

5 〈누가복음〉 24:18, 저자 번역. "예루살렘에 머물러 있었으면서, 이 며칠 동안에 거기에서 일어난 일을 혼자서만 모른단 말입니까?"(표준새번역)

6 〈누가복음〉 24:19, 저자 번역. "무슨 일입니까?"(표준새번역)

7 〈누가복음〉 24:19, 저자 번역. "나사렛 예수와 관련된 일입니다. 그는 하나님과 모든 백성 앞에서, 행동과 말씀에 힘이 있는 예언자이셨습니다."(표준새번역)

8 〈누가복음〉 24:25~26, 저자 번역. "그대들은 참 어리석습니다. 예언자들이 말한 모든 것을 믿는 마음이 참 무딥니다. 그리스도가 반드시 이러한 고난을 겪고서, 자기 영광에 들어가야 하지 않겠습니까?"(표준새번역)

9 〈누가복음〉 24:29.

10 〈누가복음〉 24:29.

KI신서 6309

인간의 위대한 질문

1판 1쇄 발행 2015년 12월 8일
1판 13쇄 발행 2024년 2월 1일

지은이 배철현
펴낸이 김영곤
펴낸곳 (주)북이십일 21세기북스

인문기획팀장 양으녕
디자인 표지 씨디자인 본문 디자인팀
출판마케팅영업본부장 한충희
출판영업팀 최명열 김다운 김도연 권채영
마케팅2팀 나은경 정유진 박보미 백다희 이민재
제작팀 이영민 권경민

출판등록 2000년 5월 6일 제406-2003-061호
주소 (10881) 경기도 파주시 회동길 201(문발동)
대표전화 031-955-2100 팩스 031-955-2151 이메일 book21@book21.co.kr

(주)북이십일 경계를 허무는 콘텐츠 리더

21세기북스 채널에서 도서 정보와 다양한 영상자료, 이벤트를 만나세요!
페이스북 facebook.com/jiinpill21   포스트 post.naver.com/21c_editors
인스타그램 instagram.com/jiinpill21   홈페이지 www.book21.com
유튜브 youtube.com/book21pub
서울대 가지 않아도 들을 수 있는 명강의! 〈서가명강〉
유튜브, 네이버, 팟캐스트에서 '서가명강'을 검색해보세요!

ⓒ 배철현, 2015
ISBN 978-89-509-6256-2 04100
        978-89-509-6257-9 04100(세트)